新装版 パフォーマンス ロッククライミング

デイル・ゴダード　ウド・ノイマン

森尾直康 訳

Illustrations by Gerold Graw
Photos by Udo Neumann
Cover photo by Udo Neumann

両親に ── U.H.N

エイプリルと母に ── D.W.G

……そしてヴォルフガング・ギュリッヒに

ATTENTION

　本書は、ロッククライミングというスポーツについての有益な情報にあふれています。しかし、潜在的な危険をはらむこのスポーツは、本を読むだけでは実践できません。

　クライミングには、スキル、集中力、筋力や持久力、テクニックについての基本的な知識が必要で、さらにギアの扱いに習熟することや、自分と仲間の安全を確保できることが求められます。

　著者と出版社は、読者の安全性に責任を負うことはできません。私たちは次のことを強調しておきます。ロッククライミングには、深刻な、ときには致命的なケガを負う危険性があるため、経験者の監督や指導なしに始めるべきではありません。優れた指導者のもとで得た経験やトレーニングに代わりうる本など存在しないのです。

目次

はじめに

　この本はクライミングの上達をめざすためのもので、すでに出回っているような入門書ではない。だからロープの結び方やビレイの方法については一切ふれていない。すでにクライミングギアの使い方を身につけ、クライミングに要求される運動能力を高めようとしているクライマーたちに向けて書かれている。

　「どうしてうまくならなければいけないのだろう」と言う人もいるだろう。それはもっともな質問だ。上達をうんぬんする以前に、単に登ることだけでもじつに楽しいものだ。どんなレベルであってもクライミングは楽しめる。クライミングは普段の生活とは違った場と環境で、自分の力と自然を実感させてくれる。また、いろいろな人と知り合いになれる。クライミングを楽しむのに強いてうまくなる必要もない。

　しかし、上達というものは今述べたこととは別に、それ自体で満足が得られるものだ。難しいムーブをつなげようとして、パワーでねじふせるのではなく、無理のない安定した体重移動ができたときなどにそんな満足を感じるだろう。特にトレーニングの成果が出た日などはそうだ。——これまでに身につけたすべてのことが発揮され、要求されるムーブを流れるようにこなし、しっかりと登れたときがそうだ。多くの技術が一つにまとまり、それまでの準備とやる気が合わさってなし遂げた忘れがたい完登に、心からの満足を得ることだろう。

　上達を求めることは、登るという行為そのものの喜びを決して損なうものではない。たとえば、ピアノを同じ技術レベルで何年間弾いていても充分楽しめるだろう。しかし、もっと技量が増せば、経験の豊かさと深みも増すことはわかってもらえると思う。クライミングも同じである。打ち込めば、それだけ成果も大きくなる。

　それに、クライミングの上達はなにも将来有望な若者だけの話ではない。クライミングは年代にかかわりなく長く行なえるスポーツであり、やる気のある限り進歩していけるものである。フランスでは親子でクライミングを楽しみ、みんな年齢に応じて上達している。ヨセミテ初期の開拓者アラン・ステックのことを紹介しよう。彼は60歳代であるが、いまだに上達しており、現在5.10をリードしている。そして60歳のバースデイを祝うため、1950年代前半にかつて自分が拓いたステック＝サラテルートをフリーで登っているのだ。

　もちろん、上達をめざすことに思わぬ落とし穴がないわけではない。目標が達成できるという保証はない。上達するかしないかは取り組み方次第である。正しくトレーニングすれば着実に実力を高められるし、間違った取り組みをすれば、へたになることもあるだろう。

　現代社会では人が自分の目的のために割ける時間には限りがある。それにクライミングの技術を高めるための活動は、すぐに効果が出るものばかりではない。将来のためにやっておくものだってある。そのような将来への投資をしておくなら、それはきっと価値あるものになるだろう。

　また、どのように上達していくかということも重要なことである。もし、初めの1カ月でめ

ざましい進歩を遂げ、その後の残りシーズンは停滞したなら、進歩した満足よりも、停滞してしまったことで挫折感を味わうかもしれない。また、上達の成果が散発的なもので、ある月は調子がよく、次の月には不調だったりすると、上達をめざすこともつまらないように思えてくる。しかし、クライミングが君の人生に積極的ななにかを与えてくれるものならば、トレーニングを続ければきっと上達し、期待どおりの成果を上げられるに違いない。

今挙げたようなクライミングの上達をめざす上での落とし穴は、経験の不足、知識の欠如に応じて起こるものがほとんどだ。それを避けるため、クライミングのパフォーマンス [競技力。用語解説を参照]に関わる技術について理解を深める必要がある。1991年の世界選手権で、著者の一人、ウド・ノイマンがソ連チームのコーチ、アレクサンドル・ピラティンスキーにインタビューしたときのことである。ウドはピラティンスキーに、最近のコンペでのソ連勢のめざましい活躍ぶりに彼自身驚いていないか聞いてみた。するとピラティンスキーは「いいや」と肩をすくめ、「私たちには過去の幅広い基礎知識があるからね」と笑って答えたのである。私たちは、そのような知識を身につけることで、クライミングの上達の喜びを得られるものと考えている。

登場人物について

私たちはこの本を書くにあたって、3人の空想上の人物を念頭においた。ジュリア、ブルーノ、マックスの3人が、クライミングの上達をめざす上でぶつかった問題点にどのように取り組み、対応していったか、彼らのあとを追っていく形をとった。彼らの成功と失敗から多くのことが学べると思う。彼らは架空の人物ではあるけれど、現実に岩場で見かけるようなクライマーがモデルになっていたり、彼らの体験することは実際にあったエピソードをもとにしている。

ジュリア

ジュリアはキャリアウーマン。ボーイフレンドのブルーノに誘われて1年前からクライミングをしている。彼女はこれまで数多くのスポーツに親しんできた。小さいころはバレエと体操を、そのあとはテニスとランニングをやっていた。ここ4年間はエアロビクスを週に2〜3回続けてきたので、デスクワークをしているがスリムな体を維持している。腕と肩の力は弱いので、ジュリアはテクニックでもってヘビのように核心部を切り抜けるのが特徴だ。

彼女は26歳、5フィート7インチ、128ポンド[約170㎝、約58㎏]である。

ジュリア

ブルーノ

ブルーノ

　ブルーノはクライミング歴12年の元海兵隊員。スポーツの経験はあまりないが、長年ボディビルをやっており、1年ほど前にウェイトリフティングをやめて、クライミングに専念している。この3年でようやく5.10台をリードするようになった。彼は仲間とクライミングを楽しむのが好きで、ジュリアの前で力自慢ばかりしている。

　ブルーノは33歳、5フィート8インチ、180ポンド［約173cm、約82kg］である。

マックス

　21歳のマックスは、うまくなるためなら、世界的なクライマーになれるなら、なんでもする男だ。クライミング歴は9年、5フィート9インチ、130ポンド［約175cm、約59kg］。彼は自分の将来に自信があり、始めたころからうまいクライマーたちと登り、鍛えてきた。まだ学生なので、フルタイムに登り、トレーニングし、ツアーに出かけている。一流のクライマーをめざす彼の問題点は、あとの章でおいおい考えていこう。

マックス

じつに多くの要因がクライミングのパフォーマンスに関わっている。トレーニングで鍛えるにしても、なにから始めたらよいのだろう? 指の力? 精神力? フットワーク? それとも柔軟性だろうか?

クライミングで必要とされる個々の技術を高めるための方法はよく知られている。しかし問題なのは、私たちにはそれらすべてをやっている時間がないことだ。そのなかからいくつかを選ばなければならない。間違った方法に時間をかけようものならスランプに陥ってしまうだろう。実際そんなクライマーがあまりに多い。

この複雑なスポーツのおもしろい点は、トレーニングによって劇的な進歩が遂げられるということだ。ただ、その進歩のためには、効果的なトレーニングへの取り組みが必要であり、なにを鍛えて、なにを鍛えなくてもよいのか、また、トレーニングの焦点をいつ変えるのかを判断しなければならない。

ウエイトトレーニングに熱中しすぎて多くの時間をかけていると、筋力をつけること自体が目的ではないのに、それを簡単に忘れてしまうこともある。パワーをつける方法や体重の落とし方にくわしくなって熱中するあまりに、それがクライミングの上達という本来の目的よりも優先してしまったりする。この手の罠がクライマーを誘い込むさまをたとえ話にしてみよう。

優秀なマシーンの開発

君が数人の友だちと、それぞれ1台のフォルクスワーゲンの中古車を買ったとしよう。各自、自分の車を手入れし、ときどきみんなで集まって一緒に作業をしたりした。互いの車についてあれこれと提案を出し合って、各自の車を手直ししていったのだ。そんなことを1年も続けていると、自分の手でもっと性能のよい車にしたいと思うようになった。

そのポンコツ車をくわしく調べてみると、いろいろな手直しをすれば、性能を高められそうなことがわかった。当面の一番の問題は、時速20マイル以上のスピードが出ず、坂道では止まってしまいそうなことで、まずはエンジンをオーバーホールすることに決めた。車の動力部をチューンナップし、できるだけスピードが出るようにしようと考えた。

エンジンについて勉強し、もっとパワーが出せるようにいろいろと工夫してみた。時がたつにつれて君の腕はけっこうなものになった。ただ、レースカーのエンジンが手に入るわけではないので、エンジンの性能を改良し続けるしかなかったが、それでもとにかく大きな進歩を遂げたことには間違い

なかった。

そうして車は平地ならば40マイル、坂道でも20マイルは出せるようになった。まだまだスピードは出せそうだったが、35マイルを超えると車は激しく揺れ、40マイルでは壊れそうになるのでやめておいた。コーナーリングやちょっと難しい運転が必要とされるところでは、ステアリングが問題になった。エンジンを改良する前には問題ではなかったのだが、スピードを出すと操縦性が失われることがこの車の限界要因になった。でも、車の改良はうまくいき、当初に比べ性能がよくなったことで君は満足だった。

さて、それでは次はなにに取り組むか、である。パフォーマンス向上への戦略上、ここで間違える人が多い。車の性能のある一つの分野にくわしくなると、引き続きその分野でばかり取り組みがちになってしまうのだ。ほかの分野に取り組めばもっと生産的なことができるときでさえも、それに気づかない。

ほかの車での経験がないので——比べてみるためにもう1台車を買うわけにもいかない——君には自分の車の強いところ、弱いところがよくわからない。だから自分の知っている作業を続けるしかない。よく知らない分野に切り換えるよりも、自分の得意とする分野で車の問題点を判断しようとするのである。「スピードを出すと揺れるけれど、もっとパワーを出すにはエンジンの改良を続けるしかないな」と。

この手のエンジンスペシャリストと同様、君は楽しみながらエンジンの手入れを続けた。結果、君は自分の車のいちばんよいところしか知らず、それを自慢することになる。友だちと一緒のときに大いに自慢すれば、数カ月にわたる努力の成果が実ったことを実感できる。

好むと好まざるとにかかわらず、ここには結果を出さなくてはならないという暗黙のプレッシャーがある。誰も自分が時間を無駄にしてしまったとは思いたくない。自分の努力が社会的な評価を受けるための最善の方法は、自分が最も得意とする分野でがんばるに限る。君がステアリングなんかに取り組んでいる間に、友だちがクラクションや外装のつや出しといった目立つ部分に手を加

改良を続け、その努力の成果を見せつけられるとわかって、自信満々のブルーノ

えていれば、まわりの人は友だちの車のほうがかっこいいと思うに決まっている。

だから君はエンジンの手直しを続けるのだ。丸1年かけてさらにエンジンを強力にし、35マイルから40マイルでの振動のなかでもなんとか運転できるようにしたが、今度は55マイルでそれを上回る振動が始まってしまった。これで以前よりは運転しにくくなったが、加速がよくなった分、直線で充分遅れを取り戻すことができた。そこそこのスピードが出るようになり、今度は遠出したいと思ったが、錆びてひびの入った燃料タンクにはたった2ガロンしかガソリンが入らないのだった。

今や君の車は改良における限界点(クリティカル・ポイント)に達した。エンジンは最高の状態にはほど遠く、まだ改良の余地はあるものの、またもう1年かけて手入れをしてもこれ以上車の性能向上に寄与することはないだろう。世界で最も優秀なエンジンを持っていても、振動からくるステアリングの不安定さや燃料タンクの問題はいかんともしがたい。エンジンの改良を続けることで、まだいくらか性能向上の余地があるとはいっても、ほかの欠陥部分に手を入れない限り、車全体の性能は停滞したままなのだ。これに対してステアリングのわずかな調整や燃料タンクを取り替えるならば、劇的な改善が図れるのである。

最も弱い環の原則

ここで最も弱い環(わ)の原則ということを考えてみたい。車の性能は、走るために協同して働く諸能力の連鎖から引き出される。それは多くのさまざまな能力の総合されたものとして現われるが、単純な和にはならず、そのうちの最も弱い能力のレベルに引き下げられてしまう。ちょうど鎖がそのいちばん弱い環の部分の強さしかないように、車の性能もその欠陥部分によって制限されてしまうのである。

いちばん得意な強い分野で大きく上達しても、それはパフォーマンス全体には小さな影響しかない。しかし、いちばん弱い分野で少しでも上達するなら、非常に大きな影響を及ぼす。そのため、飛躍的な上達をめざすには、自分の弱点を見つけ、それをトレーニングの優先課題とすることが必要である。

たとえどんな分野に取り組んだとしても、結局いつかは弱点に取り組まねばならない場面に行き着くだろう。だから問題となるのは、自分が優先すべき分野はなんなのかを見極めることなのだ。弱点を探しだすことは、自分自身に適切な問いかけをし、自分のクライミングをつねに検討することである。自己検証することは、テクニックの中の弱点に光を当てる。

自分の弱点を探すことを、後ろ向きの消極的な行為と考えてはいけない。逆に、自分の弱点を知ることは金鉱を掘り当てるようなものであり、ここにこそ上達への可能性がひそんでいるのである。自分自身を知ることが成長の原動力なのだ。**自分の弱点を知らないクライマーに未来はない。**彼には集中して努力すべき対象がないからだ。どんなにやる気があっても、自分の弱点を知らないままでは、成果が出るのは散発的で、しかも偶然にすぎないのである。

自分の得意分野を無視する必要はない。得意分野はなんといっても、自信とモチベーションの源泉だからだ。しかし上達は、弱点に取り組むことで遂げられるのである。

サン・タンを登るヴォルフガング・ギュリッヒ

　さまざまな弱点に対しては、それぞれさま
ざまなトレーニングが必要となる。次に挙げ
る例は、クライミングにおける弱点や優先す
べき課題など、クライマーが直面するさまざ
まな問題を描いている。

長所ばかりを伸ばしても
効果は小さい

　「クライミングはなんて複雑なんだ！」とドイ
ツのトップクライマー、故ヴォルフガング・
ギュリッヒは嘆いたことがある。

　あるクライミングシーズンの初めのころ、
ギュリッヒはフランスのベルドンでサル・タン
（5.13b）にトライしていたが、5日かかって
も成功できずにいた。そのとき彼がなにに苦
しめられていたかというと、彼はちょうど冬
の間の激しいトレーニングを終えたばかり
で、それによって充分なパワーがついてい
た、という事実だった。

　もともとギュリッヒは相当なパワーの持ち

主であったので、そこにさらにパワーをつけ
ても、彼のクライミングパフォーマンスには
さして効果がなかったのである。つまり、パ
ワー不足が冬のトレーニング以前の問題
だったのではなく、またそれ以降にも問題
ではなかったのだ。

　彼の言葉は誤ったトレーニングを選んで
しまったことへの後悔ばかりでなく、失敗
の本質をも明らかにしている。クライミング
は多くの技術の総合であり、彼の足を引っ
張っていたのは、彼が無視してしまった技
術分野だったのである。このことに気づいた
ギュリッヒは家に戻ると、トレーニングの焦
点を弱点に対するものに変え、7カ月後に
世界初の5.13d、カナール・イム・リュッケ
ンを初登したのだった。1984年のことだ。

弱点はいつも姿を隠している

　ブルーノとジュリアはボルダリングのときに
初めて出会った。ブルーノはトレーニングで
鍛えたパワーと指の力を自慢にしており、前
シーズン以来、持ち越しになっていたボル
ダーの課題でトレーニングの成果を見せた
かった。アグレッション・ルーフは5フィート
のオーバーハングがあり、5.10aである。

　これに取り付いたブルーノはルーフにさし
かかった。ルーフの半ばで両手をかけると
足がすべって離れてしまった。彼は体の振
りを止め、「前傾壁は力がすべてさ」と言い
聞かせた。まるでトレーニングジムで懸垂
をするように、ブルーノはホールドにぶら下
がり、片手をルーフの縁（リップ）にとばした。どうに
かそれをつかむと、足の振れを止めて次の
ハードなムーブに備えた。

　両手が大きく広がったままなので、次の
ムーブで片手を離すと大きく振られそうだ。
そこで強引に引きつけて、左手で縁の上部

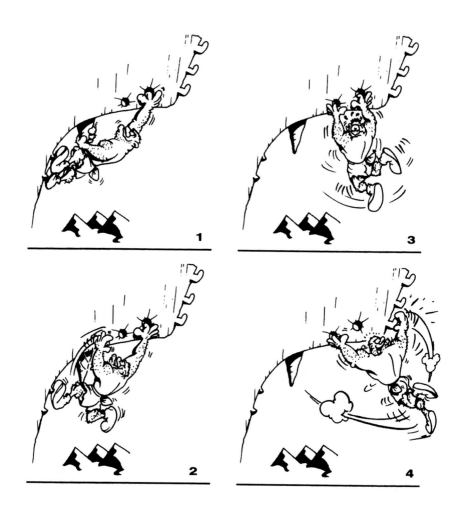

をとった。大きくルーフの外へ振られたが、両腕で引きつけてこれに耐えた。

　ブルーノの手がだんだん汗ばんできた。チョークアップすると片手でぶら下がることになるが、そうしないとこれ以上は無理そうだ。顔をゆがめながらも笑ってチョークアップした。足が縁まで上げられず、必死の思いで体を引き上げ、再び手をとばしてようやく最後のホールドをつかんだ。

　顔を真っ赤にして上に抜けると、ようやく息がつけた。自慢したい気持ちとは裏腹に相当苦しそうな顔だ。これまでにないハードなボルダーを終えて、ブルーノはダイエットと筋力トレーニングの成果を自慢した。

　この成功に気をよくして、ブルーノはすべてわかったようにうなずいた。「同じようにやってみたら」とジュリアにすすめた。ジュリアには無理だろうと思ってブルーノはニヤつ

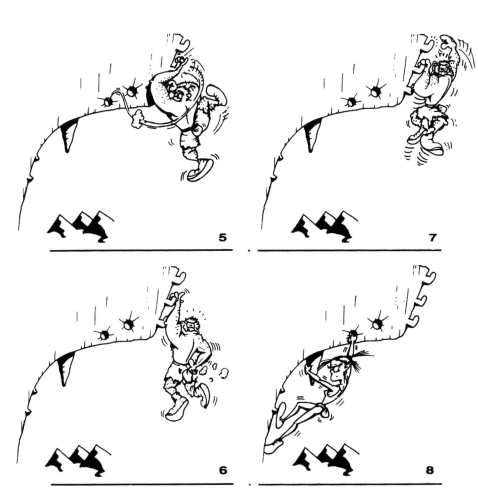

5

7

6

8

いていた。ブルーノは、クライミングに必要なのはとにかく力だと思っていて、ジュリアにはその力がなかったからである。

　しかし、ジュリアはルーフでまったく違った登り方をした。体を安定させるために岩の形状をうまく使い、ブルーノが落ちそうになったところでは足を使って振られるのを止めた。ブルーノがロックオフ［腕で体を引きつけて姿勢を維持すること。P028を参照］の連続で

抜けたところは、腕を伸ばしたまま腰を回し、足で体を押し上げるようにした。縁のところではホールドがよく利くようにつま先を岩の下に引っかけたままだったので、楽にチョークアップできた。上部でも、柔軟性のある彼女は手を伸ばしたままで足を上げることができ、最後のムーブも難なくこなしたのだった。

　降りてきたとき、ジュリアの腕はパンプは

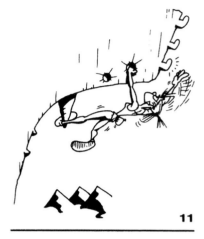

していたけれどまだ余裕があった。ブルーノは口ごもるように「どうなってるんだ?」と言ったきり押し黙ってしまった。

最も弱い環の原則のまとめ

- 弱点は、得意分野が引き上げる以上にクライミングパフォーマンス全体を引き下げてしまう。
- 生まれつきの能力の多様さに応じて、各個人でトレーニングの優先課題は異なる。
- 弱点はつねに変わっていくので、それに気づかないとプラトー［高原状態。パフォーマンスの停滞を意味する。P184を参照］を招く。

最も弱い環の原則の意味

上達のためのトレーニングへの最も効果

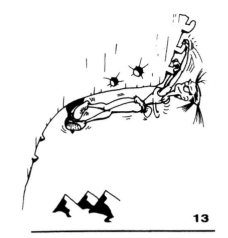

13

14

しいものになる。それだけにクライミングは奥が深い。

　まず、自分にとっての優先課題を観察し、学び、確定することがトレーニングの大半を占めるといっていい。クライミングに影響する運動能力は多岐にわたるので、それらすべてに取り組んでいる時間的余裕はない。また、いつも人にそばにいてもらって指摘してもらうこともできないので、自分の強いところや弱点を知るだけでも大変なことである。トレーニングの優先課題を間違うと、上達を妨げてしまうこともある。速やかな上達は、トレーニングの焦点を2～3の能力に絞ったときにのみ起こるのである。

　多くのクライマーが自分を鍛える最もよい方法は、トップクライマーのしていることをそのままコピーすることだと思い込んでいる。たぶん、彼らはいろいろな方法にトライしてみた上で、いちばんよい結果を生んだ方法を選んできたのだろう。しかし、弱点は人格と同じく個々人で異なるため、効果的なトレーニングプログラムの内容も、クライマー一人一人で大きく異なるのだ。あるクライマーには効果的な方法も、実力は同じだが弱点の違う別のクライマーには役に立たない。

　クライマーの上達は職人の修行のようなものだ。しかし、もし彼らが知的に取り組まなければ、その情熱や努力や野心は無駄になりかねないのだ。このように、いささかやっかいな面のあるクライミングというスポーツでは、つねに意識的に上をめざしていかなければならない。しかし、どんなレベルであれ、登れたときにクライミングがもたらしてくれる満足感は、ほかのスポーツでのそれをはるかにしのぐだろう。

的なアプローチは、この最も弱い環の根本原則から導かれる。それは、ワールドカップのクライマーであれビギナーであれ同じである。同じ動作を何度もくり返すようなスポーツ（たとえばランニングや自転車）では、そのパフォーマンスに関わる運動能力は少ないので、個々の運動能力を選び出すことは簡単だ。だが、クライミングで必要とされる運動能力は幅広く、その選択はもっと難

多面的スポーツとしての
マルチフェイスド
クライミング

クライミングは、正反対の性格をあわせもった複雑なスポーツである。テクニックで力を制御し、危険性の高い状況で安全性を追求し、不安と決断の間でバランスをとりながらクライマーは不可能の中に可能な突破口を求める。

クライミングパフォーマンスは全人的な表現であり、多くのさまざまな条件と能力の総合と見るべきだ。クライミングパフォーマンスに影響する要因は、下の図のように6つのカテゴリーに分類できる。

これらのカテゴリー間の境界線は混ざりあっていて、互いに影響し合っている。たとえば、モチベーションは筋力に影響を及ぼし、プロテクションは恐怖感に、恐怖感はコーディネーション［協調。第2章および用語解説を参照］に、柔軟性はテクニックに、体のリーチはタクティクスに影響を及ぼしている。

この本で私たちは、クライミングパフォーマンスを上達させる可能性のあるすべての要因を考えてみた。取り上げたテーマのそれぞれについての基本的な解説に1章を割き、そのあと具体的なトレーニングのテクニックの解説に1～2章を加えた。そこでは、それらの知識をどのように君のクライミングに生かすのかを示すように心がけた。

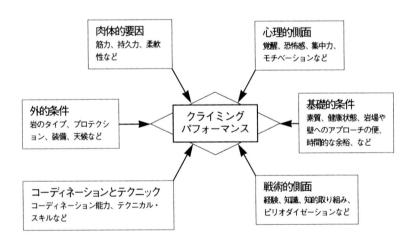

第2章 コーディネーション

調子のよかった日、クライマーはこんなことを言ったりする。「できてしまった。なにをどうやったのかあまり考えていなかった。自然にいってしまった」と。このようなとき、体は岩の形状に合ったやり方で、きれいでなめらかなムーブをなし、岩との闘いにはなっていない。これはテクニックで登ったといえる。

一方、調子の悪かった日、クライマーはなぜか変に緊張したり、テクニックがまったく狂ってしまったように感じたりする。頭は混乱して、本能的な動作をくり返すばかりだ。

クライミングは、人間の肉体的な能力を重力に対抗させようとするものである。そのためクライミングは筋力、持久力、柔軟性を必要とする。しかし、これらの肉体的な能力も岩場で必要とされる特定のスキル［技能。具体的な運動や動作を行なう能力。用語解説を参照］にそのまま生かせるわけではない。あるクライマーは自分の能力をうまく使い、ムーブ達成のために必要最低限しか使わない。しかしほかのクライマーは、その場で要求される倍のエネルギーを浪費してしまう。

つまり、筋力や持久力のような肉体的な能力が、パフォーマンスに影響する唯一の要因ではないのである。これらの肉体的能力は上手に体を動かす方法によって、すなわちテクニックと呼ばれる、スポーツに特有な運動のスキルによってコントロールされるのである。

では、テクニックの良し悪しはなにで決まるのだろうか？

その答えは、運動の効率にある。

ふつう、私たちクライマーは、自分の動作が効率的なのかどうか客観的な判断ができない。あるテクニックは得意で、ほかのあるテクニックはへただけだ。苦手なテクニックについては、学ぶ価値があるのかどうか信じがたいときもあったりする。あまり効率的ではないけれど得意なテクニックより、効率的だが苦手なテクニックはやたら難しく感じてしまう。

ここでフットワークのへたな筋力クライマーを考えてみよう。彼、ブルーノが人からフットワークを直したほうがいい、とアドバイスされたとする。すると彼は鼻で笑って言うだろう。「どうして？　テクニックを使って足を置くのに時間をかけていると、難しいところでは全力を出しきる前に手がパンプしてしまうよ」と。

たしかにそうなのだ。ブルーノの場合、フットワークに集中していると本当にへたになってしまうのだ。しかし、だからといって繊細なフットワークが効率的ではない、ということにはならない。ブルーノは、ただフットワークに慣れていないだけなのだ。そのため、フットワークを使うときは全神経を集中してしまう。フットワークに集中するあまり、動きが鈍く硬いものになり、疲れ果ててしまうのだ。以上のことから次のようにいえる。クライミングのテクニックやスタイルの効率というものは、そのテクニックを実際に身につけてみないと判断できないのである。

では、テクニックを身につけるにはどうしたらよいだろう？　それにはどこからテクニックが生み出されるかを考えてみる必要がある。テクニックは肉体の運動をコントロールするところから、つまり身体のコーディネー

筋紡錘とは？

　筋紡錘とは筋肉内の知覚受容器[用語解説を参照]のことである。それは同じ筋肉の中の「テスト筋線維」と通常の筋線維の長さを比べる働きを持つ。筋紡錘はさまざまな場面で働いている。

　まず、筋紡錘は外界からの力に対して、体を安定させようとする反射的な動作で働いている。人の意思に反して筋肉が伸ばされたとき、筋紡錘も一緒に伸びてこの長さの変化を脳に知らせる。これによって筋肉がそれ以上伸びないようにしたり、あるいはもっとゆっくりと伸びるようにしたりして筋肉の収縮を調整する。

　たとえば誰かが君に、どれだけの水が入っているのかわからないボトルを投げてよこしたとしよう。すると筋紡錘は、力が足りなくて落としてしまったり、逆に力あまって上に放り出したりせずに、ちょうどよい力を出せるようにボトルを受け取った瞬間に腕の筋肉の収縮具合を調整するのである。

　また筋紡錘は、無理な力がかかって起こる障害から体を守る働きをする。筋紡錘が急激に引き伸ばされると筋肉は収縮する。この伸張反射は筋肉が急激に引っ張られたり、異常に引き伸ばされたりしたときに起こるダメージから筋肉を守るのである。

ション能力から生み出される。この章ではテクニックトレーニングの章のための予備知識として、身体のコーディネーションについてみていきたい。コーディネーションについての基本的な理解が、効果的なテクニックトレーニングの基礎ともなる。だから、予備知識をとばしてトレーニング方法だけを学んでも、間違ったことをしやすいので気をつけるように。

　テクニック上達のための強力な武器として、コーディネーションについて学ぼう。それをうまく使いこなして、君のクライミングを変えていこう。

コーディネーションの根本

　身近な例として、子どもが自転車に乗るのを覚えるときのことを考えてみよう。子ども

が自転車に乗り始めるときは、全神経を奪われて動作は荒く、ぎくしゃくしている。自転車が傾くとハンドルを握り締めるばかりで、ゆらゆらとふらついて、ついには倒れてしまう。子どもは、ぐらつきながらバランスをとるのに必死なので、自分がこれからどこに進むのか、まわりでなにが起こっているのか、わずかに注意を払うのがやっとである。

　ところが2週間後、信じられないような変化が起こる。動きはしっかりとなって、もう余計な神経の集中は必要ない。子どもの意識はすっかり落ち着いてスムーズに乗れるようになり、さらには障害物を避け、目前の地形を把握し、乗りながら話をすることもできる。以前は精一杯の神経の集中が必要だった同じ課題を、今や心に余裕をもって行なえるのである。

　私たちクライマーも、難しいムーブに出くわしたときは、もう頭の中がパニックであ

る。実際に登っている時間よりも、ぎこちないムーブとムーブの間でためらっているほうが長いくらいだ。しかし、子どもが自転車に乗れるようになる突然の変化がクライマーにも起こる。この変化で、より効率的にムーブをこなすばかりでなく、ルート上の計画や戦略（ストラテジー）を考える余裕が持てるのである。どうしてこのような変化が起こるのか理解するために、変化をもたらす隠れた操縦者（オペレーター）＝**運動エングラム**［用語解説を参照］に注目してみよう（原注あり）。

動作のコントロール

　私たちが動いていようといまいと、どんなときでも脳は筋肉から感覚のフィードバックを受けている。これらの信号は筋肉、腱、関節、皮膚の神経からくる。これらは筋肉の収縮、体の姿勢、体に作用している力、などについて脳に知らせている。

　この運動感覚（キネステティック）情報の絶え間ない流れは、自分の体を自覚するもとになっている。脳に運ばれてくる情報、特に筋紡錘（P022のコラムを参照）からの情報によって脳は動作を監視し、コントロールするのである。

　全身のすべての動作をコントロールすることは、非常に複雑なプロセスである。全身の425にのぼる骨格筋のそれぞれは、脳からのつねに微調整された命令を必要とする。初めて行なう動作の場合、脳は運動感覚の信号をモニターし、分析し、筋肉にフィードバックしてこの動作を行なう。その際、関係する情報量が膨大であるため、このプロセスは脳の運動野の機能をその限界にまで押しやってしまう。このため、初め

ての動作というものは硬くぎこちないものになり、頭の中がこの課題でいっぱいになってしまうのである。しかし脳は経験を積むことで、この動作を別の方法でコントロールするようになる。

●エングラムの記録と再生

　クライマーがムーブを行なうと、その特殊な体の動きは脳内にこのムーブ特有の一連の神経刺激を引き起こす。そのムーブを何度かくり返すと（実際にでも心のイメージでも）、その神経刺激のパターンの反復はムーブを記憶の中に刻み込み、それを「運動エングラム」として蓄えるのである（以下、運動エングラムを、単にエングラムと呼ぶことにしよう）。

　エングラムは、私たちが行なった運動の完全な記録であり、それは同じ運動を思いどおりに再生するための命令マニュアルでもある。エングラムは記憶に蓄積されたムーブを、まったくそのままに再現するために必要なすべての指示を含んでいる。だからエングラムとは、特定のムーブを再生するために必要な筋肉への指令書が入った書類箱のように考えることができるだろう。

　エングラムは、数千におよぶ神経信号の代わりとなるので、動作のコントロールにエングラムを使うと、脳はすべての運動感覚のフィードバックをモニターし、信号を送り返す必要がなくなる。これで脳は別の問題に取り組む余裕ができ、より複雑な運動が可能となる。

　たとえばクライミングのダイナミックなムーブは、さまざまな筋肉群の正確な連係が必

（原注）エングラムという用語は、サイエントロジー教［米国の宗教団体］が心霊現象を表わすのに用いている。私たちは、エングラムを運動生理学的な意味で使っており、サイエントロジー教の用いるエングラムとは一切関係ないことをお断りしておく。

要とされる。足で押すのが早すぎると正確な方向へ手が伸びず、押すのが遅すぎるとホールドに手が届かない。こんな場合、脳はこれを逐一モニターしてフィードバックするヒマはない。そのため、このようなムーブは、身体がムーブのエングラムを「学習」し、いちいち考えることなくできるようになるまでは不可能なのである。

ルートやボルダープロブレムが、何度かやったあとではやさしく感じるのはこのためである。くり返すたびにムーブのエングラムが強化され、意識的なモニターの必要がなくなっていく。数多くの練習を経て、それをどのように行なうのか体が「知る」のである。これが、最高のパフォーマンスが平静で、「なにも考えずに」できてしまったように感じる理由である。スポーツ科学の研究でも、新しいスキルを学んでいるときに脳が最も活動的であることが明らかにされている。一度そのスキルが身につけば、あとはエングラムのコントロール下に入ることで無駄な労力を使わず、よりよい動作が行なえるわけである。

記録されているムーブの再生にあたってのエングラムの効果性は、それらを使った時期と頻度によって変わってくる。そのエングラムを頻繁に使っていれば、そのパターンを実際の運動の中に再生しやすい。最後に使ったときから時間がたってしまうと、それだけ鈍ったものになるだろう。

●内的劇場 [インナーシアター]

運動のコントロールを、エングラムによるコントロールへ切り換えることは意識してできるものではない。脳はクライミング中の運動感覚情報を、エングラムに蓄積されたパターンとつねに比較している。そして、目前の状況に合うエングラムを探し、それが合うことがわかれば、そのとき初めてエングラムのコントロールに移るのである。

脳は、クライミング中の課題を解決するため、実行に移る前にはいつもこの「内的劇場 [インナーシアター]」を用いる。難しいムーブに直面したとき、脳は目前のホールドの配置に合うエングラムを探す。ホールドを見て、脳は3つの違ったシークエンスの可能性を検討しているかもしれない。脳内のステージ上でさまざまな可能性が演じられ、それらの運動感覚性の「感触」と、記憶の中のエングラムの感触とが比較される。もし現実のムーブがエングラムのムーブとあまりに違っていれば、モニタリングと不断のフィードバックによってムーブをコントロールしなければならない。エングラムの感触が一致すれば、エングラムがその動作をコントロールすることになり、モニタリングの必要がなくなるのである。

内的劇場は広範なエングラムのレパートリーを選ぶとともに、間違いを未然に防ぐ働きもする。

マックスが、以前に何度もトップロープで登ったことのあるルートに取り付いたとしよう。登っている最中、彼の脳は目前のホールドやその場で要求されるムーブと、エングラムに蓄えられているホールドの配置やムーブとを比べている。そして知っているムーブであることがわかると、以前に作り上げたエングラムを作動させるのである。マックスはそのルートをもう何度も登っているので、ムーブをコントロールするエングラムはしっかりしていて、動きはスムーズで落ち着いており、無駄がない。

ルート中のムーブがマックスの記憶と一致する限り、エングラムがムーブをコントロー

ルしている。エングラムに対する微調整は必要かもしれないが（「今日はちょっと汗ばんでいるな」とか「これで耐えるのはちょっと厳しい」とか）、マックスの体はほとんど自動操縦のように動き、クライミングのペースや力の温存を考える余裕が持てるのである。

マックスが一度も登ったことのないルートに移ると、彼のエングラムのなかには必要とするムーブが見当たらない。目前の状況には彼の持ち合わせているエングラムは合わないので、今度はゆっくりとしたモニタリング／フィードバックのプロセスがムーブをコントロールすることになる。自転車に初めて乗るときのように、体重移動のたびに神経を集中してしまう。このためマックスは一つ一つのムーブに集中することになり、次のセクションや全体のタクティクスを考える余裕はだんだんなくなってくる。

しかし、このルートのところどころで、ほかのよく知っているルートにあるものと似たムーブが出てきた。ムーブが似ているとわかると、彼の運動中枢はエングラムを使い、エングラムのコントロールで登ることになるわけである。

レパートリーを広げる

クライミングのように動作の多様さと同時に、その正確さをも要求されるスポーツはあまりない。ランニング、自転車、ボートなどで必要とされるのは比較的少ない動作のくり返しである。もっと複雑な動作を必要とするほかの多くのスポーツにしても、動作の正確さはさほど重要ではない。そのようなスポーツでは、動作そのものの練習はトレーニングの中心にはなっていない。

しかし、クライミングでは動作の一部をわずかでも間違うと動作全体がダメになって

しまう。トップクライマーというものは、必ずしもほかのクライマーよりも力が強いわけではない。ただムーブのエラーが非常に少ない人間なのである。彼の選んだムーブ、姿勢、スピードが、彼をほかのクライマーから分けるのである。

君はいつも指が開いてしまうか、ホールドが保持できないかで、落ちてしまっているように思っているかもしれない。そうではない。これはクライミングの本質に関わることだが、指が開いてしまうかどうかは、**君がルート上でどんなムーブを選ぶか、いかに効率よく登るか**、によるのだ。クライミングとはムーブ主体のスポーツなのだ。

クライミングと同様、空手は可能な動作がほとんど無限にあるスポーツである。そして力と同時に正確さが重要である。クライマーとしては、空手家が筋力トレーニング以上に動作の練習［型］を重視していることに注意したい。どちらのスポーツも、力ばかりあってもテクニックがなければ上達できない。そしてどちらも、よいテクニックを持っている者が、ただ力が強いだけの者より実力を発揮できるのである。

ムーブがしっかり身についていればこそ、自分の肉体的能力を発揮して登ることができる。初めてのルートを登るときでも、エングラムの膨大な蓄積があれば、その場のホールドに要求されるムーブがわかるのだ。トップレベルのオンサイトクライマーともなると、ホールドのつながりを見た瞬間に、それに対してどう動けばよいのかが体でわかってしまう。ムーブの多様さがほとんど無限に近いため、これには多くの経験が必要である。というのもホールドの大きさ、配置と向き、肌ざわりとフリクション、壁の角度と形状等々はルートによってすべて違うからだ。

これらがほんのわずかに違うだけでも、姿勢やムーブが変わってくるだろう。

この多様さに対応するには、過去のいろいろなクライミングで積み重ねられた豊富なエングラムが必要となる。エングラムの内容が豊かになれば、それだけルート上で出くわした状況に対応するエングラムも見つけやすくなる。エングラムのレパートリーの広さこそが内的劇場の問題解決能力を決めるのだ。

ムーブのレパートリーを広げることなしに、オンサイトに強いクライマーにはなれない。そのため、トップレベルのオンサイトクライマーの平均年齢は、ほかのスポーツのトップレベルの選手たちに比べて高い（若いクライマーたちは年少のころから始めており、充分な経験を積んでいる）。これに対して難しいレッドポイントの成功は、経験に見合うだけのものを必要としない。それはエングラムのレパートリーの広さではなく、特定のムーブをこなす能力を表わすものだからだ。

オンサイトグレードを上げるのに、グレードを1段階以上とばすことなどほとんどできないのも、このエングラムのレパートリーという点から考えるとわかる。「一つ一つグレードを上げていくのは飽きちゃったよ。今すぐに5.13をフラッシュしたいんだ!」と、若い有望なクライマーたちは言ったりする。しかし、グレードをとばしていけると思っていると、エングラムのレパートリーの重要性を無視することになる。

豊富なエングラムの重要性についてはほかの分野でも似た例を見いだせる。世界クラスのチェスプレイヤーは、彼らの「トレーニング」の時間のほとんどを、過去の国際試合の棋譜の学習に費やす。これによって彼らは、実際のチェスの展開に対して即座に反応できるのである。

コーディネーションに影響を与えるその他の要因

● 心理学的側面とエングラムコントロール

基本的には以上のようなメカニズムが動作をコントロールするのだが、実際にはほかのいろいろな要因が入り込んでくる。特に心理的な覚醒[心理的緊張の状態。P070を参照]はエングラムを使う能力に大きく影響する。

ストレスや緊張度の高い状況では、いちばんよく刻み込まれたエングラム以外は使えなくなってしまう。ナーバスなときは初歩のレベルに戻ってしまい、人に見られているときなどはよくコーディネーションを失ってしまうものである。

動作のモニター／フィードバックによるコントロールがうまくいかないときは、二つの可能性が考えられる。それは、直面しているムーブのタイプに対応するエングラムがないか、それとも持ってはいてもストレス状態のためにエングラムが役に立たないか、である。

第一の場合は、エングラムのレパートリーを広げるため、持っていないテクニックの練習をしなければならない。君はただこの課題をこなすのみである。第二の場合だと、君の持っているエングラムにストレス耐性をつけるか（テクニックトレーニングの章で扱う）、覚醒水準の下げ方を身につけるか（心理学の章で扱う）、である。

あとの章でふれるが、リラクゼーションやビジュアライゼーション[視覚化。P065および用語解説を参照]のようなテクニックはエングラム

がしっかりしていれば、クライミング中の過剰な意識を抑制してくれる。一度ムーブのレパートリーを身につけさえすれば、オンサイトはついてくるものである。エングラムをいちばん効果的に使うために、心を空にし、本能の導くままに登ろう。たとえムーブが出てこないときでも、リラックスし、心が落ち着いていれば、そのムーブをうまく解決して素早くエングラムのコントロールに戻れるのである。

● 乳酸

　筋肉内に発生する乳酸もまた、コーディネーションに影響する。持久スポーツでは、運動中の血中乳酸濃度が1ℓ当たり20ミリモルにまで達することがあるが、乳酸は6ミリモル程度ですでにコーディネーションを低下させ始める。しかし、クライミングではこのように高いレベルに達することはめったにない。

　技術的正確さを要求されない運動（たとえばランニング）では、乳酸レベルが非常に高くなっても運動パフォーマンスそのものが損なわれることはない。だが、クライミングやフィギュアスケートのようなスポーツでは、微妙なバランスや動作の精度のわずかな狂いがパフォーマンスをダメにする。パンプしてしまったとき、みんなこの手のコーディネーションの失調の経験があるだろう。動きがおかしくなって、簡単な課題にも失敗してしまう。

　このことをいつも心に留めておけば、エングラムが弱いための失敗と、血液中の乳酸濃度が高くなったための失敗との違いがわかる。乳酸濃度を下げる方法については筋力の章でふれたい［乳酸の現在の知見については、用語解説を参照］。

まとめ

　以上のことからトレーニングについてなにが言えるだろうか？　スポーツ科学的な観点から言うと、君がクライミングのテクニックを上達させたいならば、しっかりしたエングラムの広範な蓄積に目標を絞るべきなのである。次のテクニックトレーニングの章で具体的な方法をみていこう。

　クライミングはムーブ主体のスポーツである。ほとんどのクライマーがこの点を見落としていて、筋力や柔軟性のような、具体的な数値に表わしやすいことに集中しがちだ。そんなクライマーにはならないようにしよう。トレーニングでは、コーディネーションとテクニック以上に重視すべきものはないのだから。

テクニックトレーニング：
理論編

一見すると、クライミングは岩に対する力の闘いのようにみえる。しかし重要なことは、岩との力の均衡ではなく、バランス感覚（バランス・オブ・パワー）そのものである。たとえば、君が仮に持久力を20％アップしたとしよう。すると、ストレニュアスなルートで今までより20％分、到達点を伸ばせるかもしれない。しかし、力のセーブの仕方を学び、より効果的なムーブを身につけ、それによってエネルギーを最小限に抑えることができるなら、以前は触ることもできなかったルートを登れるようになるだろう。テクニックトレーニングこそ上達

ヘルを登るキャシー・バラーイユ

への最も有効なスプリングボードなのだ。

すぐれたテクニックがあれば、か弱い女性クライマーでもパワフルなルートが登れることについて、説得力のある事実がある。キャシー・バラーイユがユタ州ソルトレイクシティーのアメリカンフォークで、パワフルなヘル (5.13a) をレッドポイントしたのがそれだ。ホールドが遠く強烈なロックオフの連続だったが、「すべてテクニックでこなした」と彼女は言う。腕を伸ばしたまま肩を回してロックオフを決め、あちこちで膝を落として体をくねらせながら登り、彼女の倍は力のあるクライマーたちを退けてきたムーブをこなしたのだ。このことから、多くのクライマーが関心を向けている筋力がすべてではないことがわかるだろう（これはまた、クライマー各自の筋力と弱点によって、ルートの評価や認識が左右されることを示唆している）。

テクニックトレーニングへの効果的な取り組みは、身体のコーディネーションを理解することから始まる。これまでの章で、クライミングにおける運動エングラムのレパートリーを広げる上で、コーディネーションが重要な役割を果たすのを見てきた。そこで今度は実際の場でどうすればいいのかみていきたい。特に、クライミングで実際に使われる運動エングラムの習得方法と利用方法を区別しないといけない。

君がテクニックを磨く方法はいくらでもあるが、それは君が取り組む特殊なスキルによって千差万別だ。その多くは以降の章でくわしく知ることができる。しかし根本のとこ

ろでは、すべてのテクニックトレーニングには個別の方法やエクササイズに関わりなく基本原則がある。だから外に出て岩場でテクニックトレーニングを始める前に、あらゆるテクニックトレーニングに共通するいくつかの原則を見ることにしよう。

トレーニングの基本原則

テクニックトレーニングの核心は、エングラムを発達させることである。スポーツ科学的観点からは、レパートリーに新しいエングラムを加えていく過程は、2つの段階に分けられる。第1段階はエングラムの習得であり、第2段階はその実践である。この2つは単純につながっているわけではないが、一日のうちで各段階を踏んでいくことができる。

第1段階：エングラムの習得

エングラムを習得する過程は、まったく新しいムーブを一から学ぶか、あるいは、うまくできないムーブをしっかりと身につけることから始まる。実際には、これは経験則でわかることだが、ムーブをくり返して経験化していくためには、ルートを完登したり頂上をめざしたりという通常の目標はいったんわきに置くことになる。人工壁やボルダリングは特定のムーブを何度もくり返せるので、このトレーニングに理想的だ。この段階では理想的な条件下でムーブを正確に行なえるようにすることが目的となる。

脳はつねにムーブを記録しており、それまでにいちばんよく使ったムーブを最も頻繁に再生するので、このトレーニング段階では、望んだムーブのパターンだけを再生

できるように脳を鍛えることが目的となる。ムーブを悪いテクニックでくり返し練習してしまうと、その後もそのとおりにやってしまいがちだ。一度身につけたムーブの記憶はなかなか消すことができない。しかし練習によって、より正確なムーブのエングラムを鍛えることができる。

ムーブを正しくきれいに行なえば、その後もそのとおりにできるようになるので、新しいムーブを行なうときは最大限よいテクニックでトライしなければいけない。同じ理由で、以前にやったことのないムーブを覚えるときにも、悪いテクニックは最小限にとどめることが大切だ。

●テクニックは疲れていないときに学ぶ

よいテクニックを身につけるために、疲れていない状態でエングラムを鍛えるべきである。コーディネーションの章で述べたように、疲労はコーディネーションを低下させる。激しく運動すると筋肉は乳酸でいっぱいになる。筋線維は硬くなり、コーディネーションが低下して、全身の動作も鈍くなる。さらには、神経細胞同士をつなぐ神経接合部が疲労すると、筋肉に与える神経命令が妨げられてしまう。

では、疲れた状態では登ってはいけないのだろうか？　もちろん、そんなことはない。筋肉を疲労させることは、筋肉を強化するためには必要不可欠なことである。ここで言いたいのは、**疲れてしまったら、新しいテクニックを覚えようとしてはいけない**、ということである。極端に疲れてテクニックがうまく使えないところでは、それ以上の無理はしないでテクニックにダメージを与えないようにすべきだろう。

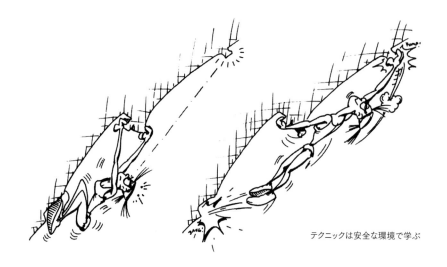

テクニックは安全な環境で学ぶ

● テクニックは安全な環境で学ぶ

　成功や失敗にこだわりすぎるのもテクニックの学習に影響を与える。ジュリアがボルダーで、初めての長いランジを決めようと自分を追い込んだとしよう。しかし、無理して追い込むと、ランジに成功するよりもケガをする可能性のほうが高くなる。さらに悪いことには、今後似たような状況に出くわしたときに、積極的にトライしようとするよりも、すぐに引き下がってあきらめてしまうようになる。

　もし、地面近くかトップロープ、あるいはプロテクションのしっかりしたところで練習すれば、安心して落ちることができる。そういう状況で行なうことは、無理してケガするよりはるかに大事なことだ。

　ムーブがしっかりできるようになったら、そのあとで新しいスキルをより困難な状況で使ってみればよいのである。

● 怖いと感じる状況では無理しない

　恐怖感もパフォーマンスに影響を与える。怖いと、自分の実力の限界に近いムーブにトライするのは難しい。

　しかしエングラムの習得には、不安定に感じるムーブや自分の限界を超えていると思えるようなムーブを行なってみることも必要である。このため、新しいテクニックを身につける際の安全に対する感覚は、二重の意味で重要である。

　無理しないのは決して悪いことではない──なんといっても危険から身を守ることになる。しかし、限界から遠ざかってばかりいると、学ぶこともできないのである。

　新たなムーブを学んでいる際に感じる恐怖感を取り除くことがいかに重要であるかは、今日のクライマーが10年前とは比べものにならないほど上達スピードが早いことに表われている。今日では比較的安心して落ちることのできる安全なルートが増えたことで、テクニックを身につける条件が圧倒的に改善されているのである。

第2段階：エングラムの実践

　外的なストレスの強い状況では、いちばん練習をした本能的なムーブのエングラムしか使えなくなってしまう。極端な場合に

は、さまざまなストレス、プレッシャー、リスクが、最もよく刻み込まれたムーブのパターン以外はみんなダメにしてしまうこともある。ソ連のスポーツのコーチ陣などは、選手たちがジムでのトレーニングをたとえ1000回くり返し練習したところで、それによって実際の大会の場で勝負強さを発揮できるとは考えていなかった。

ムーブのレパートリーを広げる第2段階は、習得した運動エングラムを実践することである。ここでは、自分のものにしたエングラムを、実際のクライミングにあるようなストレスの強い状況下でも充分使いこなせるように強化することが目的となる。

クライマーなら誰でも、ビギナーのころに外的なストレスの影響で動きがおかしくなってしまった経験があるだろう。「あそこのムーブは、地面に近いところだったらいけたんだけどなあ。どうにもふんぎりがつかなくて、まったくの初心者みたいだった」。フレッシュな状態で自信のあるときにはなんでもない同じムーブが、地上から80フィートのところで、最後のプロテクションから5フィートも離れていたり、腕がパンプしていたりすると、まったく不可能に感じられる。これは筋力がなかったり、ムーブのエングラムがなくなったりしたわけではない。**もし地面に近ければきっとできただろう。**しかし、ストレスの影響で体がいちばん確実なムーブのパターンだけに戻ってしまったのだ。

ムーブのパターンは日常生活の習慣のようなものである。そのムーブがベストなものであろうとなかろうと、いちばん練習したものがどんなときでもいちばんよく使われる。ムーブはエングラムから引き出されるので、望ましくないムーブのパターンを新しいものに変える方法は、新しいパターンが第2の

本能となるまでくり返し練習することである。

実践こそがエングラムにストレス耐性をつける。理想的な条件下でマスターしたテクニックを、クライマーが実際にトライしているルートで出合うような条件下に移し変えていくのである。このエングラム開発の第2段階では、以下のようなことをなくしていくようにする。

- 疲れるとテクニックを失う。
- プレッシャーで動きが硬くなる。
- 露出感や脅迫的要素の強いところでへたになる。
- 危険性のあるところで動作が効率的ではなくなる。

クライマーが、実力の限界ちょうどかそれ以上のルートにばかり取り付いていると、新しいテクニックをうまく身につけるチャンスは少ない。限界レベルでは、ムーブのエラーを見つけたり、ムーブの体験を積んだりする余地が少ないからだ。あるテクニックのエングラムがしっかりと固まらないと、それを実際のクライミングに用いるのは難しい。

テクニックの練習には**漸増的反復**を使うのがいちばん効果的だ。それは充分にやさしい課題からスタートして、あるテクニックを何度もくり返しながら、徐々にストレスや疲労度を高めていくものだ。やさしいレベルから始めれば、まだ完全に身についていないテクニックでも使うことができる。そして外的条件に困難な要素を少しずつ増していくことで、**上達に沿った効果的な練習ができる。**各自の習熟の度合いに合わせてテクニックが練習できるように、困難な要素を工夫しよう。

では次に、クライミング中のさまざまなタ

イプのストレスに合わせて、漸増的反復を考えてみよう。

●疲労に対して

いつも使っているジムのボルダーで、君が初めてのデッドポイントに成功したとしよう。そのムーブの練習に漸増的反復を使って、君はすっかり疲れ切るまでそのムーブをくり返した。その後は登るたびに同じボルダープロブレムがやさしいものになった。そうしてトレーニングのたびにうまくできるようになり、少しは余力が残るようになった。そこで次は、デッドポイントのところまでいく前にもう少し疲れるように、スタートにムーブをいくつか加えたり、途中にトラバースを入れたりするのだ。

そうして、いつでもデッドポイントに成功するように徐々に「ハンデ」を増やしていくのである。同時に限界レベルがわかるように、ときどきは失敗するくらいに難しくしていこう。この漸増的反復のプロセスこそが、新しいテクニックを身につける一番の早道なのだ。

ルートを一度登ってロワーダウンしたあと、トップロープ状態で登って往復するのも漸増的反復になる。このルートのグレードが適度な難しさなら、登るたびにムーブが身についてくると同時に疲れてもくる。つまり、ムーブの運動効率が高まると同時に疲労度も増すので、漸増的反復によるストレス耐性の効果が起こるわけである。

ほとんどのクライマーが、ルートやボルダープロブレムに成功することだけを最終的な目標にしてしまっている。しかし、今テクニックの学習についてみてきたとおり、あるムーブやシークエンスができるようになることは、漸増的反復によってそれを本当に君のものにするプロセスの始まりにすぎないのである。

●コンペ的プレッシャーに対して

うららかな陽差しのなかでの静かな一人のトレーニングの日々はよいものではあるが、それはコンペ的状況から起こるプレッシャーに対してのトレーニングにはならない。コンペのときやギャラリーの前であがってしまうクライマーは、同じようなプレッシャーのレベルを少しずつ上げながらテクニックを使ってみる必要がある。

たとえば、ある課題を誰が最初にできるか、何回のトライでできるかなどとして、友だち同士で賭けをしたり、コンペのまねをしたりすれば、ルートの核心で味わうようなプレッシャーを体験できる。

人に見られているだけで登れなくなってしまうようなら、これを避けてばかりはいられないだろう。この問題を解決するには、強いてみんなの注目を浴びるような状況で登ってみるしかない。

●脅迫的状況に対して

ほとんどのクライマーは、落ちるのが怖くなるとテクニックを失ってしまうものである。そこで少しずつ難しく、怖い状況でもテクニカルにうまく登れるように意識的に努力して、テクニックを失わずにいられる状態を身につけよう。

これを行なうために、数週間はそのテクニックをトレーニングの優先課題にしよう。まずはムーブに集中できるように充分やさしいルートから始める。それからルートの難易度や脅迫的な要素を少しずつ上げていくのだ。もし、あるルートでテクニックが使えなかったら、次はもっとやさしいものにする。

このように段階的に取り組むことで、つねになめらかに登り、限界を超えていくことができる。

たとえそこで君がルートに失敗したり、核心部のムーブを間違えたりしても、テクニックがなかったわけではない。それは自分のテクニックの水準を保って登っていくことに失敗したのであり、**外的なストレスによってダメになったテクニックをあえて使ったにすぎないのだ。**そんな場合は、ストレス耐性をつける段階を少し戻ってみるのがいいだろう。

また、漸増的脱感作法（第7章を参照）を使うと脅迫的な状況に慣れ、テクニックに対するそれらの否定的なインパクトを小さくしてくれる。

●危険性の高い状況に対して

クライマーの中にはあえて危険な状況にトライし、それを克服していくことに喜びを見いだす人がいる。クライミング中のそんな場面での失敗は深刻な結果をもたらすこともあるので、自分の限界を行き過ぎないように充分に注意しなければいけない。

たしかにそのようなあらゆる条件下でのエングラムの実践は、同じような不利な条件下でエングラムを使う能力を高めてくれる。ここではトレーニングの原則を注意するにとどめたい。それは、トレーニングというものは、実際に登ろうとしているルートの条件に最も近いときに最大の成果を上げる、ということである。

エングラム学習の 二つの段階の結合

運動エングラムを身につけるまではそれを使うことはできないが、エングラムが使えればそれで終わりというわけではない。ビギナーは新しいムーブの練習ばかりして、エキスパートは実践ばかりしがちだ。しかし、テクニックの学習はエングラムの習得とエングラムを強化する実践との同時進行のプロセスでもある。最初から100％完璧なムーブのレパートリーを身につけているクライマーなどいない。

筋力がつきテクニックが身につくにつれて、できるムーブの数は増えてくる。上達するにつれて体はより多くのテクニックをこなせるようになる。このような飛躍的な上達の節目では、初心に帰ってテクニックを一から学び直すようにしよう。

これまで見てきたテクニックトレーニングの二つの段階では、それぞれで要求されるものは違っているので、トレーニングやクライミングのスケジュールの組み方も考えないといけない。エングラムの習得には、筋肉がフレッシュでまだ疲れていないときがいいので、一日の初めに行なうようにする。この段階はボルダリングとよく合う。というのは、トライの間に休んで筋肉がフレッシュな状態に保てると、筋力をつけながらエングラムを学習できるからだ。

漸増的反復でテクニックにストレス耐性をつけるには、身につけたテクニックを少しずつ理想的ではない条件下で行なっていくことが必要なので、これは一日の終わりか、筋力トレーニングのあと、あるいは休養日前のトレーニングの最終日にもってくる。

クライマーの多くは、ルートが登れなくなるまで疲れないと、その日一日が充実したものになったと考えたがらない。つまり、筋肉の疲労という一面的な要因だけをその日の終了の目安にしてしまう。たしかに筋肉を

疲労させることは筋力トレーニングの正しい目標である。しかしこれに対して、疲労による失敗をくり返すことはテクニックトレーニングの目標ではないのだ。

幸い、筋力トレーニングの成果を上げることと、テクニックを上達させることは両立できる。そのためには、疲れていてもムーブがこなせるように段階を踏むのだ。つまり、ワークアウト［疲労困憊まで追い込む練習］のためのルートには、筋肉の疲労を感じながらも落ちないで登り切れるグレードを選ぶのである。もっと疲れてきたら、さらにテクニカルでないルートを選ぼう。これによってエングラムの硬直化を防ぎ、テクニックを守ることができる。同時に肉体的理由で（技術的理由ではなく）のみ落ちるようにすることによって、筋力トレーニングの成果を上げていける。

悪いテクニックを避けることは誰にとっても大切なことだが、テクニックの基礎を固めつつあるビギナーにとっては特に重要である。ビギナーは疲れたときにも正確に使えるテクニックを少ししか知らない。そのため、疲れたときには悪いテクニックを身につけないように特に注意しないといけない。これは岩場では筋力トレーニングができないという意味ではなく、以前に登ったことがあるか、確実に登れそうなルートでのみ筋力トレーニングをすべきだということである。

ところで、次のような話が一般化していて、クライマーの間で当たり前のようになっている。それは、上達のためにはトレーニングによって体を肉体的疲労の頂点に持っていき、つねに限界を超えていかなければならない、というものである。このような神話は、ヨーロッパのクライマーらによる日々のハードなトレーニングの実態が、センセーショナルにレポートされたことによって作られたものだ。しかし、この取り組みを一般的なトレーニングの方法とするのは明らかに間違っている。これでは疲れてテクニックがわずかしか使えず、その状態でトレーニングのすべての時間を費やすことになる。体の調子のよいときに合わせて新しいテクニックを習得し実践する、という余裕がないのである。

つねに肉体的疲労の頂点を押し上げていくことは、一年のうちのある一時期には必要だろう。すでにテクニックの幅広いレパートリーを身につけたクライマーには必要なことだ。また限界レベルを登ることは、テクニックにストレス耐性をつけることにもなる。しかし、この限界レベルをすべての基準にしてしまうと、大きな誤ちを犯すことになる。まずは、広範なよいテクニックを身につけないと、ストレス耐性もつかない。限界レベルでは、古い悪いテクニックを新しいよいテクニックに変えていくことができなくなってしまう。

本当に新しいよいテクニックを身につけたいのなら、くり返し経験し、さまざまな条件下で実践し、しっかりと体に刻み込むことに時間をかけるべきなのである。限界レベルばかりを登っていては、どんなテクニックも身につかずに終わってしまうだろう。まずはフレッシュな状態で基本的なムーブのパターン、すなわち運動エングラムを効果的に習得することが必要なのであり、それから簡単なところで反復し、実践していくのである。もう一度言っておくと、トレーニングは個人のレベルに合わせたものでないといけない。トップレベルの動向に惑わされないようにしよう。

テクニックトレーニングの
その他の問題

一人でか、パートナーと一緒にか?

　テクニックトレーニングでは、ムーブのエラーを見つけ、それを直していくために注意深い観察が必要だ。きめ細かいチェックでテクニックがよく身につくようになる。

　ただ、これを君が一人でするのは難しい。なにげないふつうの動きのなかにミスが隠れていたりするからである。それにクライマーは自分の体の動きを見ることができないので、他人のムーブと比較して自分のムーブを想像してみるが、これもうまくはできない。自分のムーブとまったく異なるムーブを、自分の運動感覚だけで想像するのはほとんど不可能に近い。テクニックを一人で磨くことはできるが、外部からの指摘がないと、それも行き詰まりがちだ。そうなると自分一人ではなかなか抜け出せない。

　フィギュアスケートや体操のようなコーディネーション主体のスポーツでは、選手はそのスポーツを研究するトレーナーの指導を受ける。旧東ドイツではコンピュータと連動したビデオフィードバックが一般的だった。これは、カヤックの選手のパドルの動きがいろいろな角度から撮影され、そのビデオ映像がコンピュータによって「理想的な」動作と比較される、というものである。疲れてきてパドルを持つ腕が落ちてくるとブザーが鳴るようになっている。このようなバイオフィードバックによって、選手は自分の動作をモニターして学んでいくわけである。

　クライミングの動作に関してはこのシステムは合わないが、トレーナーや経験豊富な

パートナーとなら同じようなことができるだろう。同じボルダーの課題にトライしているクライマーの間では、体の位置やムーブのつなげ方を指摘し合うことが自然と起こる。パートナーとの間にライバル意識はあるにしても、一緒に登ることで得られるものは大きいはずだ。自分のエゴはわきにおいて、パートナーとともに互いに高めていこう。

　仲間と一緒にクライミングをするのは単純に楽しいものだ。自分のクライミングのフィードバックを受けられるだけではなく、他人のテクニックを分析できるようになり、自分の実力や欠点がわかるようになる。

　同じぐらいの実力で違ったスタイルを持つクライマーと組むことも勉強になる。同じルートやボルダープロブレムを各自のスタイルで登ってみると、互いに得るものが大きいだろう。他人の登り方を見て自分に生かすことができれば最高だ。

　パートナーと一緒に登る際に大切なことは、ムーブのエラーを見つけ、その重要性を判断し、それをパートナーに（あるいは自分に）自覚させることである。次の項目はコーチがスポーツ選手の動きを観察する際の基本的な観点である。

- **動作の正確さ**

  手や足はホールドを正確にとらえているか?　安定した姿勢をとる前に持ち直したりしていないか?

- **動作の確実さ**

  あるムーブを試みて、その成功率はどのくらいか?

- **スピード**

  一つ一つのムーブ、あるいはムーブをつなげるために長い時間をかけていないか?　エネルギーの温存を考えずに急いでいないか?

● 反応時間

これは新しい情報を得てからそれを実行するまでの時間をいう。ホールドが予想と違った場合に素早く計画を変えることができるか？　手や足がすべっても素早く体勢を立て直せるか？

● 動作の内容

重心はどこにあるか？　動作の間に重心は体のどこを通過するか？　動作の方向はまっすぐか曲がっているか？最初に動くのは体のどの部分か？　動作に必要なのは全身か体の一部だけか？

● 体の使い方

力の方向はホールドに合っているか？ホールドに対して体がどのように使われているか？　バイオメカニクス［生体力学］的にもっとよいやり方はないか？ホールドに対して体重はどのように分散されているか？　もっと力のいらない使い方はないか？

● 効果的なトレーニング

パートナーは正しいトレーニングの原則に従っているか？

これらの項目に対する答えのなかにテクニックを磨く秘訣がある。登り終わったらすぐに、なにか飲む前に、シューズの紐を解く前に、友だちと大騒ぎをする前に、これらの点をパートナーや自分自身でチェックしよう。これらが正しく行なわれているかどうかをはっきりさせ、運動の感覚がまだ新しいうちにイメージでもう一度やっておこう。運動が終わって1分以内だと、行なった運動感覚の記憶がまだ生々しく残っているので、この数十秒間がフィードバックに最適なのである。

ビデオフィードバック

自分のクライミングをビデオに撮って見直すことは、記憶と実際とのズレを修正し、メンタルトレーニングの技術を磨くのに優れた手段である。運動の学習には、選手は運動終了後できるだけ早く自分のビデオを見るのが効果的だ。運動後1分以内に見れば、まだ運動感覚が新しく、運動の記憶とビデオ内の実際の動きとを照らし合わせることができるからだ。

クロストレーニング

クロストレーニングとは、クライミングの上達のための一手段としてほかのスポーツや活動を使うものである。ほかのスポーツをただの気晴らしでやるなら、いくつかのスポーツを同時にこなすふつうのクライマーと同じで、クロストレーニングの効果はない。しかし意識的にやれば、ほかのスポーツがクライミングの上達に役立つのである。ここで重要なのは、当面の課題や問題点をはっきりさせ、それを目標にほかのスポーツを選ぶことである。

いくつか具体例を挙げてみよう。筋肉はなにもしていないときでもある程度緊張している。このようなときの筋肉の緊張の度合いは一人一人違っている。この筋肉の緊張が高い人はクライミング中に震えたり、ぐらついたりしてしまうことがある。こんなクライマーには、積極的回復のエクササイズ（11章および12章を参照）として水泳がいい。全身の筋肉をほぐしてくれる点でランニングより望ましい。

もし姿勢感覚や空間感覚に問題がありそうなら、武術やダンスのような運動がよい。これならクライミングをしない日や、クラ

イミングのあとでトレーニングするには疲れすぎているときでも、同じスキルを練習することができる。バランス感覚に対しては、スケートボード、スキー、サーフィンなどがクライミングに役立つだろう。

もしクライミング中のリラックスの仕方に問題があるなら、「第7章 心理コントロールのための行動的アプローチ」で紹介するテクニックを使ってみよう。

コーディネーションが問題ならば、疲れているのに無理してクライミングするよりも、ジムでのウエイトトレーニングや、慎重に選んだクロストレーニングのほうがはるかに大きな効果がある。

レミニセンス効果

レミニセンス［追憶効果］と呼ばれる現象は、クライミングのようなテクニック主体のスポーツによくあてはまるものだ。これは、**活動していない期間に技術的能力が上達する**ことをいう。このオフ期間は1カ月から数年にもわたることがある。

スポーツの世界では数多くの事例があるが、クライミング界では次のケースが印象深い。

1984年当時、ジェリー・モファットは世界的トップクライマーとして活躍していた。彼が世界中でなしたハードルートのオンサイトやレッドポイントの内容は、他に類を見ないものだった。しかし、翌1985年に深刻な腱鞘炎を患い、ジェリーはクライミングの中断を余儀なくされた。彼が退いていた間に、ほかのクライマーたちは彼のレベルに追いつき、それを超えていった。世界のクライミングのレベルが上がっていくのをよそに、ジェリーはオートバイに熱中し、もう誰も彼が再びクライミングの第一線に復帰し、世界レベルを引き上げるとは夢にも思わなかった。

しかし2年後、再びクライミング界に登場したジェリーは、わずか数週間で以前のレベルよりはるかにハードに登り始めたのだ。フランス、ビュークスのラ・ラージュ・ドゥ・ヴィーブル（5.14a）をレッドポイントし、クライミングを休んでいた間に上達さえしたように思われた。さらに1カ月後には、当時ようやく5.14が登られ始めたばかりだというのに、ビュークスにあったすべての5.14、3本を1週間で登ってしまったのだ。

なぜこのようなことが起こったのだろう？研究によると、レミニセンス効果はオフ期間に入る直前に休止した活動そのものに起こるとされている。理論的には神経命令回路の再構築という点から説明される。運動エングラムは、ある特定の運動を起こすために脳の別々の部分を連続的に活動させる神経命令の回路である。たとえば、ボルダリングのダイナミックなワンムーブに対する命令回路を単純化すると次のようになる。「次の動きに備えて下がって、両手を引きつけよう；下になっている足を押しつけよう；左手を伸ばそう；上の足も伸ばそう；左手がホールドに届いた；右手で、振られるのをコントロールしよう」といった具合だ（実際には、これらの動きの一つ一つも、数千におよぶ神経命令から成り立っている）。

新しい命令回路を習得するとき、学習時の練習の仕方やその他の条件によって、不必要な命令も一緒に作られてしまう。「歯を噛みしめる」とか「息を止める」とか「墜落に備えて構える」といったことは、実際のクライミングでよく見られることではあるが、場合によっては余計な動作を加えたり、使わな

い筋肉まで不用意に動かしたりしてしまう。運動に意味のないものがあると、脳はそれらの不必要な命令を取り除こうとする。そこで、ちょうど脳が日中に得た情報を整理し直すために睡眠が必要なように、クライミングの命令回路を再組織するために、いちばんよく使うスキルから定期的にオフ期間をとることが必要になる。その間に脳は命令回路の内容を整理し、いらないものを廃棄していくことができるのである。

レミニセンスはムーブの能力向上に効果がある。オフ期間をとるとパワーや持久力は落ちるだろう。しかし、時間をかけてコンスタントに登り込んでいけば、**オフ以前よりも洗練されたテクニックでカムバックできるのだ**。実際、命令回路を洗練するためにオフ期間をとることが、プラトーを脱する唯一の方法になる場合もある。

レミニセンスの間は、クライミングのエングラムを使わないようにすることが重要だ。クライミングからすっかり遠ざかるようにする。簡単なボルダリングもメンタルトレーニングもなし。クライミングビデオも見ないようにする。ただ、活動的でいよう。研究によると、ちょうどケガの回復のためには適度な刺激が必要なように、脳の運動中枢を使っているほうが命令回路がよく再組織されることがわかっている。クライミングの命令回路を使わずにこれを行なう最もよい方法は、クライミング以外のコーディネーション主体の運動をすることである。筋力と同時にバランス感覚が必要とされるようなほかのスポーツを続けると、運動中枢が活発でいられる。

もし君が定期的にクライミングを1週間ぐらい休んでいるなら、特にオフ期間を入れなくても脳には命令回路の再組織のための時間が充分にある。しかしフルタイムに登っているなら、数週間かそれ以上の休みなしに1年以上続けるべきではないだろう。オフ期間をとって休んでも肉体的に失うものはわずかであり、それは簡単に取り戻せる。テクニックを上達させ続けることこそが（意欲を持ち続けることは言うまでもなく）君のクライミングになくてはならないことなのだ。

まとめ

コーディネーションの理論に基づいてこそ、テクニックを鍛える最良の方法がわかる。特に以下の点に注意したい。

- エングラムは理想的な条件下で最も効果的に習得される。それから少しずつ不利な条件下でくり返し用いられることでストレス耐性がつく。
- テクニックのチェックはパートナーと一緒だと容易である。
- クライミングの上達のためにほかのスポーツを使うことができる。
- テクニックの学習には定期的なオフ期間が必要である。

これらの基本原則に従ってテクニックトレーニングの計画を組むことが、上達のための最善の条件づくりとなるのである。

第4章

テクニックトレーニング：実践編

クライミングの基本となるスタイルやテクニックが決まったら、あとは実行するだけだ。テクニックの良し悪しを決める最終的な判断は、難しいルートを少ない労力で登ることである。70年代のドグマにしがみついているベテランクライマーは「クライミングは高尚なものだ。アクロバットじゃない」などとうそぶいたものである。しかし、あるテクニックがハードなオンサイトやレッドポイントで使われ、その有効性が明らかになってしまえば、そのテクニックについてのもったいぶった見解も崩れ去るのである。

テクニックトレーニングは体の動かし方を学ぶことである。それは岩を正しく読み、いちばん効率的なシークエンス、姿勢、スタイルでムーブにトライすることを目的とする。

スポーツとしてのクライミングは歴史が浅く、独自の専門用語が少ないため、この運動のテクニックについて議論を深めるには限界がある。私たちがこの本でできるのは、実際のクライミングで試す価値のあるものを示すことだ。ただ、実際のクライミングに代わりうるトレーニングはないということを忘れないでほしい。トレーニングの理論が君のクライミングに効果を上げるのは、ただ実践を通してだけである。

また、すべてのルートを登れるようになる秘密のテクニックやスタイルなどはないことも覚えておいてほしい。トップクライマーはあらゆる分野のテクニックに精通している。一つの分野でどんなに多くのスキルを持っていても、それは他の分野の弱点を補うも

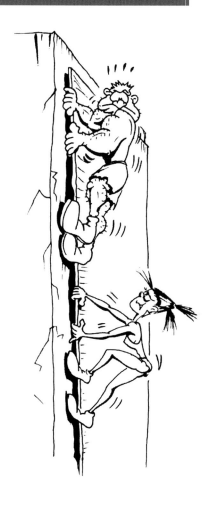

のには決してなり得ない。君にないテクニック、あるいは苦手なテクニックを磨くことこそいちばん効果があるのだ。

まず、この章の前半では、クライミングの実践に必要な特殊なスキルからみていこう。それから後半では、それらの技術を磨くためのエクササイズを説明しよう。

クライミングの特殊技術
テクニカルスキル

クライミングの上達のためには体のいろいろな部分を鍛えなければならないように、テクニックもさまざまな分野を鍛える必要がある。そして、人によって体の部分に強いところと弱いところがあるように、テクニックに関しても生まれつきさまざまな得手不得手がある。

自分のテクニックの強いところと弱いところを自覚するために、これから論じるさまざまな要因を考えてみよう。まず、手とフットワークについてこれらの使い方をみていこう。次に、体全体についてクライミング中の姿勢をみてみる。最後に、手、足、姿勢がどのようにして動きを生み出すのか、運動のテクニックをみていこう。それぞれのカテゴリーでいくつかのテクニックを紹介し、それらにどのような効果があるのか、どんな練習をすればそのテクニックを改善できるのか、考えていきたい。

手とフットワーク

手と足はつねに岩と接しているわけだから、これらについてのスキルは重要だ。岩の表面はじつに変化に富んでいるので、手と足のスキルにも多様性が求められる。手と足を使う能力が幅広くなれば、それだけいろいろなルートを登れるようになる。

●手とホールド

ホールドをつかんだときの指の形は、クローズド・クリンプ、オープン・クリンプ、エクステンディッド・グリップの3種類に分けられる。

クローズド・クリンプでは、指が第二関節から大きく曲げられ、第一関節は反っているか、目いっぱい曲がっている。親指はだいたい人差し指に添えられている。ホールドに対しては指先に力が集中している。第二関節で腱が大きく曲がるので、この持ち方は靱帯にいちばんストレスがかかる。また、第一関節を支える軟骨やその他の組

一般的なクローズド・クリンプ

クローズド・クリンプ

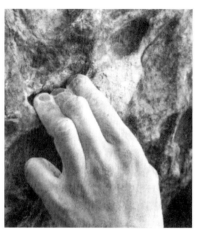

オープン・クリンプ

織にもストレスがかかる。

　オープン・クリンプでは、第二関節が90度かそれ以上開いている。親指はなにも触っていないか、指の下にある結晶やでこぼこにあてられる。この持ち方は指先に力を入れにくいので、小さなホールドには向かない。しかし、ハーフディジット［指の幅の半分の長さ、約3/4インチ（約1.9cm）］か、大きめのホールドだとホールドの縁に力が集中する（第二関節に対する、てこの支点の長さが短くなる）ので、第二関節を曲げるために必要な力が小さくて済む。指の角度が開いてくると第二関節に力がかかり、そのぶん第一関節の負担が軽くなる。

　エクステンディット・グリップでは第二関節はほとんど曲がっていない。第一関節から先が引っかかった状態になる。指の第一関節と第二関節に対しては、この持ち方がいちばん故障の危険が少ない（クローズド・クリンプの場合がいちばんストレスがかかる）。しかし、エクステンディット・グリップは1本か2本指のフィンガーポケットで使われることが多いので、故障がないわけでは

ない。また、この持ち方は筋と腱の結合部が目いっぱい伸ばされるため、前腕の筋肉が硬いクライマーには故障の危険がある。

　クライミングをしたことのない人は、固く握り締めたクリンプが力を入れやすいので、初めてクライミングをするとクリンプばかりで指を伸ばしたりしない。しかし、自分の好みでいつも同じ持ち方をしていると、それが型にはまってほかの持ち方ができなくなってしまう。筋力はその持ち方のときだけ発揮されるようになるので、いつも同じ持ち方で鍛えていると、いつもの持ち方と苦手な持ち方との間に力の差ができてしまう。クリンプは、オープンハンドよりも関節に負担がかかり、故障する危険が大きい。多くのクライマーがクリンプすることで安心しているが、トップクライマーはたいていオープンハンドで登っているものである。

　いろいろな持ち方をどれだけ知っているかで、他のテクニックと同様、クライミング中の選択の幅を広げもし、制限もする。いろいろな持ち方を経験してみないと、それらを客観的に比べることもできない。実際、多

一般的なエクステンディッド・グリップの持ち方

甘いホールドでのエクステンディッド・グリップ

くのクライマーが1種類の持ち方だけで上達しているのが現状だ。

しかし、すべてのホールドに合う単一の持ち方というものは存在しない。岩の形状はさまざまで、それに合った楽につかめる

持ち方も多様である。多くの持ち方に精通しているクライマーは、クライミング中の持ち方を変えて疲労を分散させることもできる（第18章「タクティクス」を参照）。そして、それによって、故障の危険を小さくしながら指や前腕はよりハードなクライミングに耐えられるようになるのである。

また、ホールドの多様性は無限であり、ホールドの持ち方に決まった規則というものもない。指の長さのような個人差で、同じホールドで違う持ち方もありうる。ホールドの持ち方を練習するときは、どんな持ち方でも安定して使えるようになることを目標にしよう。ハンドワークはこの章の後半に挙げたほとんどすべての練習で鍛えることができる。ただ、このときにもテクニックトレーニングの原則を忘れないように。新しい指の使い方はゆっくりと動きをチェックしながら登るなかで学び、それから少しずつスピードを上げて、ストレス耐性をつける練習のなかで使っていこう。

● フットワーク

下半身の使い方に関しては、これまですべてを「フットワーク」と呼んでひとまとめにしてきた。よいフットワークとは、登るために必要な労力の大部分を下半身から出すこ

小さなホールドでのエッジング

とである。上半身よりも大きな筋肉が集まる下半身を使うことで、上半身の限られた力をセーブすることができる。下半身の筋肉は日常的に歩いたり立ったりするなかで、つねに体重を支えるために使われている。しかし、クライミング中に必要な力を下半身から引き出すためには、普段以上に洗練された足の使い方が必要となる。

フットワークの問題点は、足が靴や日常の習慣でへだてられて、私たちの意識から遠いところにあることだ。手の場合、ホールドの持ち方を学ぶにはそれほど練習を必要としないが、それは私たちが普段から手の感覚に神経を集中しているからであり、持ち方の違いが直接にわかるからだ。しかし、日常生活の大半で靴を履いているため、足の感覚は鈍く、古いタイプのクライミングシューズでは足裏の感覚の違いなどほとんどわからない。

よいフットワークを学ぶには、まず足に神経を集中することから始めよう。足から伝わるさまざまな感覚に注意して足の使い方を学んでいこう。フットワークは多くの小さなスキルが合わさったものなので、フットワークの改善には、まず自分の苦手な技術はなんであるかを明確にすることが必要だ。

たとえば、岩のさまざまな形状には慣れているが、力の配分や加減ができなくて短い間しか耐えられない人がいるとしよう。そんな人は、左右の足に対する力の配分や、それを維持するように力をコントロールする仕方を身につけるようにする。

フットワークの分析には、いくつかの個別能力（サブスキル）に分けて考えてみよう。以下に挙げるカテゴリーに沿っていけば、自分の欠点がすぐにわかるだろう。フットワークの特定の分野に焦点をあてることができれば、

それを直すのは比較的簡単だ。

■**岩の形状に対応する能力**　クライミングは岩のさまざまな形状（スラブ、エッジ、ポケット、クラック）をいろいろな角度でフルに使う。各形状に合わせて足を押しつけたり、引いたり、引っかけたりするために、ふくらはぎ、足首、つま先の筋肉を組み合わせて使う。もちろん、姿勢を維持するための全身のコーディネーションも必要となる。それぞれのフットホールドに合わせる微妙な感覚は、実際のクライミングでしか身につけられないだろう。

■**正確さ**　正確なフットワークのために、すべりやすい岩の面でたまたま足が止まったところに立ったりはせずに、はっきりとした岩の面に足を置くようにしよう。立つときには靴のいちばんよい箇所を使うようにする。

前傾壁でのフットワークは、体の向きを変えるときにスリップせずに体が回せるように、正確に足を回す技術が必要である。

■**力のコントロール**　力のコントロールとは、ホールドに対して適切な一定の力を、一定の方向にかける能力のことである。たとえばハードルートになると、あるフットホールドから次のムーブに移るのに最低でも20ポンドの押しつけの力が必要かもしれないが、といってそれ以上の力をかけて25ポンドを超えてしまうと、それでは足がすべってしまうかもしれない。このようなホールドをうまく使うにはコントロールされ安定したフットワークが必要である。

■**フラッギング**　クライミングでは、両方の足にいつもいいフットホールドがあるとは限らない。また、両足にフットホールドがあっても、あるムーブには一つしか使わず、もう一方の足はただ体を安定させるだ

けに使うほうが効果的なことが多い。

　フラッギングは、体をひねったときに安定させるために壁に片足を添えるように使う方法である。これは体を安定させるために壁に片足をあてればよいので、フットホールドは一つでいい。利いている手と体重を乗せている足とをつないだ線から重心が外れて片方の側にいったとき、体が開いて回ろうとする力に対してバランスをとるのである。フラッギングでは「片開きの扉」のように体が開いて回らないように、あいている足を、体重を乗せている足の前か後ろで交差させる。

　この章の後半に挙げた練習方法のほとんどで、これらフットワークのサブスキルを優先課題にしてトレーニングできる。いろいろな岩の形状、クライミングのスタイル、条件で足の技術を練習しよう。

　フットワークは、クライミングで使うさまざまな他のテクニックと切り離せないものだ。もし、あるクライミングのスタイルでいちばん

足を内側に入れてフラッギングするマックス

効果的な上半身の使い方がわからなければ、足をどこへ置けばよいのかもわからないだろう。フットワークがへたということは、クライミングのスタイルの能力全般に問題があるといえるかもしれない。体のすみずみに注意を向けるようにしよう。

<ruby>体　勢<rt>ボディポジション</rt></ruby>

　クライミングのムーブに対して、体勢はどのように影響するのだろう？　ホールドの配置に対して肉体的に可能なムーブは複数あるだろう。しかし、すべてのムーブが同じ労力を必要とするわけではない。体勢を変えることで、より大きな筋肉を使えたり、省力したり、よい角度でホールドを引きつけられたりする。このような体勢には、人体構造上の<ruby>力学的有利性<rt>メカニカルアドバンテージ</rt></ruby>があるのだ。ルート上で非効率的なムーブを選択すると、その影響がどんどん大きくなるので、クライマーはつねに、可能なムーブのなかから最適なものを選択する必要がある。

●<ruby>力学的有利性<rt>メカニカル アドバンテージ</rt></ruby>

　具体的に考えると、体の姿勢による力学的有利性への影響は二通りある。一つ目は、体の姿勢はホールドへの**荷重方向性**に影響する。いかに効果的にホールドをつかむかの問題である。たとえば頭の上にある<ruby>横向き<rt>サイドプル</rt></ruby>のホールドで体を引き上げるのは難しい。しかし、体がホールドの横にくれば、このホールドは充分、役に立つ。どんな体勢をとるかの微妙な選択が、目前のホールドが使えるかどうかを左右するのである。

　二つ目は、体勢は**バイオメカニクス的有利性**を決定する。例として、ホールドをつかむように片手の指先をなにかにかけて、そ

れをもう一方の手で引っ張って強さを試してみよう。次に手首を内側に曲げた状態で同じように試してみると、これでは力が入らない。つまり、体勢で力の出し方が変わるわけである。まさか手首を曲げた状態で登る人はいないが、バイオメカニクス的有利性を無視した体勢をとる人はけっこう多い。

バイオメカニクス的有利性と荷重方向性は、壁のあらゆる形状で相互に作用している。といっても、いつも両方を同時に、最大限に作用させることはできない。垂壁では極小ホールドの使い方が決定的な要因になるので、ホールドに対する最適な荷重方向性がなによりも重要である。前傾壁では上半身の力が重要であり、バイオメカニクス的有利性によって体勢が決まることが多い。

一つのクライミングタイプに対して最適な体勢をとる技術も、ほかのタイプに対しては障害になる。たとえば、スラブでは体勢によってフットホールドの利きが変わる。60度くらいの斜度のスラブを考えてみよう。岩の上に体をまっすぐにして立ったとき、フットホールドに対する荷重方向性は、岩の面に対して30度程度になる。この程度の角度では、岩表面の少々あいまいなところでも充分フットホールドになる。しかし、体が前かがみになり、壁に寄りかかると、力の角度が変わり、フットホールドが利かなくなってしまう。

垂壁に近くなると、ハンドホールドへの荷重方向性が変わってくる。ハンドホールドを外側に引く力が大きくなり、ホールドの利きが悪くなってしまう。垂壁でうまく登るためには、ホールドをいちばんうまく使える体勢をとり、ホールドの向きに合わせた引きつけの角度を考えねばならない。最も効果的

な体勢をとるには、ホールドを外側に引かないように体を岩に密着させて、ホールドに対する荷重方向性を変える必要がある。柔軟性のある人なら、体の両側のフットホールドが使えるように両足を開くことができる。柔軟性のない人は膝を曲げずに立つか、足を体の正面ではなく横に出して「リーチ」を生かすようにする。つねに上半身を正対させることで、胴体を壁に密着させておくことができる。

このように正対するのは垂壁では効果的だが、オーバーハングではそうはいかない。前傾壁では、体が壁からはがされるので事情が変わってくる。**体にはいつも岩から引きはがすように重力が働くため**（壁と平行して下方向ではなく）、岩に対して垂直方向に支える接点では不充分で、もっと体を壁に近づけねばならない。手と足で体をしっかりと壁に近づけておかなければならないのである。

垂壁では生じない、後ろに引かれる力と

垂直に近い壁では、両足を開くと体が壁に密着し、ホールドを外側に引く力を少なくできる

闘うために手の引く方向を変えて、前腕、肩、背中、腰の力を使う必要がある。そのためバイオメカニクス的有利性を生かした姿勢を見つけることが重要になり、クライマーはどんな姿勢なら少ない力でホールドを使えるかをつねに考えなければならない。しかしこのような姿勢とテクニックの必要性も、傾斜のないクライミングではなくなるのである。

● 身体張力（ボディテンション）

　前傾壁で荷重方向性を生かすには身体張力（ボディテンション）が必要となる。これは岩に接している体の一点と他の接点とをつないで全身を弓のように張ることである。互いに向きがずれている二つの横向きホールドの持ち方を考えてみると、両手の間で全身の筋肉をどう使うかが想像できるだろう。それぞれの横向きホールドを効果的に使うには、もう一方のホールドをとってどう身体張力を働かせるかにかかってくる。

　身体張力とは、一つのホールドから生まれた力を他のホールドに生かすように、体幹を通して力を変換することである。前傾壁ではこのような力は、足を使って下半身を壁に近づけて、ハンドホールドの利きをよくすることで生み出すことができる。引きつけの方向を変えることによって、体が壁から離れて真下に引かれなくなるので、ハンドホールドの利きがよくなるのである。ちょうど橋が両端で支えられて水平を保つように、体幹の筋肉によって生み出された張力が全身をたわませないようにし、オーバーハングでぶら下がった状態になっても体を壁に密着させることができるのである。

　両手だけで身体張力を使おうとする人がけっこう多い。しかし、身体張力は足と手をつなぐ体幹から生み出されるのだ。クライマーの足がうまく置かれているのに、足からの力を胴体に伝えるだけにとどめているなら、ハンドホールドに対する荷重方向性も重力の方向に対してだけのものになってしまう。

　身体張力には腕や手と同じように下半身を使うことが必須であり、下半身から上半身へ力を伝えるために強い大きな筋肉が必要となる。ムーブに最適な姿勢がとれるように、足は体の中心を三次元空間に位置づけるための道具と考えよう。

● ツイストロック

　ツイストロックは、ロックオフを決めているホールドに向かって顔を向けるようにして上半身をひねることである。左手で引きつけておいて右手を伸ばそうとすると、自然に体が左に回り、胸が左手のほうを向くようになるだろう。

　ツイストロックは手の力とリーチを生かすことができる。特に前傾壁ではロックオフの

身体張力を失った瞬間

046

足は、最もいい体勢をとるために重心を位置づける道具だ

力が姿勢によって劇的に変わってしまう。ロックオフしたホールドのあるほうに体が回ったときに、全身の力がいちばん強くなる。そして、ロックオフに腰のひねり（ツイスティング）を加えることで、伸ばそうとしている側の手の肩がその方向を向き、リーチが伸びるのだ。

　手で引きつけるとき、体を壁に正対させたままのクライマーがけっこう多い。トレーニングで懸垂ばかりしているとそんな悪いク

セがついてしまう。垂直を越えた角度では、そんな正対しての引きつけはふつう間違いなのである。

●アウトサイドエッジング

　それではここで、ツイストロックを決めているときの足の使い方を考えてみよう。それには梯子を登ってみるとわかりやすい。そのときどちら側の手と足が一緒に動くかに注意

よいツイストロックの例。ツイストすることでリーチが伸び、力が少なくて済む

ツイストしないで同じムーブを試した例。すべての力を上腕と肩から生み出さなくてはならない

を向けると、ほとんどの人は左右で対称の手足を同時に動かしている。ノルディックスキーではこれを「ダイアゴナルストライド」と呼ぶ。これは、私たちがふつうに歩くときの自然な動きである。岩場では左手と右足で体を支えているとき、右手でホールドをとりにいき、左足は体を安定させるためにフラッギングしているか、ぶら下がっているだけである。

垂壁では体が後ろに引かれることはないので、ダイアゴナルストライドよりも左右同じ側の手と足を使う「パラレルストライド」のほうが体は安定する。しかし、だんだん壁がかぶってくると、重力で体は後ろに引かれ、バランスの悪い開き扉のように体は開いて回ってしまう。こんなときにはダイアゴナルストライドが有効なのである。

前傾壁でダイアゴナルストライドを使うと、岩に接している左右対称の手と足を結んだ線が対角線となって重心を通るので体が

安定する。ダイアゴナルストライドは、体が開いて回ろうとする力に対抗し体を安定させるのである。逆にパラレルストライドでは、岩に接している同じ側の手と足（右手と右足）を結んだ線が体の外を通ることになるので、重心がこの線の下に回り込もうとして体が回ってしまうわけである。したがってオーバーハングでは、ダイアゴナルが身体張力を最も維持できる。

これを、ツイストロックを含む上半身のひねりと組み合わせると、足はアウトサイドエッジを使うようになる。たとえばロックオフを決めた左手の側にひねるためには、体を左に向かせるように右足のアウトサイドエッジで立ち、これで体が開いて回ろうとするのを抑えることができる。これによって、正対するよりもバイオメカニクス的有利性とリーチを生かすことができる。もう一方の足はインサイドエッジを使っているか、安定させるためにフラッギングしているか、宙に浮いているこ

ともある。

アウトサイドエッジを使う際のポイントは、その場合にどちらの足を使うかを意識することだ。アウトサイドエッジを使う足は、ロックオフしている手の対角線上になる。おもにホールドや手順に従って足が動くようにしよう。それと、いつもガバやいいホールドを使わなければならないことはない。ホールドの**大きさ以上に足の位置や姿勢のほうが重要**だからである。

どちらの手でもホールドに届くなら、ほとんど片側だけを向いて登り、終了点で反対側を向く、ということがあるかもしれない。だからオーバーハングを登るクライマーと垂壁を正対して登るクライマーの動きはまったく違ったものに見える。

アウトサイドエッジはツイストロックに適するだけでなく、バイオメカニクス的有利性も生かすことができる。たとえば、互いに向き合った二つのエッジがあると、片方の膝を落としてアウトサイドエッジを使えば「チ

ムニー登り」のようにできる。膝を落とすと、足を開いてステミングするには狭すぎるフットホールドの間でも突っ張る力を出せる。これで手を動かしている間、下半身を壁に密着させておける。もう一度言っておくと、おもに手順に従ってどちらを向くか（どちらの膝を落とすか）が決まるのである。

普段、正対して登っている人にとっては、ツイストロックとアウトサイドエッジが使えるようになると、前傾壁を登るテクニックは劇的に上達するだろう。

効果的な姿勢を学ぶには、わざとゆっくりとした動きで、その運動感覚を自覚しながらエクササイズを行なうのがいい。スタティックなスローモーションクライミング、目隠しクライミング、アニマルイミテーションなど（これらは後半でくわしく解説する）がその点で最適である。

動作のテクニック

これから挙げるテクニックは、今まで論

よいツイストロックの例

同じムーブを正体してやると非常にきつい

ツイストロックをすると
体を壁に近づけておくことができる

岩との接点が同じ右側（右手と右足）だと、右側を中
心に体が回転してしまう。この力に対抗するために左
足を振らなければならない

じてきたテクニックから独立したものではな
く、動きのもう一つの側面、すなわち**運動
の効率**を強調したものである。今までみて
きたテクニックをどのように使えば効果的か
を考えてみよう。

●ダイナミックムーブ

　ダイナミックムーブは次のホールドをとり
にいくのに弾みをつけることである。体ごと
突っ込むような動きが弾みを生み出し、体
を目標に向けて運ぶのである。ホールドに
手が届いたときでも体はまだ動いている。

　ダイナミックムーブは、スタティックに苦し
い姿勢で耐える必要はない。そのためエネ
ルギーをセーブできる。また弾みをつけるこ
とで、スタティックにとりにいったのでは届
かないホールドをとることができる。

　ダイナミックなテクニックについては、この
章の全体を通してふれていこう。

●デッドポイント

　デッドポイントは、故ヴォルフガング・ギュ
リッヒによって初めて一つの技にまで高め
られたダイナミックムーブである。他のダイ
ナミックムーブと同様、デッドポイントも次
のホールドをとりにいくために弾みを使う。
しかし、デッドポイントでは次のホールドを
とった瞬間に勢いを殺すようにコントロール
する。デッドポイントという言葉は、ムーブ
の勢いがなくなり、体が落ち始める前に一
時的に動きがなくなったときの、運動の頂
点でのごく短い瞬間をいう。

　この瞬間は、クライマーにとってチャンス
である。このわずかな間に、体は一瞬動き
がなくなり、最小限のエネルギーでホール
ドをとることができる。デッドポイントだと、
スタティックに行ったのでは手が届かない
ホールドや、ランジしてとるには小さすぎる
ホールドもとることができるのだ。

より安定したツイストロックは対角線上の手足（左手と右足）を使い、左足はバランスをとるためにフラッギングする

前傾壁でのツイストロックの例。
宙に浮かせた足の重さで体が回りやすくなる

向かい合ったフットホールドでステミングするときでも、片方の膝を落とせば、腰をひねってロックオフしやすくなる

アンダークリングでのツイスティング

このテクニックには、動きのピークが次のホールドをとるのに望ましい位置にくるように、正確なムーブが必要だ。そのためにコントロールされた弾みのつけ方を身につけ、使えるようにしよう。

小さなホールドをとっていかなければならない前傾壁では、デッドポイントはなくてはならない。また、たとえやさしいところでも、デッドポイントのほうがスタティックなロックオフで消費する余計なエネルギーを節約できるだろう。

ダイナミックムーブやデッドポイントのためのエクササイズとしては、あとで紹介する片手トラバースを参考にしてほしい。また、難しいランジやデッドポイントにトライするときは、ウエイトオフ[P061を参照]を使うのが有効だ。やさしいところでそれらのテクニックをわざと誇張して使うと、ダイナミックムーブの運動エングラムを発達させることができる。

●ペース

「オンサイトのときは、いちばんよいシークエンスを探すのに時間をかけるのがいいのか、最初に思い浮かんだムーブをやってしまうのがいいのか、それとも難しいところはなるべく早く切り抜けるためにとばしたほうがいいのか、どれがよいのだろう?」

「わずかしか回復できなくてもレストしたほうがいいのだろうか?」

クライミングのペースについてはこんな疑問を聞く。

多くの人が、ペースは時間を競う競技に関することだと思っていて、クライミングのペースについて考える人は少ない。しかし、それは間違いだ。ルートにはその性格によって、あるいはクライミングの性質によって、非常にさまざまな時間的制約がある。そのためクライミングのタイプにより、それに合った個々のペースがあるのだ。また、個人の持久力や瞬発力のレベルが変化すれば、戦略上のペース配分も変わる(くわしくは第18章「タクティクス」を参照)。

ペースを間違うと悲惨なことになる。1991年ワールドカップのニュールンベルグ大会では、女子のセミファイナルのルートは最後の15フィートの垂壁を除くとすべてがハングであった。このようなルートではレストできるホールドが少なく、早めにハングを抜けたほうがルートの残りに対するエネルギーやパ

ワーを温存できる。セミファイナルでの順位が、ハングを抜けた時間の短さとほぼ対応しているのは無関係ではない。

セミファイナルでの順位	取付からハング出口までにかかった時間
イザベル・パティシエ	1分15秒
ロビン・アーベスフィールド	1分18秒
スージー・ゴート	1分17秒
リン・ヒル	1分46秒
ボビー・ベンスマン	3分29秒

　逆に瞬発力や持久力をすぐには消耗しないルートでは、登るのが速すぎると問題が生じる。そのようなルートではシークエンスを探す余裕を持ってもあまり消耗しないので、時間をかけたほうがいいのだ。1989年スノーバードでの国際コンペのルートはほぼ垂壁であったが、優勝者のディディエ・ラブドゥは参加者のなかでいちばんゆっくりと登り、終了までなんと30分以上もかけている。

　効果的なペースを考える上でのポイントは、さまざまな状況でどんなペースがそれに合うかを把握し、状況によってペースを使い分けることである。ペースを身につける最もよい方法は、さまざまなタイプの登り方を試してみることだ。普段よりも早いペースと遅いペースで試してみて、自分なりのペースをみつけよう。

エクササイズ

　テクニックを磨くためには、そのテクニックを使うことが大切である。これ以上に明白なことはない。しかし驚いたことに、この単純な事実の意味を本当に理解しているク

ライマーは少ない。

　「実際に岩に登っていれば、テクニックの練習になるじゃないか」とブルーノなら言うだろう。たしかにそれはそうだが、テクニックを身につける段階的なプロセスを踏まないと期待どおりには進歩しないだろう。これまでの数年間でなぜブルーノにテクニックが身につかなかったのか、原因はこの点にある。

　クライミング中、ブルーノの頭の中はいつも余計なことでいっぱいなのだ。「自分に登れるだろうか？　プロテクションは大丈夫か？　みんなが見てるかな？　カッコよく見えるかな？　フレッドはここをフラッシュしたって？」。微妙なムーブに集中するには余計な競争意識があまりに多すぎる。息を切らしながらも、彼なりの方法で核心部を切り抜けたときにブルーノが思うのは、「あれ？最後のムーブはもっとうまくいけるテクニックがほかにあったのかな？」ということだった。

　前の章でみたように、私たちの体はストレスによって、いちばんよく刻み込まれたムーブのパターンに戻ってしまう。新しいパターンを練習するには、テクニックを学ぶ余裕を作るために、通常の課題のいくつかを中止しなければいけない。

　体の動きや移動の感覚に集中できるように、気をそらせたりじゃましたりするものを取り除いた状態がいちばん学習の効果を上げるのだ。これから紹介するテクニックエクササイズはそのようにして学ぼう。

　テクニックエクササイズでは、集中できるように一つか二つのテクニックの課題に絞る。さらにテクニックのさまざまな側面から取り組めるようにしてある。エクササイズはゲームであり、作られた課題であり、通常のクライミングに比べるとあまり現実的でな

クライミングウォール

人工ホールドのついたクライミングウォールは用途が広く、経済的でテクニックエクササイズに理想的だ。少しのお金で、ほとんどどこにでも作ることができる。なんとキッチンテーブルの下にボードをつけているクライマーもいるくらいだ。

自然の岩場と違って、壁の面を使って中継したりできないので、特定のテクニックを使ったシークエンスが要求される。ホールドの向きや位置を変えたり、取り替えたりすることで、自分の必要に合わせてプロブレムを微妙に調整することができる。しかし、**ホールドをすべていっぺんに変えてしまってはいけない。自分が鍛えたいと思っているムーブを規定するホールドの配置を見つけるようにしよう。**

いろいろと試行錯誤をすれば、特定のテクニックが必要とされる正確なホールドの配置がわかってくるだろう。その過程で、いろいろなシークエンスを試してみたり、体の位置を確かめたりできる。クライミングに特異的な筋力トレーニングもできる。

いいシークエンスを作るために、どんなに勝手なものでもいいからルールを決めておくことが必要だ。たとえばボルダープロブレムをやるとき、「再登」するには手で使ったホールドだけをフットホールドに使うことが許される、という限定をつける。

パートナーの弱点が見えてくるようなプロブレムを作ろう。そして自分にも同じようにしてもらおう。そうすれば各自の必要に合わせた、自分だけのボルダープロブレムが持てることになる。

裏庭の人工壁でウォーミングアップするジベ・トリブ

く、特定のテクニックだけを強調したものだ。成功や失敗、墜落といったことは、こうしたエクササイズでは関係がない。テクニックを学ぶことだけに専念しよう。だから新しい技術課題に集中するときは、いつもめざしているグレードからランクを下げて取り組もう。

以下に紹介するエクササイズは、比較的よく知られているものばかりだ。なかにはくだらなくて意味がないように思えるものもあるだろうが、といって馬鹿にしないように。これらのエクササイズは単なるお遊びではない。君のクライミングに革新を起こす洗練された取り組みなのだ。

スタイルのエクササイズ

クライミングにはじつに多くのスタイルがある。積極果敢なクライマーもいれば、消極的なクライマーもいる。正対するクライマーもいれば、体をひねってリーチを生かすクライマーもいる。いつも両足をしっかり置く柔軟性のあるクライマーもいれば、ほとんど片足だけで行くクライマーもいる。スタ

ティックに行くクライマー、やさしいところでもランジするクライマー。ほかのクライマーが体を伸ばして登ったところを、体を折って登るクライマー、等々。

トップクライマーはこれらのスタイルをすべて身につけている。そしてさまざまなスタイルが使えるクライマーは、ルートの性格に応じて自分のクライミングスタイルを変えている。

一般的に私たちのクライミングスタイルは、各自の筋力や弱点といった個人的特性で決まってしまう。たとえばパワークライマーはあまりフットワークを気にせずに登り、持久力のあるクライマーはじっくりと、いちばん楽にいけるシークエンスを探す。私たちのスタイルは自分の得意なスキルで決まるが、スタイルはスキルを上達させると同時に欠点を助長する要因にもなる。パワークライマーはテクニカルなルートを避け、テクニカルなクライマーはパワー主体のルートを敬遠する。同じルートであっても、パワークライマーはパワーで行こうとするし、テクニカルなクライマーは巧みに切り抜ける。この

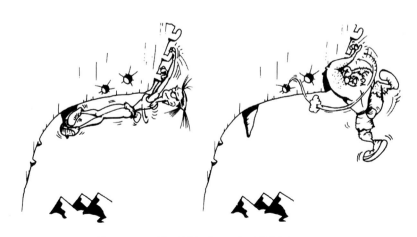

クライマーのスタイルは、彼らのスキルで決まると同時に彼らのスキルを限定もする

ように個人のスタイルは、能力の発達を特定の方向に制限してしまうのだ。だから、あまりスタイルにこだわっていると、クライマーは自分を型にはめることになる。

そのため、普段とは違ったスタイルで登ってみるとよいだろう。以下はそのために有効なエクササイズである。

● スピード

スピードクライミングは、テクニックを瞬時に選択する能力とストレス耐性をつけるのに役立つ。また、ペースを学ぶのにもよい。いつもはストレニュアスに感じるルートをスピードクライミングしてみると、**ふつうの**

1991年の世界選手権のスピードクライミングで優勝したハンス・フローリン

ペースのときほどパンプしないことがわかる。スピードクライミングに慣れると岩場で使えるスピードの範囲が広がり、さまざまなタイプの岩場で応用が利くようになる。スピードクライミングで必要とされる素早い判断や筋力発揮に一度慣れてしまうと、いつものペースもずいぶんとのろいものに感じるだろう。

まずはホールドとシークエンスがはっきりとわかるやさしいルートから始めよう。2回くらいふつうに登ってみてから、いつもならちょっとためらってしまうスタイルでスピードクライミングしてみよう。時間を計って友だちと競ったりすると、スピードを決める要因がわかりやすくなる。

● スローモーション

スローモーションクライミングは、微妙な動作やムーブとムーブの間での力や体重の変化を強調したものだ。スローモーションのように登ってみると、動きのすべての部分を意識することができる。クライミングのふつうのペースでは速すぎてわからない体重移動や体の各部分の協調、筋肉の連続的な動きなどを感じることができる。間違いはいつもその一瞬の中に隠れているのである。

● ワンフットオン

次のホールドをとりにいく前に、必ず両足を決めようとして、やたらとスタティックになっている人がけっこう多い。君がその手のクライマーの一人なら、片足だけで登るというエクササイズを行なって、ムーブのパターンを変えてみるとよいかもしれない。片足だけといっても、スタンスを決めるまでは両足を使い、手を動かすときだけ片方の足をフラッギングしたり、宙に浮かせたりする

のである。

このときも充分やさしいルートやボルダーを選んで、集中できるようにしよう。きっと足の位置がバランスにどれだけ影響するかがよくわかるだろう。

●アニマルイミテーション

いろいろなルートのタイプによって、さまざまなクライミングのスタイルがある。ガバホールドの前傾壁では、振り子のように体を振ってリーチを生かしたほうがやさしく感じる。しかし、レイバックやテクニカルなスラブで同じような登り方をしたら、かえって苦しい。このような違いはただ「ダイナミックに」とか「体を振らないように」というだけでは表現しきれない。そこには複雑な運動パターンの違いがあるのだ。そこで動物の特有の動きをまねして（イミテート）みると、あるパターンから別のパターンに動きを変えやすくなる。

たとえば、サルがぶら下がって枝から枝へ移っていくのを思い浮かべてみよう。どの動きをとっても、それは前後の動きと独立したものではない。ある動きの最後の場面は次の動きへとつながっている。動きを一瞬止めたときでも、動きをいいかげんには再開はしない。サルは、弾みがつけられるように振り子運動の頂点で待っているのだ。体の弾みが重要になるオーバーハングを登る前に、このようなサルの動きを思い浮かべると、体をどう使えばいいか多くのヒントになるだろう。

垂壁では、トカゲの登り方を思い浮かべてみよう。両手両足を使って重心がつねに壁にくっついている。足に体重が乗るように、ムーブのたびに頭が右から左、左から右へと動いている。個々のムーブは慎重で素早く、安定している。

次には、獲物に忍び足で近づき、猛然と飛びかかるネコの動きを思い浮かべてみよう。これはちょうど核心部で必要なパワーと気力をセーブしながら登り、疲れる前に一気に核心を切り抜けるのに応用できる。

また、障害物の間を回り込み、くぐり抜けていくヘビを思い浮かべてみよう。実際にトップクライマーのなかにはオンサイトのとき、自分をヘビのようにイメージして核心部を切り抜けるクライマーがいる。クライミングには迷路みたいなところがある。ヘビになりきったクライマーはそっと慎重に行き、回り込んで核心部を切り抜け、勝つのである。

●スタティッククライミング

スタティックなクライミングとは要するに、姿勢を決めたり、ホールドをとりにいくために勢いをつけずに登ることである。スタティックに登っているときは、次のホールドをとるときや足を置くときに、体を振ったり動かしたりしない。ムーブを行なうのに、**まず体の位置を決め**、それから手だけを動かす。スタティッククライミングは静的な移動の連続で、必ずしも効率的な登り方ではないが、クライミングの動きについて重要な点がわかるようになる。

スタティックに登ると、体の力学的有利性（メカニカル アドバンテージ）に影響する微妙な体重移動や力のかけ方がわかる。次のホールドをとるための最適な姿勢がわかるのだ。そうして身につけた姿勢は、スタティッククライミング以外にも使える。何度もやったランジでさえ、その力学的有利性を最も生かした姿勢は、**スタティックなムーブで初めてわかる**のである。

ロックオフクライミングもスタティッククライミングの一つだ。ホールドをつかむ前に2〜3秒、手をホールドの上で浮かせるので

さまざまなレストポジション

ある［P027を参照］。これはスタティッククライミングで使う筋力を強調したものだ。

　スタティッククライミングの別の効果としては、ハードなムーブの最中でレストポジションを見つける技術が身につく。ホールドをつかむたびにチョークアップし、手をシェイクできるレストの姿勢を探してみよう。これはクライミングのスタイルではないが、このエクササイズでハードルートでのレスティングや回復方法など多くのことが学べるだろう。

● ダイナミックモーション

　ビギナーでもベテランでも、ホールドをと

りに体が動いているときに体が縮こまっていることがよくある。「三点支持の原則」とか「墜落は許されない」といった古い格言が、スタティックで慎重な登り方がよいテクニックだという考えを生み出しているようだ。

　しかし、現実にはそうではない。クライミングに動的な動きを取り入れると、ハードなムーブもやさしくなる。ダイナミックエクササイズで、過度にスタティックなテクニックの限界を突破することができる。

　ダイナミッククライミングは体の勢いを使うものだ。この練習のためには充分にやさしいルートで、できるだけ多くのムーブを

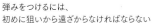
弾みをつけるには、
初めに狙いから遠ざからなければならない

ダイナミックにやってみよう。スタティックに行って簡単にとれるホールドでも、手が届いたときにまだ体が動いているように勢いをつけることから始める。これを充分に使えるようになったら、動作中のデッドポイントの瞬間を探して、この絶妙の一瞬にホールドをつかむように練習してみよう。

ルートでは、大きくつかみやすいホールドのある課題から始める。地面に近いところでダイナミックな動きに慣れておけば、体に勢いをつけることにも慣れてくる。それから徐々によくない条件に移し替えていく。最終的に、かなり細かいホールドしかないルート

でもダイナミックに登れるようになる。ただしこのエクササイズは、クラックやホールドを決めるのにいろいろと手を動かしてみなければならないルートには合わないので注意してほしい。

さらにくわしいことは、以下のダイナミックテクニックの箇所を読んでほしい。

片手トラバース

片手トラバースは、ダイナミックムーブの多くの要素をわかりやすくするために単純なエクササイズに分解したものだ。片手トラバースに慣れると、パワーエンデュランス

［最大筋力の50〜80％の筋力。第9章を参照］のトレーニングにも使える。まずガバホールドのやさしい垂壁のトラバースから始めよう。

　ランジには体の弾みが不可欠だ。ランジはそう多く使われるものではないが、ランジするにはどのくらい弾みをつけるのか、そしてその弾みをどのように使うのかを体得する必要がある。

　片手トラバースを初めてする人は、手だけでランジしようとする。体を壁に近づけておいて、体が後ろに引かれて落ちる前に手をとばそうとする。しかし、よい方法は**胴体から動きを生み出す**ことである。胴体は重量があるので、弾みを生み出すのに適しているのである。弓と矢のように弾みをつけるには、まず狙いから遠ざかる。次に胴体を壁に押しつけ、その弾みで体を波打たせて狙うホールドをとるのだ。練習ではぎりぎりまでホールドを持っているようにしよう。まるでスローモーションでランジしているように見えるようにがんばってみよう。

　片手トラバースは肩と肘に強いストレスがかかる。手で引きつけてからホールドをとるとき、関節ではなく筋肉の力で支えるように、いくらか腕を曲げておくようにしよう。それから左右それぞれの手でどちらの方向にもトラバースできるようにしておこう。

誇張化

　失敗は、なにが起きているかを運動感覚で気づかないままでいるために生じる。ある方法で失敗したとき、それを誇張すると間違いが明らかになって直すのも簡単になる。失敗した点を強調するために、自分で、あるいはほかの人に大げさにやってもらうと、なにが悪かったのかよくわかるだろう。

　失敗を誇張したものと、自分がやろうとしていたムーブを誇張したものとを比べてみよう。誇張化するために落ちなければならないとしたら、実際に落ちてみよう。

ごまかし〔フェイキング〕

　ブルーノは細かいエッジに立ち、甘いホールドを持っている。力ずくで行ってもよくない感じで、あとはさらによくないムーブしかないので彼はたじろいでいるのだ。一目見れば彼がはまっているのがわかる。足が小刻みに震え、肉体的にも心理的にもすくんでしまって全身が硬くなっている。ブルーノは別のムーブを試してみるが、緊張のあまりゆっくりと立ち込んだところ、足が外れて宙を飛んでしまった。

　このような微妙なムーブですくんでしまうのはたいていビギナーの反応だが、こうし

体を波打たせるようにして弾みをつける

た反応が逆に落ちる原因にもなっている。すくんでいるとムーブがのろのろと硬くなって震えてしまう。足が震えてしまうと、悪いホールドではずり落ちやすくなる。ぐずぐずしていると余計に疲れてしまう。体が緊張していると足は外れてしまうが、それは体が硬くなると、その場のプレッシャーや緊張状態にすぐに対応できないからである。

このような体の反応（ボディランゲージ）は、不安定なクライミングを試みる際の、落ちることへの予感と不安が表われている。足や手が外れてしまうのではないかという予感が、実際にそれが起こる前にクライマーを支配してしまうのだ。さらにその先に待つ結果への予感は、すべての動作に出る。ブルーノは震える足で少しずつ少しずつ体を押し上げていくが、手足はずっと曲がったままだ。こうした体の反応は、失敗のいちばんありがちな原因になる。

不安定なクライミングでは、リラックスして落ち着いた自信が必要だ。このようなクライミングでは、実際にやって感じていることとは正反対の感じが必要になるため、ごまかして自分自身をだまし、うまく登らせてしまおう。つまり、**ホールドが大きいように振る舞う**のである。もしそのホールドが大きければ登れるように、登ってしまうのである。問題なくうまくいっているようにムーブを行なってしまう、たとえできると思っていなくても、だ。こうすると緊張しているクライマーの不必要に硬くなった筋肉をリラックスさせられる。ムーブがなめらかになり、震えもなくなる。こうしたごまかし（フェイキング）はムーブとムーブの間での躊躇をなくし、不安定な箇所で時間をかけることも少なくなる。ただ、ホールドの細かいクライミングでは、足を無理に押しつけようとしないほうがいい。落ち着いて立

ち込んでいけばきっとうまくゆくだろう。

ウエイトオフ

どうしてもできないムーブ、動きがわかっていながらできないボルダーのムーブをあきらめるのはじつに悔しい。

こうしたムーブ解決のために、ムーブの真っ最中にパートナーに体の一部を支えてもらう方法がある。そのムーブを行なうのに必要なぶんだけ、パートナーに体重を支えてもらう。そうしてそのムーブを何度も集中的にやってから、徐々にサポートの量を減らしていくのだ。その他の点で相当厳しいムーブでも、落ちるのをくり返しているよりムーブをつなげて練習できるので、特に専門的なトレーニングにもなる。

ほかの誰かのウエイトオフをしてあげるときは、以下の点に気をつけてほしい。クライマーの重心に近いところを支えて、手で腰のあたりを押し上げてやる。難しいところにきても強く押すようなことはしないで、動作中はつねに一定の力で支えるようにする。押してあげる力の方向は一定に保つ。

継続クライミング

まだ岩場に慣れていないクライマーには、30分程度の継続クライミングが効果的だ。これは持久力トレーニングの章でくわしく説明している。30分のクライミングセッションを何本かやると、クライマーの動きが軽快に流れるようになる。このようなクライマーの軽快な動きは、リラックスした「行ける／Letting go」と感じる状態を表わしているが、この状態はエングラムのレパートリーを制御する本能が作り出すものである。本能に任せるため、軽快で流れるような感覚になるのである。まだ岩場に慣れていないク

ライマーにはこの本能に対する抑制が働き、「行ける」状態に対する最大の障害になってしまう。しかし、30分間のセッションを行なうとクライミングの基本的な動きに対する体の緊張がとけ、こうした抑制を取り払うことができる。ある一定の時間を超えて登り続けると、クライマーの体はその不安を取り除き、より効果的な動きを学び始めるのである。長い時間登ることで安心感を得て、クライマーは慣れた岩場に戻ったように感じるのである。

目隠しクライミングと
固有受容性トレーニング

やさしく安全なところで目隠しをしたり、目を閉じてクライミングしたりするのは効果的なエクササイズである。普段は大きく頼っている視覚という情報のチャンネルを閉ざすことで、クライミング中にいつも無視しがちな情報への集中力を高めるのである。

目を閉じると、いつもは目を中心とした感覚器からの情報のラッシュに隠されてしまっている体の微妙な反応に気づく。たとえばクライマーがホールドを引きつけたり、きつく握り締めたりするとき、つい首や肩の不必要な筋肉を使ったり、息を止めてしまったりする。何年もクライミングをしていても気づかないでいるこのような反応は、目隠しの暗やみの中でこそはっきりわかるのである。

さらに重要なことは、目隠しクライミングによって、運動感覚や空間感覚の意識が改善されることだ。経験豊富なクライマーにとって、視覚は体の固有受容性感覚 [用語解説を参照]、すなわち「姿勢」感覚を検証し、測定する働きをしている。しかし、目は一度に一つか二つのホールドしか見ることがで

きない。このとき視覚以外の感覚が体のほかの部分をコントロールしている。これらの感覚は心の中に自分の置かれている環境の三次元イメージを生み出し、運動中の心的立体像（メンタルホログラム）を作りあげているのだ。視覚を閉ざしたクライミングはこうした姿勢の感覚を発達させて鋭くするのである。

視覚がないと、運動感覚の意識は一つのことには集中しなくなり、体全体の動きの質がはっきりしてくる。動きがなめらかになっているか、ムーブ中に体のほかの部分が硬くなっていないかどうか、動きを妨げたり、逆になめらかにする動作のポイントを見つけるようにしよう。

空間感覚は体の末端からもきている。最初はフットホールドを探してそれに立ち込むのに苦労するかもしれない。しかし、視覚に頼らないでいると、シューズを通してホールドの大きさや角度の感じがわかるようになる。ハンドホールドの位置や形をチェックしておいて、心の中で足が使えるようにしよう。そうすると最終的にはハンドホールドとして使っていたホールドに、その位置の空間的な記憶だけで正確に足を置けるようになる。固有受容性感覚を鍛えるトレーニングが、テクニックトレーニングの上達にどのような効果を及ぼすのか、次のような例で考えてみよう。

マックスはクロクッドリバーのルスト・ブリュー・イットの73手目のムーブに苦戦していた。右手は下の2本指のポケット、左手は頭上のサイドプルをとっていた。ここから右手でもう一つの2本指ポケットをとりにいかなければならない。このポケットをスタティックにとりにいくには左手のサイドプルが甘いので、デッドポイントで行くことになる。さらに悪いことにはサイドプルの利く方向が

悪くて、ポケットの方向へ体を引きつけられないのだ。こんなムーブの動きをマスターするには、両手両足4点をうまく協調させた力が必要になる。

何度かトライしてみてムーブそのものはできたものの、マックスはデッドポイントの前にどうしても一瞬ためらってしまうのだった。体を上げたり下げたり、引きつけたり離したりして、いちばんうまく力が協調する姿勢を探してしまう。デッドポイントするのによい姿勢を探していると、きつくなってしまうのだ。最終的にレッドポイントに成功はしたものの、マックスは、ストレニュアスなルートで躊躇しているとあっという間に疲れてしまうなと思った。

こんな躊躇をなくし、テクニカルで難しいムーブをなめらかに安定してできるようになるためには、運動感覚中枢＝固有受容性感覚への入力回路を鍛える必要がある。固有受容性トレーニングを行なえば、特定のホールドの配置に対してより本能的に、最適な反応がとれるようになる。

固有受容性トレーニングを行なうには、ムーブを行なうときに視覚の働きを制限したり、なくしたりする方法をとる。たとえば垂壁のボルダリングで、あるシークエンスで次のホールドを確認してから、それを目を閉じてとりにいくのである。これに慣れてきたら、ホールドをとるのに正確なタイミングが必要なダイナミックムーブでやってみよう。次には両手で同時にホールドをとるダブルダイナミックムーブをやってみよう。最初は目を開けてムーブを行なって姿勢の感覚を確認してから、固有受容性感覚だけでムーブを行なうために目を閉じてみよう。固有受容性感覚が研ぎ澄まされてくると、二つのホールドから別の二つのホールドへランジできるよ

うになる。二つのホールドの間でランジしたり戻ったりをくり返すと、特定のムーブの固有受容性感覚が身につく。

創造的にいこう！　いろいろなホールド、ムーブ、角度で固有受容性感覚を発達させよう。研ぎ澄まされた固有受容性感覚によって作られる、効率的で流れるような動きほどすばらしいものはない。上級のテクニックエクササイズとして、固有受容性トレーニングは、リアクティブトレーニング[P122および用語解説を参照]の出現が10年前に筋力トレーニングにもたらしたのと同じ効果を、今日のテクニックトレーニングに及ぼすだろう。

スティックゲーム

人工壁で延々とボルダリングをして、持久力やパワー エンデュランスを鍛えるのも飽きることが多い。自分でプログラムを作っても飽きることはあるし、無意識に自分の得意なタイプのムーブばかりをやってしまいがちだ。そんなときパートナーとのスティックトレーニングがこうした問題を解決してくれる。

これはパートナーがクライマーに対し、次に使うホールドを棒などで指示する、というものである。クライマーはムーブをつなげてパートナーの出す課題をやらなければいけない。これはパートナーによって、クライマーが普段使わないムーブや苦手なムーブがシークエンスに入る効果がある。さらにすべてのムーブが口頭での指示によるので、ほとんどオンサイトクライミングになる。

スティックトレーニングには手のシークエンスを指示するものと、足のシークエンスを指示するものの2種類がある。初めはパートナーが、この先に続く1ムーブか2ムーブ

スティックトレーニング

ぐらいで使うホールドを指示する。パート
ナーは、それぞれのホールドにどちらの手を
使わねばならないかを指示できるが、いくつ

かは無理のない、よいホールドを示すよう
にする。また、ホールドの使える部分を限定
（「サイドだけ」など）もできる。クライマー

のほうは指示された手のシークエンスを行なうために、足はどのホールドを使ってもよい。足のシークエンスでは、手はどれを使ってもよく、フットホールドを指示する。

パートナーはクライマーの疲労状態をコントロールすることになるので、的確な指示がスティックトレーニングの効果を左右する。有能なパートナーなら、クライマーの弱点がわかるシークエンスを指示できるだろう。パワーエンデュランストレーニングとしては、クライマーがきつくなってきたら大きなホールドを指示し、あまりパンプしていないときは小さなホールドを指示して、クライマーが疲労の頂点の間際にいられるようにする。レストできるホールドを指示しなければ、一定時間のあと、いつでもクライマーを「終わり」にすることができるわけだ。また、ローカルエンデュランス [最大筋力の50％以下の筋力。第9章を参照] トレーニングとしては、クライマーを疲労の頂点よりも低いレベルで長い時間登っていられるようにする。

メンタルトレーニング

メンタルトレーニング

メンタルトレーニングとは、ビジュアライゼーション [視覚化。用語解説を参照] によってムーブのパターンを脳に刻み込むものである。疲労も危険もなく、クライミングを行なって実力を伸ばすことができる。これまで述べてきたどのエクササイズでも、実際に一度やってみてからメンタルトレーニングで使うことができる。

メンタルトレーニングは、カーペンター効果 [用語解説を参照] と呼ばれる心と体の反応を応用したものだ。ある運動をいきいきと思い浮かべたり、他人が登っているのを見てまるで自分が登っているかのように同一化したりすると、それに対応して現実にその運動を行なったのと同じ電気的な神経信号が筋内に流れる。ビジュアライゼーションは運動をコントロールする運動エングラムを活発化する。エングラムは使われることで強化されるので、メンタルトレーニングはテクニックを上達させるのである。

よりいきいきとビジュアライゼーションを行ない、メンタルトレーニングをより現実に近いものにするほど、心の中で行なったことを現実に行なえる。メンタルトレーニングを行なうときは、心を落ち着かせ、リラックスすることが大切である。

それではゆっくりとくつろげる椅子などに座って、次のようなエクササイズをやってみよう。まず君がよく知っているボルダープロブレムか短いルートを思い浮かべよう。ビジュアライゼーションを行なう間は目を閉じて深呼吸する。これから行なうムーブに伴う光景、音、匂いなども再現する。普段、クライミングの前にやっているウォーミングアップもきちんとやる。準備ができたら登り

始めよう。体じゅうの感覚に集中しよう。筋肉を動かす力、フットホールドに立ち込むときの体重のかかり具合を感じよう。ムーブをこなすたびに体がいかに重力に対抗しているかを感じる。ハンドホールドの指先の岩粒の感触、肌に触る空気や衣服の感触なども感じよう。それぞれのムーブは気楽に、あるいは現実に応じてぎこちなく行なう。終わったらいつもの方法で地面まで降り、最後にもう一つ深呼吸をしてから目を開けよう。

メンタルトレーニングの再現性がどのくらいのものか、ルートを心で登ってかかった時間と実際に登った場合の時間を比べてみよう。ビジュアライゼーションがうまくなれば、現実に登るときの時間に近くなる。

うまいクライマーが登るのを見たり、テクニックが実際に使われるところを見たりするのもメンタルトレーニングになる。よいお手本が学習への一番の近道なのだ。見習いたいと思うクライマーを見ているときは、自身をそのクライマーに置き換えるようにする。そのクライマーを見ているときは、**各ムーブで感じるに違いないものを感じるように**

A

B

C

D

E

F

し、クライマーが登り終わったら、そこを自分でやってみるようにしよう。

これまでみてきたエクササイズは、テクニックの習得に有効なものばかりである。クライミングに対してつねに実験的に取り組むことで、さまざまな方法を考えることができるし、クライミングの結果次第でそれらが有効かどうかがすぐにわかる。これらのテクニックエクササイズを積極的に取り入れ、君のクライミングを変えていこう。

ワールド
チャンピオンへの道

1991年の世界選手権のビデオスチール（ちょっとぼやけているが、これまで取り上げてきた問題点がみごとに表われている）は、重要な教訓を明らかにしてくれている。クライミングはムーブ主体のスポーツである、ということを。

この原則をここでもう一度明確にしておこう。クライミングでは、わずかなミスや無駄の積み重ねが重大な影響を及ぼす。トップクライマーというものは必ずしも力が強いわけではない。彼は最もムーブのエラーが少ない人間なのだ。ムーブ、姿勢、スピードの選択が、彼をほかのクライマーから分けるのである。

G

それが実際に起きるとどうなるのか、1991年の世界選手権を見て、チャンピオンになったフランソワ・ルグランと他のファイナリストたちとを比べてみよう。

写真A〜CとD〜Fを比べてほしい。弱冠16歳のパヴェル・サモイリン（ソ連）はルーフのトラバースをルグランと同じくクロスムーブでこなした唯一のクライマーである（D）。しかしクロスムーブのシークエンスの終わりで、壁のほうに向いたまま体を安定させようとしたとき（E）、強く振られて片手が外れてしまった。彼はこの振れを止めるのに長いことかかり、このムーブを終えるまでに彼の左手の力は回復できる限界を超えてしまったのだった（F）。また来年会おう、パヴェル！

ルグランのほうはこの問題を2通りの仕方で最小限に抑えている。まず、彼は完全に壁に背を向けて観客のほうを向いてしまっている（B）。この姿勢により手のクロスがほどけ、右手を離したときでもパヴェルのようには体が振られずに済んだのである。またそのときも体の振れを止めるために右手で左手首をつかみ、姿勢を立て直す間に左手の負担を最小限にしたのだ（C）。

ここをクロスムーブで行かなかったギド・ケスタマイヤーは、手の持ち替えに時間がかかり、余計にパワーを使うはめになった（G）。オーバーハングのフットホールドは細かく、このムーブのあとも下半身を決めるのが非常に難しかった。ケスタマイヤーは細かいフットホールドを拾ってランジしたが（J）、ホールドはとれたものの足が外れてしまった（K）。このため彼は両腕でぶら下がった状態でホールドを持ち直さねばならず、またエネルギーを使ってしまった。

ルグランはこの問題に対して、4の字姿勢（フィギュアフォー）

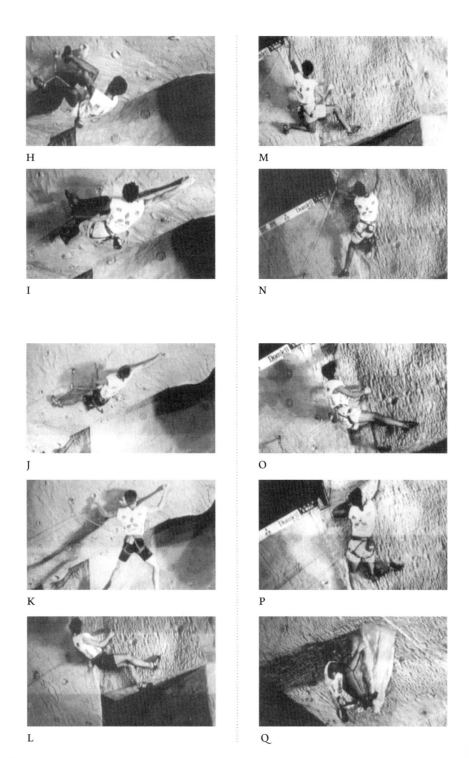

H

I

J

K

L

M

N

O

P

Q

を使った（H〜I）。これによって下半身を安定させ、体幹の主要な筋力を温存している（H）。また、このムーブはホールドをとりにいくときの、左から右への重心移動を楽にしている（I）。

ケスタマイヤーのほうは、このあとのムーブでパワフルなサイドプルの引きつけに耐え切れずに落ちてしまった（L）。身体張力を失い、左足がスリップして落ちたのである。2位となった平山は、ケスタマイヤーと同じシークエンスでこのムーブをこなしている（O）。これに対してルグランは膝を落としてステミングしている（M）。ケスタマイヤーが落ち、平山が苦労したこのムーブをルグランは楽にこなし、その体勢からクリップまでしている。

次のムーブのために平山は体を切り返して、両足を置き直さなければならなかったが（P）、ルグランは前のムーブがそのままつながり、時間を節約している（N）。時間の問題は軽視できないものだ。平山がハリボテに着くまでに（Q）、ルグランより90秒以上かかっている。このあと数手で平山は落ちてしまうのだが、彼の体が汗まみれになっていたのは、乳酸が筋肉とコーディネーションをダメにしてしまったことを示している。

こうしてルグランは5.13cをオンサイトし、初の公式ワールドチャンピオンになったのである。

ムーブのミスは、最適なムーブと比べてみるとはっきりする。しかし、椅子に座ってそれを見つけるのと、登っている最中のプレッシャーに耐えながらミスを避けていくのとでは話が別だ。いちばん練習したムーブのパターンだけが、ストレスの強い状況でも使えるのである。

いつも君は指が開いてしまうか、ホールドが保持できないかで落ちてしまうと思っているかもしれない。しかし、だから力がすべてだと決めてかかると、クライミングの本質を見誤ることになる。指が開いてしまうかどうかは、ルート上でどんなムーブを選ぶか、いかに効率よく登るかによるのだ。**クライミングはムーブ主体のスポーツなのである。**

<table>
</table>

第5章 覚醒状態とパフォーマンス

「目標に集中しろ」「落ち着け、リラックスしろ、スムーズにいこう」と自分をはげます言葉は、表面上は力強いものに聞こえる。しかし、残念ながらこうした言葉には、めざす目標についての内容がほとんどない。

人間は非常に複雑な存在で、心理学の範囲外の無数の要因が心理に影響を与えている。心理的な問題の解決策を見つけるには、人についての膨大な知識が必要である。しかしながら必要な基本的知識を持っているのは、その当人か、その人をよく知る人だけである。

人間の心理に根ざしたスポーツパフォーマンスに関わる問題の解決は単純なものではないが、人間の心理過程についての基礎的な理解があれば役に立つ。そこで、人間の心と体とクライミングパフォーマンスとの間の基本的な関係を理解しておきたい。その上で、最も君に関わる直接的な要因がなんであるかをはっきりさせるために、君が知っている自分についての知識を取り入れていこう。

この章の狙いは、パフォーマンスを左右するコントロール可能な心理的要因を自覚し、以下の章（第6章と第7章）で挙げる方法でそれらをコントロールするテクニックを身につけることである。話の中心は覚醒［心理的緊張の状態］である。

覚醒

まず、私たちの内部で働く三つの基本的機能の関係を考えてみよう。次に挙げる三つの機能は、私たちの生活上の体験をすべて決定し、体内で三位一体の関係となっている。**心理機能**は私たちの心理と行動に関わり、思考や感情を含む。**自律系機能**は体の生理的な活動を自動的にコントロールしているものだ。心拍数や呼吸、血管の太さ、消化機能、その他の生理的な活動をコントロールしている。**運動機能**は筋線維の動員、コーディネーション、筋肉の緊張に関わる。テクニックやパワー、持久力、柔

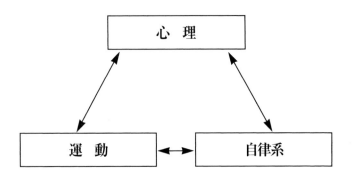

体内の三位一体機能

軟性、体の姿勢などについて影響する。

これらの機能間の結びつきはつねに明らかなわけではないが、各機能はほかの機能と分かちがたく結びついている。一つの機能に影響を与えた刺激や行動は、ほかの二つにも必ず影響する。だから、一つの機能に起こった問題は、直接的に、あるいはほかの二つへの影響を通して間接的にも知ることができるのだ。この**三角関係**のため、心理機能や自律系機能は、クライミングパフォーマンスに直接関わる運動機能にも影響を及ぼすのである。

パフォーマンス

運や天候、岩のコンディションといった人間がコントロールできない外的要因とは別に、体内の三位一体の機能はつねに変化し、クライミングに影響を及ぼしている。それらは私たちの能力に関わるコントロール可能な要因であり、一体となって私たちのパフォーマンスの状態を決定している。

ところで、私たちのパフォーマンスは一定ではない。ある日にはベストなクライミングができたが、その2日後には、これといった理由もないのに、ビギナーのレベルに戻ってしまったように感じることがある。これはパフォーマンスを左右する三位一体の機能が変化しているからである。だから体内の三位一体機能の変動をコントロールできれば、クライミングパフォーマンスをコントロールできることになる。

しかし、どうして私たちのパフォーマンスはいつも変化しているのだろうか？　それは、さまざまに変化する状況に体が適応していくからである。したがって、ある一つの課題の達成に必要な特性は、ほかの特性と互いに排除しあう関係にある。たとえば、

筋肉が最高のパワーと持久力を発揮できる状態というのは、動作の精度やコーディネーションに劣る状態でもある。また、スピードを生み出すには正確さが犠牲になってしまう。ある瞬間、その場のことにすべてを集中していると、その先のことを計画する余裕はなくなる。

こうしたトレードオフ〔相殺取引〕の関係のため、すべての活動に適した唯一の覚醒水準というものはない。ちょうど軍艦が状況に応じて「警戒態勢」のレベルを変えるように、体内の三位一体機能は特定のパフォーマンス状態を生み出すために変化するのである。

体の覚醒状態は、副腎髄質から分泌される二つのホルモンのバランスによって変わってくる。それはエピネフリン（アドレナリン）とノルエピネフリンである。体内の三位一体機能の状態は、この二つのホルモンの割合によって変わる。各機能の状態はすぐに変化するが、それはほかの機能と無関係に変わることはない。各機能はエピネフリンとノルエピネフリンのさまざまな割合に応じて異なった反応をするのである。一つの機能におけるある特定の状態は、ほかの機能においてもそれと連動した変化を伴うのだ。

たとえばブルーノが失敗して悔しがると、彼の自律系と運動系のシステムはこれに対応して変化し始める。心拍数は高くなり、使っていない筋肉も緊張してしまう。体内の三位一体機能の一つにおける変化が、ほかの二つの機能にもたらす変化の傾向はだいたい決まっているので、悔しがるばかりでなく、なにか前向きなことに頭を切り換えると、ブルーノの心拍数は下がり、筋肉の緊張も低下する。逆に筋肉の緊張を柔らげ、心拍数を下げるテクニックを使えば、

興奮状態を鎮静化させる効果があるのだ。

このような機能の連合のため、パフォーマンスは無制限に変わるのではなく、覚醒水準の高低によって、ある一定の傾向の狭い範囲で変わるのである。それでは次に、覚醒は各機能にどのような影響を与えるのかみていこう。

心理機能に対する覚醒の影響

仮に君が交通事故やケンカや、なにか危険な目に遭った直後のことを考えてみよう。そんなとき、君の知覚はすべてその場のことに集中している。その場そのときのことしか頭にない。即座に反応し、本能的に対応することが必要だからである。

こうした能力はクライミングでも必要だが、それもトレードオフである。目前のことに限られた意識は、不測の事態に対して即座に反応できるけれども、そこには戦略や計画はない。最後のプロテクションから15フィートも上のところで足がスリップしてしまい、岩にしがみついてもがいているときに、最後の核心のためにエネルギーを温存するにはどうしたらよいか、などと考えているヒマはない。意識のすべてが感覚器から送られてくる絶え間ない情報の流れに対応しているときは、その先のことを分析し、予測し、備えるための余裕はないのである。

たしかにクライミングには素早い反応は必要だが、先のことを計画するのも重要である。むやみに突っ込む前に、次のムーブを見通さないといけない。ルート全体の戦略を考えるとなると、さらに長い範囲の計画が必要だ。このような知的な活動に望ましいのは低い覚醒水準である。私たちが抽象的なことを考え、直前の動きやその先の動きを考えられるのは、リラックスしていると

きなのだ。

即座の反応と先を見通す計画の両方が同時に必要なため、クライミングには中程度の心理的覚醒水準が最もよいことになる。

自律系機能に対する覚醒の影響

心理的な影響と同じように、覚醒水準が上がると自律系機能は急激な肉体的活動に備える反応をみせる。覚醒水準が低いと血流量は少なく、心拍もおだやかである。呼吸もゆっくりで浅い。ところが覚醒水準が上がるとこれらはすべて上昇する。心拍数は増え、呼吸は速く浅くなり、血管が拡張して血流量は多くなる。血液中の血糖値さえ上昇する。

このような自律系の反応はクライミングに最適ではあるものの、一つだけ例外がある。それは覚醒水準が高いと発汗作用が促進され、汗で手や指先のフリクションが悪くなってしまうことだ。そのためクライミングには自律系の覚醒水準は比較的高いほうがよいが、高すぎてはいけないことになる。

運動機能に対する覚醒の影響

運動機能は覚醒水準が上がると活発に反応する。覚醒水準の上昇で筋線維の動員が高まり筋力が増すのである。今みたように、血流量が増して血糖が供給されるので、持久力も維持するようになる。筋肉の張力[筋肉の緊張の度合い]も増大する。

これらはクライミングパフォーマンスを高めてくれるものだが、トレードオフの問題が生ずる。覚醒水準が上がりすぎるとコーディネーションが失われてしまうのである。そのため運動機能の点からいうと、ある活動に望ましい覚醒水準は、その活動が必要とする筋力とコーディネーションの程度によって

違ってくる。たとえばランニングと外科手術とでは、それぞれ特殊な運動技術を持っているけれども、必要とされる覚醒水準はまったく違う。

クライミングはなによりもテクニック主体のスポーツなので、覚醒水準が高すぎるとパフォーマンスが損なわれてしまう。もちろん登り方のスタイルによって覚醒水準も違ってくるわけだが、どんな登り方であっても100m走に必要とされる高い覚醒水準はいらない。運動機能に関しては、コーディネーションを損なわないために、低めの覚醒水準を維持する必要がある。

覚醒水準に影響を与える要因

覚醒水準がどの程度のものであれ、体内の三位一体機能はつねに働いている。一つの機能だけが高い覚醒状態であるのに、ほかの機能が完全にリラックスしていることはない。最適な覚醒水準は、三つの機能のそれぞれにおいて、その場の必要に応じて違ってくる。

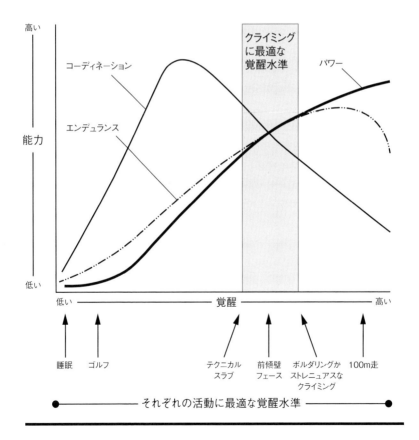

運動能力に対する覚醒の影響

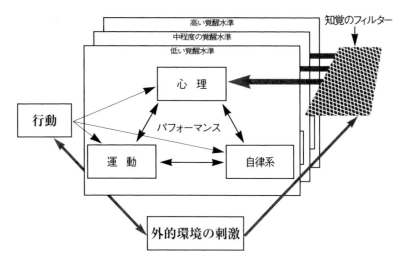

パフォーマンスに影響を与える回路

しかし、三つの機能全体からいうと、クライミングには高すぎず低すぎない、中程度の覚醒水準が理想的だ。自分の覚醒水準をコントロールしたいのなら、その方法を学ぶ必要がある。人の行動、思考、そのほか外界からの数えきれない要因すべてが体内の三位一体機能の覚醒水準に影響する。しかし、**これらの要因が三位一体機能に影響を与えるのは、ただ二つの回路(チャンネル)を通してだけ**である。それは知覚と行動である。

● 知覚

　外界からのどんな刺激も、体内の機能に影響を与えるには知覚のフィルターを通らなければならない。つまり人によって受け止め方が違うので、同じ刺激であってもまったく違う反応を示す。たとえばブルーノに、彼がこれから取り付こうとしているルートは難しいことを告げると、彼はけっこう動揺してしまうが、それは落ちるかもしれないという不安のせいだ。一方、ジュリアに同じことを言っても、彼女はあまり動揺しない。彼女の友人たちがプレッシャーになるようなことを言わなかったからである。このように受け止め方の違いが、刺激によって引き起こされる覚醒水準を変えるのである。

　次の第6章「心理コントロールのための知覚的アプローチ」で、知覚的要因が覚醒水準にどのように影響するのか、また態度や信念、物の見方がクライミングパフォーマンスにどのように影響するのかみていこう。

● 行動

　私たちが外界の出来事に対応してとる行為も、覚醒水準に影響を与える。体内の三位一体機能のどれかを意図的に変えると、覚醒水準に関わるホルモンのバランスが変化し、パフォーマンス全体に影響することを思い出してほしい。ほかのスポーツでは、トップの選手は三位一体機能のどれかを操作して覚醒水準を変えるための特殊なエクササイズを使っている。

　第7章「心理コントロールのための行動的アプローチ」では、これら影響を与える行

動の回路について考え、覚醒水準を思いどおりに調節するためのエクササイズを紹介しよう。

まとめ

クライマーは心理的な支えとして、昔から伝わっている方法をよく使ってきた。それは、調子のよい日にある行動をくり返して、特殊な言葉や「ツキ」のよいウェアやギア等と成功とを結びつけるものだ。こうした方法は、よく慣れた状況なら積極的なパフォーマンス状態を作りだせるが、重要なクライミングやコンペティションでこれに頼っていると危険なことがある。

たとえば、恐怖心は覚醒水準を上げる強力な要因であり、理想的なパフォーマンス状態を妨げる。こんなとき、先の方法では自分の覚醒水準がわからないため、いちばん覚醒を必要とする瞬間をつかむことができない。多くのクライマーはその場の「潜在的恐怖心」を無視しているだけなので、

自分の覚醒水準の傾向に対応できずに気負いすぎたりパニックに陥ったりして自らの情動の犠牲になってしまう。

覚醒水準が動作に影響を与えるわけだから、心理トレーニングの根本的な目的は、覚醒を制御、コントロールし、最適な水準に保つことである。今、この章でみてきたことを念頭において、ある状況で覚醒水準が低いのか高いのか、それともちょうどよいレベルなのかを自己観察しよう。

私たちの内的宇宙へのアクセスは、ただ二つの回路——知覚と行動を通してのみ可能である。私たちは自分の行動をコントロールし、知覚に影響を与えることができるのだから、自分の覚醒水準を制御する方法を学べば、それによって望ましいパフォーマンス状態を作り出せる。覚醒の問題に真正面から取り組むことで、次章以降で紹介するテクニックが、パフォーマンスを改善する以上のものを与えてくれるだろう。それらは皆、ほかのさまざまな分野のスポーツで効果が実証されているものばかりである。

心理コントロールのための 知覚的アプローチ

第**6**章

「すべては君の心しだい／It's all your mind」。知覚の問題に関してはこの言葉がズバリ核心を突いている。

知覚の影響は、次の章でみる行動による影響と違って、観察したり計測したりが難しく、知覚の分野での絶え間ない変化がなぜ起こるのかはよくわかっていない。しかし、だからといって心理コントロールのための知覚的アプローチの価値が低下するものではない。私たちの誰もが経験することや、数多くのトップアスリートたちの証言からしても、その価値は充分に認められている。

クライマーが日常的に体験するさまざまな状況が、クライマーのパフォーマンスをダメにしてしまう。しかしその原因のほとんどは、その状況の受け止め方によるのである。この章ではモチベーションと期待というものを探り、知覚によって引き起こされる問題を最小限に抑える方法をみることにしよう。

脅迫的要素と覚醒レベル

もし、野生のトラが真正面から君を睨んでいると気づいたら、即座に君の体は全力疾走で逃げ出せる状態になる。数千年におよぶ進化の過程で、危険を感じたときは考える間もなく身体的な反応がとれるようになっている。そのため脅迫的な要素に対して、人は覚醒水準を高めて本能的に反応する。爆発的な筋力の発揮に備えるのである。

しかし、クライミングでは危険を感じても、その状況は必ずしも体を傷つける物理的危険を伴うわけではない。クライミング中に感じる危険とは次のようなものだ。

- 環境に対して——露出感が強かったり、脅迫感があるところ。
- 行動に対して——微妙に、あるいは不安定に感じる動き。
- 自己に対して——失敗の恐怖、自己評価に対する恐れなど。

このような脅迫的要素を生み出すクライミングの状況では、覚醒水準を高めて筋肉の最大限の爆発的な発揮に備えてもダメである。クライミングで実際に物理的な危険があるときでさえも、その状況が引き起こす高い覚醒水準はほとんど役に立たない。

前の章でみたように、高い覚醒水準はコーディネーションを低下させ、クライミングに関わるほかの能力をも弱めてしまうので、覚醒水準が高いとクライマーはその影響に苦しめられるだけである。そのため、クライマーには覚醒水準を上げるテクニックはほとんど必要がない。ほとんどの場合、クライマーは覚醒水準を下げる方法を学ぶ必要がある。

ある状況に潜む脅迫的要素が、直接パフォーマンスに影響を与えることはない。覚醒ホルモンのバランスは、ある状況や、その状況に対して人がとった行為についての感情的、概念的印象によって変わってくる。つまり、覚醒ホルモンのバランスは、現実の出来事と同様にイメージ上の出来事に

よっても変わるのである。もし君がひどく危ない状況に入り込んでしまっても、感情や思考で無害なものと受け止めるなら、君の覚醒水準はきっと低いままだ。このように知覚的な「フィルター」が外界の現実を変えてしまうのである。

さまざまな状況がどのように覚醒水準に影響を与えるのかは、君が自分自身をどう思っているか、君がこの世界をどう見ているかにかかっている。ある出来事に対する心理的な反応（メンタル）をコントロールできないと、体内の三位一体機能は絡み合った三つの環になってしまい、覚醒水準は君の思い込みや過剰反応に振り回されてしまう。逆に外界に対する知覚をコントロールする練習を積めば、ほかの人が怖いと感じる状況に入ることができ、覚醒水準を一定に保つこともできる。

さらに、自分をとりまく環境をコントロールする能力に応じて、自分の覚醒状態に影響を与える刺激もコントロールできるようになる。自覚的な人ならば、覚醒水準に望ましい刺激を与える外的刺激を選び、望ましくないものを避けることができるのだ。このような観点から知覚の世界を探っていくことにしよう。

期待

人間の体は、体を動かす必要が生じる前にその事態を予測し、備えるためのメンタルイメージを必要とする。たとえば、危険を察知するとそれだけで覚醒水準が上がり、体は爆発的なエネルギーの放出に備える。このような行動への期待が呼吸や心拍数を増加させる。だからビジュアライゼーションやカーペンター効果（第4章のメンタルトレーニングの項を参照）のような方法

は、期待し考えたとおりに体が動くのに役立つのである。内的な思考を予想される事態のモデルにして、心は体を外的な出来事に備えさせるのだ。

このようにして人間の体のある部分は、無意識に優勢な期待に向かって動き出す。ルートの成功を期待すると、心は予想したムーブを行なう計画を立てるのだ。君があるホールドにランジしようとすると、そのときの体の姿勢やホールドをとったあとの体の動きを考えるだろう。さらに次のホールドの指の位置を考えたりするだろう。このように手順を考えていくと、君の体はムーブを行なう前にそれに備えるので、ランジに成功しやすくなるのだ。先々を予想することで、取り付いたらどのように対応すればよいか、心はすでにわかっているというわけだ。このような肯定的（ポジティブ）期待は脅迫的な要素が少ない

問題のミス・カタストロフィの最後のムーブを確信を持ってランジするジベ・トリブ

ので、覚醒水準は不必要な水準に押し上げられることはないのである。

逆に失敗することを予想すると、落ちることに対して緊張した体は硬くなってしまう。心は落ちたときの姿勢や方向のことを考え、落ちてもいないのにその言い訳を考えたりする。

このような否定的期待（ネガティブ）は落ちることを助長する。ブルーノが確信もないのにランジしたとき、ホールドをとろうとしたことを示すために、よくホールドをたたいているだけのことがある。しかし、こうした中途半端な手の動きも失敗につながってしまう。心が失敗したときのイメージでいっぱいだと、否定的な考えが、そこから先のことに対する考えに取って代わるのだ。このような心理的構図は将来の予想から成り立つので、体はそれに備えざるをえない。失敗に備えるのでは努力も水の泡だ。また、否定的期待は脅迫的要素の受け止め方によっても起こるので、体の覚醒水準をクライミングに適した水準以上に押し上げてしまう。期待は推測以上のものではないのだが、それは自己実現的な予言となってしまうのだ。このため、自分の期待をどう取り扱うかが重要なのである。

否定的期待がクライミングにもたらす影響を低下させるために、二つのアプローチをみていこう。その一つは、自分のパフォーマンスに対する期待の役割を低下させることである。期待でいっぱいになった心を解放し、心を空にして登り、実力をすべて発揮できるようにする。しかし、その前にまず、**期待を邪魔するものではなく、役に立つものに作り上げておくことが必要だ。**

一見すると、この二つのアプローチは矛盾するように思えるかもしれない。しかし、このアプローチは君の心を混乱させる過剰な期待を低下させ、期待が肯定的になるようにするのだ。うまくいけば、こうした段階を踏んで、肯定的期待に裏付けられた落ち着いた心の状態が作り出せる。

肯定的期待の促進

どんな場合でも成功を確信する要因がある一方で、失敗を予感させる要因もあるものだ。期待は自己実現的な性質を持つので、自分に最善のものを期待し、楽観的に自信を持って登ることが大切だ。だから自分にとってよいことを予感させる要因に集中するといい。しかし、もし否定的な期待が君のクライミングを邪魔していると

マックスが「ルースレス」のレッドポイントに成功する理由

- 同じタイプのほかの岩場で、難しいルートに成功している。
- 今シーズンはよりいっそうトレーニングをしたから、新たなグレードに突入する準備はできている。
- 天気と岩のコンディションは今、このルートに最適だ。
- ボルダーでしっかり練習したから、ムーブのシークエンスが身についている。
- トレーニングを積んで相応の努力もしたから、今まで以上にうまく登れるはずだ。
- 新しいロープは軽くて流れもいい。

マックスの「うーん、だけど」を肯定的言明に変える

● 「うーん、だけど、これは今まででいちばん難しいルートだからなあ！」
  この春にハードルートを何本かやったことで、自己最難ルートへの準備はできている。

● 「うーん、だけど、僕はランジが苦手で、このルートはランジではまるという噂だからなあ！」
  ランジがへたなぶん、ロックオフの力はつけた。もちろんランジの練習もして以前よりうまくなっている。

● 「うーん、だけど、結局レッドポイントできなかったら、みんな僕のことをバカにするだろうなあ」
  みんなは僕がこの手のルートが苦手だと思うだけだ。みんなは僕にプレッシャーとなるような過大な期待はしていない。あとはただトライするだけだ。

思うなら、次のようなエクササイズを試してみよう。

まず、成功が期待される理由を探ってみよう。今、トライしているものを実現するために行なった準備と経験を振り返ってみる。成功すると考えられる要因を挙げていくのである。

これをリストアップすると、君の心に「うーん、だけどなあ／Yeah,but」といった弱気な言葉が浮かんでくるかもしれない。そこで、この「うーん、だけど」をすべて再検討して、それらをなにか肯定的なものに変えるか、思い切って忘れてしまおう。実際、例に挙げたマックスのように、自分の問題点を書き出しているスポーツ選手も少なくない（別掲を参照）。

メンタルトレーニング（第4章を参照）によって成功を練習することも、否定的期待を低下させる。メンタルトレーニングによって成功をくり返しイメージしておくと、体が従う成功のモデルができあがるからである。

過剰な期待の抑制

失敗してはならないと考えると成功は難しくなる。期待というものは、結果はわからないが重大である場合に人を苦しめる。成否がかかると、心はそれへの期待でいっぱいになってしまう。逆に結果を気にしなければ、それらを予想して備える必要はなくなる。

このような期待をいっぺんに取り除くことはできないが、結果に対する脅迫的要素を低下させて、パフォーマンスに対する影響を小さくすることはできる。もし君が心の中でどうなるかわからないものの重要性を低

マックスが「ルースレス」に成功できなくてもいい理由

● 僕にはまだ「ルース」というガールフレンドがいるわけだ。
● 僕にはまだ来月分の交通費として500ドルある。
● 僕にはまだ夏休みが残っている。
● 成功してもしなくても、ルーフをワークして学んだことは価値があった。

下させれば、結果を気にすることもなくなるわけだ。

　心の負担を軽くしよう。なぜ成功したいのかをいったんわきに置いて、失敗はなんでもないことなのだ、と考えてみよう。たとえ努力の結果が望んだものではなかったとしても、君の人生が変わってしまうわけではない。こうして、クライミング以外の現実の生活に対して、クライミングの占める割合を適切に保つようにする。また、結果を度外視し、経験を価値あるものにしよう。

　このようなエクササイズは、君の心の中にある結果の重要性を低下させてくれる。心の負担を軽くすることで、最終的な結果を予測し備える必要は小さくなる。

　また、心がなにかほかのことに夢中になっていると、過剰な期待を低下させられる。自転車に初めて乗ったときのことを思い出してみよう。そのときは、これからなにが起こるのか予想もつかない。体中の新しい感覚に夢中になり、期待から自由になっている。このような、体験しているものが語りかけてくることに自分を没頭させられれば、クライミングのベテランでも同じように新鮮な気持ちを味わえる。期待は関係がなくなり、心は解放される。そして、心は予想される結果と比べられることから自由になるのだ。ただ、そのためには心と体を安定させ、どんな結果でも受け入れられる知識と経験が必要だ。君がこうした立場に立てるなら（そしてそれが実現すれば）、クライミングは結果を度外視したすばらしいものになる。トライしていくことが意義あるものとなり、クライミングを楽しむと同時に上達していける。パートナーとともに成功と失敗を積み重ね、充実したクライミングを続けられる唯一の道になるだろう。

セルフイメージ

　予測と準備のメカニズムが作り上げる行動への期待の一つに、セルフイメージがある。もし君が自分をへたなクライマーだと思っているなら、自分に対する期待は低い。自分にはまだ現われてはいない才能があると思っているなら、期待は高くなる。

　セルフイメージを改善する方法について、この本ではくわしく述べられない。しかし、セルフイメージがクライミングに影響することは知っておこう。ここでは基本的なガイドラインのみを示すので、自分自身が最大の敵にならないようにしてほしい。

● 成功した自分をほめてもよいが、失敗した自分を責めてはいけない。一度や二度の失敗がスランプの原因になるわけではない。失敗した自分を嫌ってもよいクライマーにはなれない。失敗は一時の出来事にすぎない。

● クライミングの出来不出来を通して自分のエゴに気をつけよう。他人を見下したり、自尊心を押し上げるために大言壮語することは、自己満足するだけの袋小路への道である。自身に対する評価は、君に対する他人からの評価よりもダイレクトに君のパフォーマンスに影響を与える。

● クライミングのたびになにか結果が得られるものとあてにせず、クライミングの成果について幅広い視野を持とう。ベテランのスポーツ選手は調子の悪い日を避けようとはしない。彼らはそんな自分を受け入れ、強いて自分にやる

気を出させたりはしない。

　肯定的期待とセルフイメージが、ビギナーをワールドクラスの選手にするわけではない。というより、これらは自分の限界ラインで一進一退しているクライマーに、その均衡を破るきっかけをくれるのである。また、心理に根ざしてはいるが、これらの問題が意思の力だけで変えられるわけではない。ほかの技術同様、君の知覚を変えるには長期の集中と努力が必要である。

モチベーション

　モチベーションは方向づけを含んでおり、すべてのモチベーションにはある種の志向性がある。モチベーションは楽しむこと、苦しみを避けること、お金を貯めること、その他さまざまな目的に存在しうる。同じ活動をしている人でも、各自のモチベーションの志向性はまったく違っていたりする。心理・自律系・運動の各機能が相互依存関係にあるため、モチベーションの志向性はパフォーマンスの結果を左右するものとなる。

　クライミングのモチベーションが持つ重要な問題は、成否に関わる志向性があることだ。次に論じる二つの志向性の違いは純粋に知覚的なものだが、この違いがクライミングパフォーマンスに与える影響は大きく、また具体的なのである。

成功志向性と失敗志向性

　失敗志向性の選手は失敗を恐れ、**その内容がなんであれ、失敗しないように努**める。彼らは、誤ちを犯すのを避けること、失敗の結果を避けることに動機づけられて

しまっている。彼らは、失敗が自分の価値を決めるものと思い込んでいるのだ。そんなときは、彼らの内的な独白がすべてを物語っている。「焦るな、震えを止めろ、手順を間違えるな」といった具合だ。

　このような失敗志向性には二つの問題がある。第一にそれには方向性がないことだ。避けたいと思っていることに動機づけをしても、**それはどこへも導いてはくれない**。覚醒水準を決める予測と準備の心のメカニズムも、望ましくないシナリオを予測し、それに備えるしかない。このように失敗につながるミスを避けようとしても、そこには目標もなければ成功へのイメージもない。第二に、失敗志向性はすべてに対する弱気な物の見方だということである。そのため、覚醒水準を過剰に上げてしまい、コーディネーションを低下させ、テクニックをダメにする。

　多くのスポーツ選手のなかにも、失敗志向でいるために、それが失敗の期待になってしまう選手がいる。失敗すると、彼らはすべて自分に責任があったと考える。成功しても、運がよかったとか、岩のコンディションがよかったとか、ほかの外的な要因のおかげにするのだ。

　これに対して成功志向の選手は、達成することに動機づけられている。彼らは成功を期待し、努力すれば得られる成果に向かって邁進する。失敗の存在とその脅威は、役立つものでもなければ、邪魔するものでもない。それらは彼らのモチベーションにふさわしくない、というだけのことだ。このような人は、失敗を自分にふさわしいとは考えない。失敗ではなく、成功が彼らを定義する。

　彼らの内的独白は先のとはまったく違う。「自然にいこう、足でしっかり立ち込め、手順はいいぞ」といった具合だ。こうした言

失敗志向的だと、失敗すること、失敗しないことだけが結果になってしまう

葉は、彼らがめざす目標の具体的な内容になっている。彼らは成功を自分の努力のたまものだと見なしていて、運や外的要因のせいにすることは少ない。明らかな自分の失敗でつらい目に遭うこともあるが、うまくいかないときは、逆に失敗の責任を岩のコンディションや運や観客のせいにしてしまうのだ。

成功への期待は、最高のパフォーマンスを形作る「行ける／Go-for-it」という信念の源の一つである。確信をもってランジしたクライマーは、もし失敗を意識したなら絶対にできない同じムーブでホールドをとれる。

誰もがつねにどちらかの志向性にあるわけではないが、世界レベルのスポーツ選手はほとんど成功志向的である。成功志向性はクライマーの気持ちと心の状態を整え、よい動きを生み出す。肯定的な目標をはっきり言うと、体が予測し備えるための成功への心のモデルを作ることになる。さらに、成功は失敗以上に意味があると考えるので、成功志向のクライマーには失うものがない。成功志向の選手は成功するか

しないか、なにかに勝つか勝たないか、それだけである。どちらの場合でも失うものがない。これはあらゆる試みに存在する脅迫感を低めてくれる。成功志向の選手は課題に脅かされることが少ないので、クライミングのようなテクニック主体の運動に最適な、低い覚醒水準を実現できるのである。

成功志向的
モチベーションの開発

ある人には一貫して失敗志向性が心の奥深くに根ざしていることがあり、そんな場合はこの本ではちょっと扱いきれない。ただ、クライミングに望むものをどのように追い求めるかが志向性に大きく影響するのはたしかである。

注意深く作られた目標設定のプログラムは、なし遂げたいことについての計画、行動、内容を示してくれる。そのような目標に努力と関心を集中すれば、成功志向的モチベーションの習慣がつくようになる。

しかし、効果的な目標の設定はそう簡単に、すぐできるものではない。目標設定のた

めには、まず目標の選択に充分な注意が必要である。そうした配慮がないと、目標が逆に障害となることもある。

1. 目標は前向きなものでなければならない。君が避けたいこと（たとえば落ちること）よりも、望んでいること（もっと持久力をつけること）で目標を作り上げると、なすべきことの心のイメージができあがる。後ろ向きな目標では、努力すべき対象のイメージが湧かない。望まないことに向かっていくなどできない。

2. 目標は、それが達成されたことがわかるように設定しなければならない。「しっかりとロックオフできる力がほしい」では漠然としていて、これがいつ達成されたのかわからない。「シュワルツェネッガーの最初のピッチで、すべてのムーブをロックオフできるようになりたい」などとすれば、達成は確認できる。

3. 達成に数カ月以上かかる目標に対しては、その道筋をはっきりさせるために中間的な目標を作る。それに成功すると、それまでの方法が正しかったことがわかり、より長期的な目標に対するモチベーションがかきたてられる。中間的な目標で失敗があれば、それまでの方法を続けるべきではないとわかり、適切でない方法の継続を防げる。

4. 目標は現実的なものでなければならない。当面の目標に成功すると、さらなる目標へのモチベーションが湧くが、そこで目標の現実的な達成率が問題となる。心理学では、目標達成の可能性がフィフティ・フィフティのときがいちばんモチベーションが強くなるといわれている。このように目標は、君をやる気にさせて最大の努力が要求されるほど高くなければならず、同

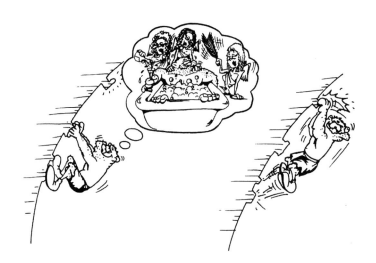

成功志向的だと、成功するかしないか、という二つの可能性があるだけだ。
どちらも結果において失敗というものがない

時に達成できる程度に低くなければならない。

5. 達成できるものは日々の小さな事柄を積み重ねた結果である。目標を持つと、進むべき方向とすべきことがわかるので、目標は達成しやすくなる。人は自分の目標につねに自覚的でいると、達成に必要なことをするようになる。目標に自覚的でいるためにできることは数多いが、文章にして書き留めておくことが簡単で非常に効果的である。目標や当面の課題がいつでもわかるように、定期的にそうした文章を振り返るようにしよう。

これら一般的なガイドラインと同様に重要であるのが、個人的条件である。目標は個人の特性、能力、モチベーションを反映しなければならない。目標の設定にあたっては、以下の点を考慮する必要がある。

- 技術や能力のレベル
- 耐えられるトレーニング量と回復率
- 現在の健康状態
- その人に合った岩場や施設
- クライミングとトレーニングの原則

成功志向の人間は、失敗の苦しみを知らないわけではない。彼はただ、苦しもうとしないだけなのだ。ある意味、志向性には個人が本来の自分をどう考えているかが反映される。人生でなにを望み、なにを追求するかが表われる。失敗を悔やむのではなく、成功した喜びをじっくりと考えよう。成功志向になることでクライミングに最適な精神状態を作り出せるだろう。

挫折と失敗

クライミングにおける挫折の問題は、このスポーツの本質についての考え方と関係する。クライミングの現実を受け入れず無自覚でいるなら、クライミングは苦痛そのものだろう。しかし、その特性を理解し受け入れるならば、挫折はほとんどあり得ない。ここでもクライミングというスポーツの受け止め方の違いが、このような見解の違いを生むのである。

たとえば、もし君が毎週クライミングに行くたびにうまくなると思い込んでいるなら、それはスポーツ上達の現実を無視していることになる。どんなレベルのクライマーにも調子のよくないときがあるという事実、このクライミングの本質を受け入れれば、いちいち落胆することもない。

多くの人がよく経験する挫折体験について考えてみよう。君があるルートのムーブをトップロープで下から全部つなげ、次のトライでレッドポイントを狙ったが失敗したとしよう。これは別に天が君を見放したわけではない。単にトップロープのリハーサルからレッドポイントに移る際の問題点を見落としただけなのだ。失敗して悔しいかもしれないが、そうした感情を進んでやり過ごせれば、失敗の本質を見極め、今後同じ失敗をくり返さない方法を学ぶことができる。

たぶん君はリードのときの恐怖感を計算に入れていなかったのだろう。あるいはクリップのために、あるホールドで耐えねばならないことを考えていなかった。または、リードのときはクリップするためにシークエンスが違っていたのかもしれない。自分の失敗

に意識的であるかどうかにかかわらず、突き詰めると失敗の責任は自分自身にある。犯した失敗を自覚することが、失敗を乗り越えるための作業の大部分を占めるといっていい。失敗して悔しがっているだけでは、その失敗の教訓を見過ごしてしまうだろう。立ち込みの難しいフットホールドを使わないわけにもいかず、気を散らすものを避けることもできず、偶発的に起こることを未然に防ぐこともできない。しかし、そのような問題に対応する能力を高めることはできるはずだ。

失敗したときのみじめな感情が、のちのちも嫌な記憶として亡霊のようについてまわることもある。しかし、これを簡単に無視したり、忘れ去ったりしてはいけない。しぶしぶながらもこれらを受け入れて、自分がすでに身につけているもの、これから身につける必要があるものに対する評価と修正の基準とするのである。

もし君が進んで失敗を直視するなら、失敗は君の弱点をズバリ明確に指摘してくれる。失敗と仲直りしよう。真の上達のために、成功をめざすときには失敗を自分の内に取り込まねばならない。失敗は必要不可欠な大切な仲間なのだ。失敗から学ぼうとせず、失敗のリスクや痛みを避けていてはスランプを長引かせるだけである――これこそ避けるべき失敗の一つだ。

なぜ登るのかを考えてみよう。クライミングはその苦労にもかかわらず、なんら報奨はない。**クライミングは挫折をもたらすさまざまな要因があるからこそ報いられるのだ。**成功を狙っているときにも失敗の可能性があること、失敗するだろうと思っているときに成功すること、この絶妙な複雑さが、どのようなレベルであれ当人にしかわからない無償の達成感をもたらすのである。

第 7 章

心理コントロールのための
行動的アプローチ

今度、にぎやかな通りで大声を出して話したり、誰かと言い争ったりすることがあったら、次のようなことをちょっと試してみよう。しゃべるのをやめ、あご、顔、肩の力を抜き、深呼吸してゆっくりと息を吐いてみる。

そうすると体が落ち着いてくるだけでなく、高ぶっていた気持ちも収まってくるのがわかるだろう。これは三位一体機能の一つでの変化が、ほかの機能に影響したからである。つまり呼吸と表情の変化が、自律系の覚醒状態に作用したのだ。そして、心理機能と運動機能にも影響を及ぼしたのである。

心理コントロールのための行動的アプローチは、このような内的三位一体機能間の相互作用に基づく。これから君の置かれた環境に対する反応の仕方と、この三位一体機能を変化させるテクニックとをみていこう。これから紹介するエクササイズで覚醒状態をコントロールし、それをさまざまなタイプのクライミングに適応させる方法を身につけよう。

ただ一般に誤解されているようだが、心理コントロールのテクニックは、一度知識を得たらあとは使うだけ、というわけにはいかない。これから紹介するエクササイズも充分に練習を重ね、その微妙な感じがわかるようにならなければ、いざというときの心理的混乱状態では役に立たない。

私たちの心の中の習慣は、それまでの長い人生を通して身についたものなので、好ましくない心理的習慣であってもそう簡単にはなくせない。新しい習慣を身につけ自

心理テクニックを使うブルーノ

然なものにするには、何度もくり返し練習しなければならない。このように心理トレーニングにも、筋力トレーニングと同じ努力と忍耐が必要である。しかも、心理トレーニングははっきりとした結果が目に見えるわけではないので、献身を惜しまず訓練を続けることが大切である。直接的な働きかけで本当の変化を起こせれば、よくない心理パターンを建設的なものに変えられる。こうしたテクニックが君の役に立ちそうなら、今すぐここで始めよう。

以下に紹介するエクササイズはパフォーマンスには効果があるものの、君の心理的な問題すべてを解決するわけではない。人間の心理状態には、クライミング以外の要

素も関わっているからだ。たとえば君がお金のやりくりに困っていたり、あるいは仕事をクビになったことが原因で、クライミング中も悩み続けてうまくいかないなら、これはもう直接その問題に取り組むほうがいい。以下に紹介するエクササイズで心理状態を改善することはできても、その原因まで変えることはできないのである。

三位一体機能による
覚醒水準の調節

先に、心理・自律系・運動の各機能での変化が、三位一体機能全体にどのように影響を及ぼすのかをみた。これから紹介する方法は、その一つか二つに働きかけて覚醒状態全体を変えるもので、アプローチ

ドイツ・エッセンのグルーガハーレの
人工壁でのロングフォール

の仕方に応じて分けられる。一つの機能だけに働きかけて覚醒水準を変える方法もあれば、全体に働きかけて覚醒水準をいっぺんに変える方法もある。効果がありそうだと思うなら、あるいは君のクライミングでは心理的な部分に問題がありそうだと思うなら、ぜひ読み進めてほしい。

心理トレーニングの成否は、問題点を正確に把握することにかかっている。君にとっていちばん重要と思われる方法を選ぶために、最も弱い環の原則に従おう。覚醒水準が高くなるといちばん影響を受けるのは、心理か、自律系か、運動機能なのか、よく見極めよう。目立って影響を受けるものがあるなら、その分野を対象に絞れば大きな効果があるだろう。

心理機能に対するテクニック

これから紹介するテクニックは、三位一体機能のうちの心理機能を安定させるものである。これらは心に焦点を当て、クライミング中の思考や感情を変えるように働きかける。

● 漸増的脱感作法

子どもがテレビなどの影響で暴力的な描写に慣れて不感症になるように、クライマーもクライミングの持つ多くの心理的な問題に慣れることができる。

クライマーの多くは怖いと思うものについて考えるのを避けようとするが、それは怖いものについて考えていると、不安になってますます怖くなるからだといわれる。「これを自分の心から追い出せたらなあ。二度と戻ってこないといいのに」とブルーノなら言うだろう。

しかし心理学では、そうした考えや感情は抑え込むことでは解決できないという。私

たちを心理的に不安定にする体験はあまり
に多く、とてもすべては扱いきれない。そう
したものにいちいち感じないようになるには、
それよりもやや脅迫感の少ないものに自分
を慣らし、徐々に不安感を低下させていか
ねばならない。

　ジュリアは、きれいだがちょっと怖いオー
バーハングのアレート、スレイサーのレッド
ポイントを狙っていた。グレードは5.10d、
彼女にとっては最難ルートの一つだが、と
てもできる気がせず、最近ではスレイサー
を登る夢をみてうなされて起きてしまうとい
う。

　漸増的脱感作法を使うため、ジュリアは
自分が怖いと思うルートを1から10までの
段階にランクづけをした。それからジュリア
はスレイサーのリードをこの不安階層表の
8にランクづけた。これはトップロープでも、
ボルトが遠くて振られるので7になるとい
う。次にジュリアは、登ることはできるが怖
いと思うルートを不安階層表にランクづけ
てみた。

　キャット・イン・ザ・ハット・アレートは
トップロープで3、リードだと4になった。彼
女はキャット・イン・ザ・ハット・アレートを
最初にトップロープで登れれば、そのあとで
リードしてみたいと思ったが、不安階層表
では、これとスレイサーのトップロープの間
には大きな隔たりがある。この隙間を埋め
るために、不安要因のあるルートをもう少
し探さねばならない。

　漸増的脱感作法は、当初とても克服で
きないと思われた目標に到達するために、
不安要素の強い状況に自分を徐々に晒し
ていくやり方だ。怖いアレートに段階的にア
プローチすることで、ジュリアのスレイサー
に対する恐れは徐々になくなった。4カ月

後、ついに懸案のルートをレッドポイントし
たとき、スレイサーは彼女の不安階層表の
中で4に落ち着いてしまった。そして、彼女
の目はもう次の目標、ブラッドバスに向けら
れている……。

● リアリティ・リプレイスメント

　過去のある場面でまずいことをしたり、判
断を誤ったりしたことは、そのあとも長く心
の中で思い返され、私たちを苦しめる。こ
のような体験をうまく処理できないと、心の
中で何度も反復されてしまう。そして以後、
似たような状況に出くわしたときに苦しめら
れることになる。

　こうした問題の克服には、リアリティ・リ
プレイスメントというテクニックが有効であ
る。もともとアメリカ先住民の間で使われ
ていたもので、過去の好ましくない経験を
再視覚化するなかで、まずかった行動や
対応を望ましいものに取り替えてしまうの
である。

　マックスはコンペのとき、小さなエッジの
立ち込みでスリップしてからというもの、簡
単な立ち込みでも落ちるようになってしまっ
た。彼はこれを忘れようと努めたが、脳裏
に浮かんでくるのをどうすることもできない。
この出来事以来、マックスはコンペで小さ
なフットホールドに立ち込むたびに緊張す
るようになってしまった。

　リアリティ・リプレイスメントのテクニック
を学ぶにあたって、マックスはこの悪い記
憶に対して二つの違ったリアリティ・リプレ
イスメントを使った。メンタルトレーニング
の手順（第4章を参照）に従って、マックス
は安楽椅子に座り、全身をリラックスさせ、
事故の再視覚化を始めた。コンペのルー
トを細部にわたってそっくりそのまま思い

浮かべた。足がスリップしたところまでくると、マックスは事故の新しい展開を思い描いた。足はスリップしたけれど、とっさに対応して持ちこたえたのである。落ち着きを取り戻すと、彼はルートの残りをみごとに登りきったのだった。

もう一つのリアリティ・リプレイスメントでは、マックスは足を乗せる前に小さなエッジを睨みつけている自分を思い描いた。その大きさを確認し、正確な立ち込みが必要なことを理解した上で注意深く足を置いた。フットホールドにはつねに一定の力をかけるようにして、ムーブが終わったときでも急に力を入れたりしないよう充分に注意した。そして、そこを抜けて先に進み、ルートを登りきったのである。

このように現実の置き替え（リプレイスメント・リアリティ）ができたなら、その状況と結びついている否定的な連想を消し去るために、何回でもこれをくり返し、肯定的な連想に置き換えねばならない。

● 集 中 力（コンセントレーション）

多くのクライマーが集中力（コンセントレーション）に問題を持っている。目前のムーブに集中する必要があるその瞬間にも、クライマーはビレイヤーがちゃんとやっているかどうか、次のムーブをどうしたらよいか気になったり、とりとめもな

集中

い考えが浮かんだりする。集中力の上達を図るエクササイズは無数にある。そのなかで特に役立つと思われるものを紹介しよう。

まず、くつろいだ姿勢で目を閉じる。ゆっくりと静かに深呼吸を始め（呼吸法については次の項を参照）、意識を自分の内側に向ける。そうしたら息を吐くたびに1から数を数え始めよう。10まで数えたら、再び1に戻る。これをくり返して、数がわからなくなったり、10までで止めるのを忘れたりしたら、なにを考えていたのかをつきとめる。いつから、どうして、どのようにその考えが始まったのかに着目するのだ。そうしたらまたカウントを始めよう。これを10分間のストレッチに取り入れれば、集中力が高まり、意識がはっきりしてくる。眠くて起きていられないときは、眠ったほうがよい。それでもこのエクササイズで集中力を鍛えれば、眠気を覚ましてくれるはずだ。

自律系機能に対するテクニック

自律系機能は、ふつうは私たちの意思では動かせない身体機能を静かに調整し、維持している。自律系の機能は通常の意思の動きには影響されないが、間接的な手段で影響を与えることができる。そのいくつかをみてみよう。

● 呼吸法

呼吸は自律系機能への扉を開く手段である。呼吸は二つの独立した神経系（体性神経と自律神経）によって制御されているため、意識的・無意識的にコントロールできる唯一の身体機能である。

数多くの瞑想法が例外なく呼吸を重要な手段として用いている。ハーバード大学医学博士アンドルー・ワイルは、呼吸を「心

と身体の懸け橋、意識と無意識をつなぐもの」といい、「健康へのマスターキーであり、私たちが肉体的精神的に向上するために身につけ、発達させることのできる身体機能である」としている。

呼吸はクライミングに特に重要である。クライマーはつねに落ちる恐怖と闘っていて、この恐怖にとらわれると、呼吸までとらわれてしまうからである。恐怖や不安を感じていなくても、つい呼吸が速く浅くなって乱れてしまうことはよくある。さらに、ムーブや姿勢によっては息を止めなければならないこともあり、最大筋力の50％以上を出しているときなどは、筋肉に酸素がほとんど供給されない。クライマーの息が乱れ、どう呼吸すればいいのかわからなくなるのも無理はない。

呼吸が浅く乱れているときに心を落ち着かせるのは難しい。同じことで、逆に呼吸が深くおだやかなときに覚醒水準を上げるのも難しい。多くのクライマーは覚醒水準が高いときの呼吸になりがちで、不安を増幅させてしまっている。覚醒水準を直接変えることはできないが、呼吸に気をつければ覚醒状態に大きな効果がある。

このように呼吸は重要なため、効果的な呼吸法をいつでも使えるようにできれば、クライマーには非常に役に立つだろう。

エクササイズ1：まず、ゆっくりした、深い、おだやかな呼吸をして呼吸法を体感しよう。しばらくの間、目を閉じてゆっくりと、深く静かな呼吸をしてみよう。息を吸うときと吐くときの間にも気をつけて、呼吸のサイクルの同じポイントに戻ったときに間があいて息を止めないようにする。このSDQ（スムーズ・ディープ・クワイエット）呼吸法がわかってきたら、一日のうちに何度かやって

みよう。練習すればすぐにこの呼吸法に切り替えられるようになる。

エクササイズ2：このSDQ呼吸法はクライミング中いつでもできるわけではない。だから、息を止めた状態から即座にSDQ呼吸法に移れるようにしよう。

これは椅子に座ってやってみよう。目を閉じてSDQ呼吸法を始める。次によく知っているパワフルなムーブを思い浮かべよう。このムーブを頭の中でやっている間、実際にパワーを出しているときのように息を止めるのである。ムーブが終わったらSDQ呼吸法に戻る。このように、呼吸の一時停止からSDQ呼吸法に即座に切り替えられるようになるまで、このエクササイズをくり返し行なおう。

また、これは日常の生活でも練習できる。車を運転中にヒヤッとしたり、映画のワンシーンにびっくりした直後、すぐにSDQ呼吸法に移る練習ができる。

● クワイエティング・リラックス

ほかのテクニックがふつう、「練習課題（ホームワーク）」として行なわれるのに対し、クワイエティング・リラックス（QR）はストレスのかかる現場ですぐに使える対症療法的なものである。わずか数秒間ででき、ストレス反応を起こす外的刺激のあるときならいつでも使える。これは覚醒水準を下げる有効なエクササイズの一つである。

QRとは、体がいわば「戦闘態勢」をとろうとする最初の数秒間に、これにそぐわない反応の手順をとることで、**覚醒水準の上昇をその初めから抑えてしまう**ものである。ストレス要因を中途で遮ることで、高い覚醒状態になるのを未然に防ぐのである。非常に簡単なので、ほかの心理テクニックを行

なうヒマのない多くのクライマーでも充分に時間がとれる。

ただQRを使うためには、外的環境のなにが自分の覚醒を刺激して高めるかを知る必要がある。クライミング中にスリップして思わず手に汗をかいたり、息を止めたり、体が硬くなったりする瞬間に注目してみよう。ストレスがかかっているとわかったら、3つの手順からなるQRで対処する。

1. 目と口元を使い、自分に向かって微笑む。
2. ゆっくりと深い腹式呼吸を行ない、呼吸を整える。
3. 口から息を吐いて、あご、舌、肩の力を抜く。

QRのテクニックを身につけるには、ストレスの低いところで充分に時間をかけてこの手順を練習するのがよい。これを数カ月間続けると、外界からの刺激に対して自然にリラックスしてQRができるようになる。このリラックスは行動中のわずか数秒間で行なえ、内部機能を操作でき、なにかほかのことをしていても効果があるので、クライミングにはうってつけだ。非常に簡単にできるので、QRに似た方法は多くのトップクライマーの間でルートにトライする前やトライ中に、またトライのあとにも使われている。

●バイオフィードバック

普段は自律系の支配下にある多くの身体機能も、意識的なコントロール下に移し、意思の働きで影響を与えることが可能である。バイオフィードバックとは、日々の生活では気づかない体の生理機能をモニターすることである。これは自分の覚醒水準をある程度コントロールできる上級クライマーに向いている。

簡単に手に入るバイオフィードバックのモニター器具の一つGSR（皮膚電気反応装置）は、指先が汗ばむのに反応して音が高くなったり低くなったりする。GSRは電気店で15ドル前後で売られている。GSRによるバイオフィードバック法は、汗による指のぬめりが大敵のクライミングにはうってつけのものである。ランニング愛好家が増えたことで、心拍モニターなども手に入れやすい。

自分でバイオフィードバックを試す場合は、まずさまざまな考えがどのようなバイオフィードバック反応を示すのか確かめてみよう。反応が出る感覚がわかってきたら、覚醒水準を上げるようなことを考える。恐かったクライミングを思い浮かべ、イメージの中で苦しくなってきたらフィードバック反応を見よう。それはどんな反応を示しているだろうか？

もし反応があったら、その反応の大きさを確かめ、これまでに見てきたテクニックでバイオフィードバック反応を低下させられるか試してみよう。なにかに動揺して上がったとき、すぐに下げられるようにする。会話の最中やイメージを思い浮かべているとき、なにかに集中しているときにも、意思の力でバイオフィードバック反応を低い状態に保つエクササイズもできる。

運動機能に対するテクニック

高い覚醒状態は、意思では動かせない自律系機能以外にも現われる。運動機能は部分的な筋肉の収縮（顔の硬い表情、肩こりなど）や、全身の筋肉の張力（トーン）の増加といったかたちで高い覚醒状態を示すことがある。以下のテクニックは、肉体における覚醒の影響を低下させるものである。クライマーの多くはどうもほかのスポーツ選手に

比べて肉体志向なので、メンタル面よりもこういったテクニックのほうが劇的な効果がある。

● 漸増的リラクゼーション

筋肉は休んでいるときでも筋線維の何パーセントかは収縮していて、わずかではあるが緊張している。覚醒水準が高くなると、この収縮した筋線維の割合が高くなり、そのため余計なエネルギーを使い、体のなめらかな動きを妨げ、筋肉内を流れる血流量は、普段「リラックス」しているときよりも少なくなってしまう。

研究では、意思の働きだけで安静時の筋肉の緊張を低く抑えられることがわかっているが、筋肉を弛緩させる前に強く収縮させると、その効果は大きく長続きするようになる。この収縮と弛緩の組み合わせが漸増的リラクゼーションの土台になっている。

漸増的リラクゼーションを行なうには、まずくつろいで椅子に座るか仰向けに寝る。リラックスしてゆっくりと深呼吸し、体が接する面で自分の体重を感じるようにする。目を閉じて意識を外の世界から自分の内側に向けよう。

まず、片方の手に意識を集中してにぎりこぶしを作る。だんだんと強く握り締めていって、2〜3秒かけて思いきり強く握り締める。このとき、手や前腕の筋肉の緊張の感覚に集中する。この状態を4〜5秒間、維持したら、急にすっかり力を抜いてしまうのである。筋肉の力をすべて抜くにも数秒かかったように感じるかもしれない。何秒間かリラックスし、その感覚が腕を通り抜けていくのを感じよう。これをもう一方の手でくり返す。一度リラックスさせた部分は、ほかの部分でリラクゼーションを続けていると

きに力を入れないようにする。

次は肘をわずかに曲げて、上腕二頭筋とそのまわりの筋肉に力を入れよう。そして同じように力を入れてから、急にリラックスする。もう一方の腕に移る前に、わずかな時間、リラックスした感じを楽しむようにしよう。

初めに筋肉を収縮させ、それからリラックスさせるこのプロセスを全身に行なう。額、顔、首、肩、腹、足、足首の順に続ける。

スポーツ選手のなかには、このテクニックはスポーツを行なう前に筋肉をリラックスさせすぎるという意見の人もいる。しかし、筋肉がリラックスするとクライミングの直後や休養日の回復状態はよくなるのである。さらに重要なことは、自分の意思で筋肉をリラックスさせることを身につけると、**クライミング中に有利**なのだ。手をシェイクしているときや次のホールドをとりにいくまでの短い間に、筋肉をリラックスさせられれば、レストのときに少ない筋線維の収縮で済むし、手に体重がかかっていないときならいつでも回復できるからである。

行動的手段

以上、紹介してきたテクニックはパフォーマンスに大きな効果があるが、ほかにも自分の意思で決めたことばかりでなく、多くの些末なことが覚醒に影響する。そうしたものの影響を気にしない人もいるが、その効果には見過ごせないものがある。

音楽

音は私たちの覚醒状態に直接影響する。私たちは普段、多様な音に取り囲まれ

ているので、ついその存在を忘れてしまっている。しかし、ホラームービーにディズニーの音楽がいかに合わないかは、ちょっと考えてみればすぐわかる。

　クライミングのときに音楽が流れていたら、その影響に注意してみよう。それが望ましいものかどうか考えてみて、ちょうど栄養バランスのよい食事を選ぶように、君の内側に入り込んでくるものを選ぶようにしよう。

　たとえば、アップテンポの音楽は覚醒水準を上げるので、高い覚醒水準から生み出される筋力が必要なパワフルなボルダリングで役に立つ。しかし、同じような音楽をトリッキーなオンサイトの前やトライのときに使うと、覚醒水準をテクニカルな動きに必要なレベルよりも押し上げてしまい、パフォーマンスに逆効果である。

ピアプレッシャー

　ピアプレッシャー［同輩集団内圧力。P177を参照］はクライマーにとって非常に強力な覚醒を引き起こす要因である。これを理解しておけば、ピアプレッシャーが必要か避けるべきかを選ぶことで、ピアプレッシャーを役立てることができる。

　たとえば、ボルダラーならピアプレッシャーをあおることで、筋力発揮を増大できる。マックスはいまひとつやる気が起きないときには、ボルダープロブレムを次のトライでできるかどうか、ある回数内でできるかどうか、パートナーと食べ物を賭けたりする。このようにプレッシャーを加えることで、パフォーマンスに必要な程度のやる気をかきたて、再覚醒させられる。

まとめ

　心理コントロールのテクニックにはほかにもたくさんの方法がある。ここではクライミングで役立ちそうなものをいくつか紹介した。

　覚えておいてほしいのは、すべてに最適なパフォーマンス状態はない、ということである。ある特性に最適な状態は、ほかの状態に適した特性を犠牲にする（P073の「運動能力に対する覚醒の影響」の表を参照）。心理テクニックをうまく使うには、つねに自分に必要なものを考え、心身の状態を把握し、自分に合った覚醒状態を調節できる方法を選ばないといけない。心理コントロールがうまくなるには、とにかく多くの練習が必要である。

　クライミングに理想的な心理状態になるのが難しいからといって、簡単にあきらめないようにしよう。ウォーキング、ランニング、あるいは食事といったような、わかりやすい心理的要因を持つ活動と同じ方法では問題解決は無理である。これらの活動には心理的な複雑さはさほどないからだ。本能に導かれた反応と、注意深い意思の過程から生み出された反応との間で進行する緊張状態が、クライミングの持つ複雑さの一つなのである。

第8章

身体トレーニングの原則

この章では、あとの章のための導入として身体（フィジカル）トレーニングの一般的概説をしたい。これらの原則はトレーニング一般に適用され、この本の後半で扱う専門的トレーニングと同じく重要なものである。これを君のクライミングに取り入れ、トレーニングの理論を実践的な技（アート）に高めよう。

トレーニング効果と上達

生命体のすべては、生きている環境や条件に対して最善の適応をする。外界の諸条件が変わらなければ、ほとんどの有機体は外界とのバランスのとれた状態、すなわち恒常性（ホメオスタシス）を維持する。生命体である体は、基本的に毎月毎月変化はしない。これはある組織を壊してエネルギーを消費する**異化作用**と、新しい栄養物質を吸収し、組織を再生してエネルギーを補充する**同化作用**とのバランスがとれているからである。

トレーニングとはこのバランスを崩すことである。トレーニングとは、筋肉、骨、その他の組織にストレスをかけ、エネルギーを消費させる異化的な刺激である。トレーニングが終わると、パフォーマンス能力は通常のバランスのとれたレベルよりも低下する。このトレーニングからの回復過程において、体は以前のレベルを超えてトレーニングを含んだ生活状態へ適応しようとする。このため、以前の状態を超えて回復しようとする異化作用である「超回復」が起こるのである。

超回復とは、トレーニングによってかかるストレスに、肉体が耐えられるようになる適応の結果である。トレーニングに対する生化学的適応として、より多くの酵素と細胞のエネルギー変換物質が化学反応に用い

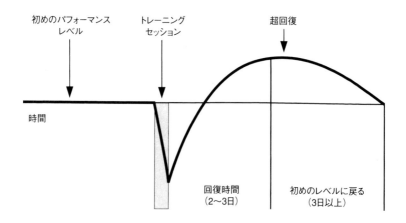

初めのパフォーマンス
レベル
　　　トレーニング
　　　セッション
　　　　　　　　　超回復

時間

回復時間
（2〜3日）
　　　初めのレベルに戻る
　　　（3日以上）

トレーニングセッション後の超回復の仕組み

られ、より多くのグリコーゲンや他のエネルギー源が蓄えられ、血液中の乳酸の中和が進むようになる。筋肉は大きく、腱は強くなり、血管は急速に発達する。神経系や体のホルモン分泌機能もトレーニングのストレスに適応し、変化するのである。

トレーニング内容 <small>ボリューム</small>

　上達するもしないも、この異化と同化の新陳代謝のバランスにかかっている。どちらか一方でも不十分だと上達は望めない。もし異化の量が少なすぎると、トレーニングは超回復を引き起こすだけの充分な刺激を獲得できない。逆に多すぎると回復力を上回ってしまう。

　トレーニングの内容には4つの要素がある。量、強度、密度、頻度である。

●トレーニングの量

　より多くの運動をすれば当然、体に加わるストレスはそのぶん増える。もし君が1日のクライミングで3〜4本のルートを登っていたのを7〜8本登るようにしたなら、量は2倍になっており、それだけ回復時間も必要になる。

●トレーニングの強度

　登るルートの本数を変えずにトレーニング内容を増やすこともできる。よりハードなルートを登れば、それは強度を高めることでトレーニング内容を強化したことになる。専門的にいうと、強度は筋肉に対する負荷の強さ、最大筋力に対するパーセンテージで表わせる。

●トレーニングの密度

　ふつうなら1時間かかるトレーニングを考えてみよう。もし、それを休憩時間やインターバルを切り詰めて35分に短縮したなら、それはトレーニング密度を増すことでトレーニング内容を強化したことになる。

●トレーニングの頻度

　頻度とは、トレーニング回数やトレーニングの間隔のことである。仮に、前回のトレーニングからの超回復の時期（2〜3日後）にトレーニングが行なわれるならば、次のトレーニングに入る前に刺激を受けた体は回復しており、さらに超回復している（P096の上の図を参照）。こうしてより高いレベルへ進歩する。

　しかし、トレーニングがあまりに頻繁だと、次のトレーニングに入る前に体が回復する時間がない。すると、P096の下の図に示したようにクライマーのレベルはトレーニングのたびに低くなってしまう。

　長期にわたって上達し続けるためには、体がついていけるペースでトレーニング内容を強化しなければならない。そうしてこそ、体はより高いレベルのトレーニング刺激に適応していくのだ。しかしながら、上達には充分な刺激だったトレーニングも、より高いレベルになれば**現状維持**にすぎなくなる。もしトレーニング内容が変わらないままだと、体はそのレベルで停滞する。

トレーニング内容、疲労、回復

　疲労感は、ある種の防衛的なメカニズムである。それ以上の運動が苦痛になることで、回復できなくなるレベルまで消耗し切ることから体を守るのである。

　基本的に、疲労には2種類ある。**局所疲労**はスポーツで直接使われる体の部位に起こる。これは筋肉内のミクロトラウマ［微細

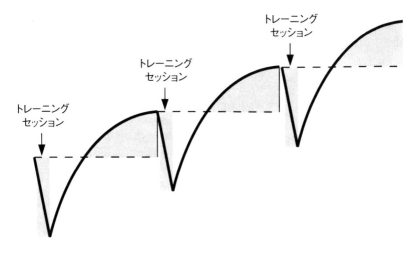

適時のワークアウトによる向上

損傷。筋肉や結合組織に起こる顕微鏡レベルでのダメージ]、乳酸のような疲労物質の蓄積、グリコーゲン、タンパク質、電解質などの消耗によって起こる。局所疲労は、筋肉の腫れ、こり、痙攣、激しい肉体行使のあとの衰弱などで明らかになる。強い局所疲労は、ある種のトレーニングには望ましいこと

もある。

全身疲労は、体全体を回復させる神経組織やホルモン分泌機能に関係する。全身疲労は体の各部位の局所疲労が積み重なったものだ。激しい全身疲労による消耗は身体各部位の回復を遅らせるので、クライマーにとって望ましくない。全身疲労の

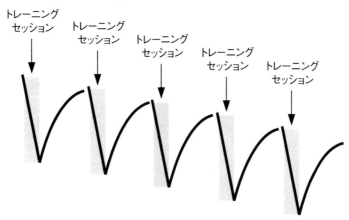

不完全な回復による後退

兆候は、集中力の低下、反応時間の遅れ、動作の不正確さなどに表われる。

ほとんどのスポーツ選手にとって、とにかく運動を中止すること（受動的回復）が局所および全身疲労からの回復につながる。体のほとんどあらゆる部分を使うクライミングにとっては、ある程度運動をしたほうが回復のプロセスを早めることもある（第11章「全身持久力」を参照）。

ほとんどのトレーニングエクササイズに対する回復時間は本書に示した。これは中級者が対象なので、上級者ならいくらか短くなり、ビギナーは長くなる。

上達率の逓減

肉体的に上達する能力は無制限というわけではない。私たちはそれぞれに限界を持つが、それは筋線維の構成比率、免疫機能、体形などと同様、遺伝的要因によって決まっているものだ。人は遺伝的な限界に近づくと、そこから大きく肉体的な上達を果たすことは難しくなってくる。たとえば以前にクライミングをしたことがない人は、クライミングに関わるあらゆることがそのままパフォーマンスの向上につながる。しかし、もう何年もクライミングをしている人にとっては、その肉体的な能力は普段のトレーニングへの適応を表わしたものにすぎない。だから、もしトレーニングを減らせば後退する。

このように、ビギナーが大きく肉体的な上達を遂げることは造作もないことである。しかし、何年もクライミングやトレーニングを続けてきて、さらに上達するためには、トレーニングの質、量、内容に注意し、故障しないように気をつけながら意識的に行なわなければならない。実力が高くなればそ

れだけオーバートレーニングの危険に気をつけ、伸びる割合がどんどん小さくなっていくなかで、より懸命に努力しなければならないのだ。

しかし現実には、選手の到達点が遺伝的限界レベルにあることはほとんどない。多くのスポーツマンがトレーニングの優先性を誤ったり、不適切なトレーニングをしたり、故障に対して不注意だったりして、自らの潜在能力を引き出す努力を怠っている。知的な創造力をもってこのスポーツに取り組もう。そうすれば、ドイツのリュディ・ボルヒャートというクライマーが50代半ばで5.13dを登ったように、自分を押し上げていくのも夢ではない。

回復本能

どんなスポーツマンであっても身につけたい重要なものの一つに、自分の体の回復状態について本能的に知る感覚が挙げられる。

この本能を発達させるために、トップクラスのスポーツ選手は、トレーニングや大会で科学的なフィードバックの方法を用いて、自分が回復しているときやまだ疲れが残っているときにはどのように感じるのかを学んでいる。このような方法はほとんどのクライマーには縁がないが、ほかに手ごろなフィードバック方法がある。

それはトレーニング内容や競技の成績、そのときの体調などをトレーニング日誌に記録することである。感じたらすぐに書くのだ。トレーニング日誌は体調のパターンを明らかにし、トレーニングのタイプによって異なる回復状態を知るための資料となる。

トレーニングの内容、回復時間、日々のトレーニングを通じての出来などに自覚的

になることで、自分の体がどのくらい疲れているのか、どのくらい回復しているかがわかる本能的感覚が身につく。こうした本能は、激しいトレーニングをしてよいときとそうでないときを判断するための重要なガイドラインとして役立つ。もし高望みや見栄といった不健全なプレッシャーに耐えられるなら、この本能的感覚はトレーニングのほかのどんな要素よりも貴重なものとなるだろう。

ウォーミングアップ

ウォーミングアップは、肉体の活動に関わる3つの基本的機能（心理、運動、自律系）を整えるので、ベストなクライミングをするには欠かせないものである。ウォームアップしなかったり、適当に済ませたりすると、体の各部位を準備する前にそこに負荷をかけることになる。おだやかなウォーミングアップはクライマーの持久力を向上させ、休憩時にエネルギーの回復を促進し、クライミング後の回復時間を短縮する。

ウォーミングアップは、筋肉中の毛細血管を開いて血行をよくする。軽い運動と血行促進によって筋肉や結合組織が温められ、柔らかくなって故障が起きにくくなる。また、筋肉中のエネルギー産生のための生化学的状態も整える。ウォーミングアップは関節をなめらかにし、強度の高い運動時にかかるストレスにも備えることができる。

朝起きた直後ではいかに動きが鈍いか思い出してみよう。起きてから日常生活を始めるのに再適応のための移行時間が必要なように、眠っていた神経回路をクライミングに必要なコーディネーションやテクニックに再び慣らすために、ウォーミングアップ

が必要なのである。ウォーミングアップするまではテクニックもベストな状態にはならないので、体が「冷えている」ときはハードなルートを登るのはよそう。

心理的緊張（スポーツ科学の用語では「覚醒」）の変化も、低い状態から高めていくには移行期が必要だ。理想的な精神的緊張状態で岩場やジムに着くことはほとんどない。もし、そこにもう何度も登ったものしかなければ覚醒水準は低く、オンサイトを狙っているならおそらく水準は高いだろう。ウォーミングアップは心理的な覚醒水準を穏やかにし、最適なレベルにしてくれる。

ウォーミングアップの仕方

どんな種類のクライミングであっても、それに合ったウォーミングアップは、そのあとに本気で取りかかるものを容易にしたものが最適である。2〜4本のやさしいルートを登ってから取り付くのが一般的だ。

やさしいルートがないなら、心と体の準備をする儀式として、ウォーミングアップの決まった段取りを使うのがよい。だいたいのクライマーは関節の可動域を動かしたりする簡単なストレッチと、全身のウォーミングアップのためのやさしいクライミングをあわせて行なうだけで済ませている。

しかし、クライミングのためのウォーミングアップの段取りとしては、次の点がないといけない。

1. 全身のウォームアップを行なう。5分間程度の軽い全身運動。
2. 関節を全可動域にわたって動かす。指から始めて関節をすべて個々に動かす。続けて手首、肘、肩、それから

首、背骨、腰、膝、足首、つま先と行なう。肩と腰に関しては、全可動域を動かすだけではなく、関節をつなぐ軸に沿ってネジを回すように腕を回したり、腿を回したりする。

3. 特に使う筋肉を軽く使う。これに向いたルートがないなら、伸縮性のゴムのチューブが便利である。それを足の下で止めたり、柱につなげたり、あるいはもう一方の手で持って引っ張ることで、軽い抵抗のエクササイズを手早くできる。

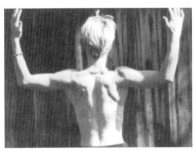

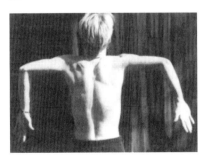

4. 体の硬いところや問題のある部位の**軽いストレッチ**。

身体トレーニングの 10の要点

これまでの点に若干付け加えて、まとめとしてトレーニングの十戒を示そう。

1. ウォームアップとクールダウン

ウォームアップとクールダウンをきちんとやるとけっこう時間はかかるが、この二つはなににも増して健康を保ち、パフォーマンスを向上させる。

2. クライミングとトレーニングに変化をつける

変化をつけることは生活に彩りを添えるだけでなく、クライマーとして上達するための本質的な要素である。トレーニングに変化をつけることで故障を少なくし、体調を整え、パフォーマンスもよくなる。

特にビギナーや中級者はクライミングに変化をつけるようにしよう。さまざまなタイプのクライミングやトレーニングを行なうことで、体に無理な負担をかけずにトレーニングに耐えられるようになる。体にかけるストレスのタイプが変化することで、同じトレーニングを再び行なうまでの間の回復時間を長くとれるのである。**ハードな日とやさしい日、まる一日たっぷりやる日と早めに切り上げる日、真剣にやる日と気楽に楽しむ日を持つようにしよう。**

上級者には、トレーニング局面によって変化をつけて多様性を最大限に生かすピリオダイゼーション [期分け] がシステマティックな方法である（第15章を参照）。

3. トレーニングを個別化する

すべての人に効果のあるトレーニングなどはない。各人は、強い面と弱い面、得手不得手を持つ独自の存在である。トレーニングを効果的なものにするには、年齢やクライミング歴などと同様に、一人一人の特性を考えなければいけない。

4. トレーニングを特異化する

トレーニングはできる限り各自の目標に合った特異的なもの［用語解説を参照］にする。各自が取り組むクライミングにいちばんよく似たトレーニングの形態が、最もよい結果をもたらす。特異化するのは、体の姿勢や向き、スタイル（スタティックかダイナミックか）、筋肉の収縮スピード、負荷、トレーニング時間、その他である。

5. トレーニング内容を徐々に増やす

上達するには、トレーニング内容を年に20〜40％ずつ増やしていかなければならない。このために、ほとんどのクライマーはおもに強度ばかりを上げて、より手間のかかる難しいルートに取り付いている。しかし強度を上げるばかりでなく、量や密度や頻度を上げることでトレーニングを増やすこともできるのだ。

トレーニングはなにもクライマーの生活を独占するものではない。クライミングに割ける時間が短くなっても、強度や密度を高めることで上達は可能である。ただ、つねに自分自身を超えていくよう努力しなければならない。**限界にきたと思っていると実際に行き詰まってしまう**が、それはたいていの場合、力がついたと思ってトレーニングをやめてしまっているのである。

6. トレーニングに近道はない

真剣にトレーニングをしていれば劇的な結果を生むこともあるものの、奇跡をもたらすようなトレーニング計画や、上達段階での近道などはないと知ろう。経験豊富なトップクラスのスポーツマンに聞いてみると、みんな同じことを言うだろう。劇的な飛躍のためには地道な努力が必要である、と。トレーニングの一般原則は誰にでも当てはまるのである。

7. 休養をとる

ある一つのタイプの筋力トレーニングを（どんなトレーニングであれ）何カ月か行なったあとは、回復のためのトレーニング（第12章「全身持久力トレーニング」参照）を行なう期間をとろう。この期間は少なくとも1週間、年間を通して最低6週間はほしい。

このようなオフ期間をスケジュールや年間計画に入れないと、プラトー、スランプ、故障、モチベーションの低下といった事態を招きやすくなる。

8. 回復本能を身につける

自分の回復状態についての自覚を養うようにしよう。自分の体がなにを必要としているのか、体でわかるように充分に自分の体を尊重しよう。体が示すサインは、この本で得るものよりも、個人的なトレーナーよりも、場合によっては自己分析的な心よりも信頼に足るものである。体はベストな状態を知っているのだから、いつも変わるパフォーマンスの結果やトレーニングの成果について短絡的な判断はやめよう。自身の審判ではなく観察者になってこそベストになれるのだ。

9.モチベーションを維持する

　モチベーションの力を甘くみてはいけない。パフォーマンスや筋力は心理状態に大きく左右される。どんな種類のトレーニングでもイヤなら長続きはしない。かといって、トレーニングがまったく楽しめなくなったらやめなければならない、というわけではない。モチベーションに注意し、モチベーションを維持できることを行なうのである。友人とのトレーニングからは強いモチベーションが得られる。別の岩場を訪ねたり、遠出したり、ただアウトドアで過ごすだけでもいい。君を刺激し、わくわくさせるこのスポーツのさまざまな面にふれ続けることが重要である。情熱の炎を燃やし続けよう。

10.健康を維持する

　故障を避けることは重要である——どうしてもできないボルダープロブレム、苦手な痛いフィンガーロック、うまく引きつけられないクリンプなどはケガの元である。筋肉や腱の故障には、数週間か数カ月間のクライミング中止が代償になる。初めての場所ではがんばってやるよりも、ケガを避けるために控えめでいたほうがいい。

　健康維持を怠るなら、たとえどんな上達への原則に従おうとも、わずかな効果しかもたらさないだろう。

第 9 章

筋力
ストレングス

「パワーに勝るものは、さらなるパワーだ！」などと、フエコタンクスで疲れ切ったクライマーは叫んだりする。この本では今まで、クライマーがどんな種類の欠点であっても、その原因を筋力不足のせいにしすぎることを批判してきたが、前腕のパンプやかちかちの指先、上腕の筋肉痛などは無視できない事実である。クライミングはもちろん筋力（ストレングス）を必要とする。この章では、次にみる筋力トレーニングの章に備えて、筋力発生のメカニズムについて説明しよう。

本題に入る前に基本用語をいくつか確認しておこう。骨格は内部器官を支え守る枠組みであり、その上で筋肉が動く仕組みになっている。筋肉は腱と呼ばれる伸縮性のないアタッチメントによって骨とつながっている。

体の一部分を動かすと――たとえば手を伸ばすと――ある筋肉が収縮する。この場合は上腕三頭筋である。脳は、筋肉の中まで伸びている神経に信号を送る。命令によって筋線維は収縮し、その姿勢について脳に知らせるために信号を送り返す（フィードバック）。

個々の筋線維は電灯のスイッチのようなもので、点いているか（収縮しているか）、消えているか（弛緩しているか）である。筋力の変化は収縮した筋線維の数の違いによる。筋肉が軽い力を出しているときは、わずかな筋肉が収縮しているだけである。負荷が大きくなれば筋肉はさらに多くの筋線維を動員する。

骨格筋は収縮することしかできないので、別の筋肉が関節の反対側から引き合うように配置されていて、それによって柔軟

に動いたり反対側に筋肉を伸ばしたりできる。腕を伸ばせるのは、上腕二頭筋（上腕三頭筋の拮抗筋）が弛緩しているときだけである。したがって腕を伸ばすという命令は、上腕三頭筋には収縮の、上腕二頭筋には弛緩の信号なのである。

三次元的に動く肩のような関節に対しては無数の筋肉がこれを包み、簡単な運動時でさえも安定して動かせるように一緒に働いている。運動を行なうためのある筋肉とその拮抗筋との協同的な相互作用は、筋肉間協調（インターマスキュラーコーディネーション）と呼ばれる。これについてはこの章のあとでふれる。

筋力の様態

筋力とは、筋肉が力（フォース）を出す能力のことである。筋肉がどれだけ強いかを考えることは、筋肉がどれだけ力を出せるかを考えることになる。より強い指は、ホールドで体を支えるための、より大きな力が出せる。より強い腕は、体を引きつけたり引き上げたりするのにより大きな力を生み出せる。

しかし現実のクライミングでは、単にどれだけ力が出せるのか（**最大筋力がどれくらいか**）が問題なのではなく、どのように筋力を使うかが問題となる。

短い核心部ではわずかな間にどんな力を出せばいいだろうか？　連続したムーブをうまくこなすにはどんな力が必要だろうか？　ピッチ全体にわたってムーブを続けていくにはどんな力が必要だろうか？

パワー、パワーエンデュランス、ローカ

グレード	ルート	場所	長さ	「仕事」の内容	主な筋力のタイプ
5.14a	スローイン・ザ・フーリハン	ワイルド・アイリス、ワイオミング	40ft(12m)	最初の5ムーヴが5.13d	パワー
5.14a	デッド・ソウルズ	アメリカン・フォーク、ユタ	45ft(14m)	5.12+のムーヴが連続15	パワー・エンデュランス
5.14a	トゥ・ボトル・オア・ノット・トゥ・ビー	スミス・ロック、オレゴン	150ft(46m)	5.12-の核心が150ft続く	ローカル・エンデュランス
5.12d	サイコ・ルーフ	エルドラド・キャニオン、コロラド	13ft(4m)	核心部は3ムーヴの12d	パワー
5.12d	ニュー・ホライズンズ	バトン・貯水池、コロラド	45ft(14m)	核心部は10ムーヴの12c	パワー・エンデュランス
5.12d	ラクティック・アシッド・バス	ニューリバー・ゴージ、ウェスト・バージニア	70ft(23m)	5.11が続く	ローカル・エンデュランス
5.12a	N.E.D.	エルドラド・キャニオン、コロラド	25ft(8m)	核心部は4ムーヴの12a	パワー
5.12a	リーヴ・イット・トゥ・ビーヴァー	ジョシュア・トゥリー、カリフォルニア	60ft(18m)	核心部は8ムーヴの11c	パワー・エンデュランス
5.12a	コイ・クラック	インディアン・クリーク、ユタ	70ft(21m)	5.10のムーヴが70ft続く	ローカル・エンデュランス

ルートによって要求される筋力のタイプの違い

ルエンデュランスという用語がこれらのクライミングに必要な筋力の役割を表わしている。クライミングで要求される筋力の種類を理解し、それらを効果的に発達させるために、この3つのタイプを把握する必要がある。

実際にその筋力を使う場面を具体的に考えてみよう。上の表を見ると、同じグレードのルートでも肉体的に要求されるものがまったく異なるため、総合的な難度は核心のムーヴの難度からは独立している。

あるルートがクライマーの肉体的な限界となるにはいくつかのタイプがある。パワーは私たちが筋力を消費する割合で表わせる。パワフルなルートでは短い時間に多くの筋力を発揮し、ダイナミックなムーブを行なうためのスピードを生み出すことが必要とされる。このようなクライミングはわずか一、二手のムーブに最大限の筋力を必要とする。

これに対して、平地で長距離を走るランニングや登山は非パワフルな活動である。急激な筋力の発揮を要求される動きは一つもないからである。もしルートのハードな部分がストレニュアスなムーブの8～20手ぐらいの連続で、しかしまだクライマーの肉体的な限界ではないなら、一つ一つのムーブは先のパワフルなルートよりもやさしいに違いない。このタイプのルートはパワーエン

最大筋力に対する割合		
25%　　　　　　　　　　　　50%　　　　　　　　　　　　80%　　　　　　　　100%		
筋力のタイプ		
ローカル・エンデュランス	パワー・エンデュランス	パワー
使用される形態		
おだやかな筋力の長時間の使用	高い筋力の反復使用	最大筋力の短い使用
クライミングのタイプ		
そのグレードにあったやさしいムーブが連続する長いピッチ	短いルートか、多くのムーブが連続する核心部	ハードなボルダー・プロブレムかルート中の短い核心部

筋力のタイプの各々の内容

パワフルなルートでは最大筋力の爆発的な発揮が必要だ

パワーエンデュランスは、パワフルに感じるムーブのくり返しに必要とされる

デュランス、つまりある程度パワフルな筋出力を維持する筋肉の能力を必要とする。

　もし個々のムーブにハードなものは一つもなく、しかしそのルート中のすべてのムーブの連続でパンプするなら、それは筋肉内のローカルエンデュランスが使われている。ローカルエンデュランスは、筋力の低いおだやかなレベルで継続的な運動を行なうための特殊な能力である（身体の心肺循環機能の能力を表わす全身持久力は、第11章と第12章でふれる）。

　P103の下の表は、3つのタイプの筋力が最大筋力とどのような関係にあるのかを示

エンデュランスなルートでは、ハードに感じるムーブは一つもない。ムーブを継続することが問題となる

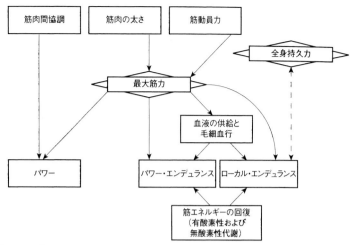

パワー、パワーエンデュランス、
ローカルエンデュランスに影響を与える諸要因

している。

　私たちは、筋肉内のエネルギー産生やその他の状態の違いによって、筋力をこの3つのタイプに分けた。上の図はこれから論じる問題の関連をまとめたもので、それぞれの問題の図式的な見出しになっている。

最大筋力

　上の図を見ると、最大筋力が中心的位置にあるのがわかるだろう。最大筋力はパワー、パワーエンデュランス、ローカルエンデュランスに直接影響を及ぼすので、最大筋力を決定する主要因を知ることが重要になる。

● 筋肉の太さ

　筋肉は、個々の筋線維とその間にある脂肪からできている。その他の性質が同じなら、筋肉が太いほど力は強い。

　しかしながら他の要因が筋力に影響す

るため、筋肉の太さとクライミングの能力とは必ずしも一致はしない。鍛えられた筋肉は、鍛えられていない筋肉よりも多くのエネルギー（エネルギーリン酸とグリコーゲン）と、このエネルギーを使うための酵素を蓄えられる。また、見かけは同じ大きさの筋肉でも、筋線維を動員する能力が根本的に違っていることがある。

　筋肉が大きくなると、その重量は筋力よりも早く増える。仮に筋肉の重量を2倍にしても、筋力は60％しか増加しないのである。大きな筋肉は小さな筋肉よりも体重比筋力が低く、やたらと筋肉の大きい人は、小柄な人や筋肉の小さな人よりも登れなかったりする。

　クライミングにおける筋力の行使はすべて体重に対して相対的である。そのため純粋な意味での筋力も、体重比での相対的な筋力ほどの重要性はない。一般的に小柄で軽い人は、リーチがないかわりに相対的筋力は高い。

● 最大筋動員

個々の筋線維の様態は収縮か弛緩のどちらかなので、筋肉は収縮の力を**筋線維の数**、すなわち「筋動員」を変えることで調整する。したがって筋動員は収縮に必要な筋線維のパーセンテージを表わしている。

ここで問題となるのは、通常はすべての筋線維を一度に動員することはほとんどない、ということだ。最大筋動員は人によってさまざまに異なる。ある人は最大筋動員が低く、筋肉の筋線維を60％しか収縮できない。一方、最大筋動員の高い人が最大筋力を出せば、ほとんどすべての筋線維を動員できる。

これが、同じ大きさの筋肉を持つ二人の最大筋力がまったく異なる理由であり、トップクライマーの多くが比較的細身であるにもかかわらず力が強いことの理由である。筋動員が低いと、その人が潜在的に持つ力と現実の最大筋力との間に差が生じるのだ。

このように筋動員は筋肉が生み出すパワーを決定するので、クライミングにおいて非常に重要な問題である。（体重に見合った）適度な大きさの筋肉を持ち、高い筋動員を備えているのが理想的なクライマーといえるだろう。幸い、筋動員はトレーニング可能だ。

しかし、高い筋動員にはマイナスの一面もある。より多くの筋線維を動員できるということは、個々のムーブをよりパワフルにこなせることを意味するが、同時にそれは筋動員の低い人に比べて筋エネルギーを早く消費して（そして使い切って）しまう要因にもなるのだ。

あるルートに要求される筋力のみを使い、それ以上は使わないようにするには経験と訓練が必要だ。テクニックのないクライマーや、心理的な安定感に欠けたクライマーが、核心を抜けるために必要な最低限のエネルギーのみを使おうとしても、最大筋動員が高いとかえって足かせになりうるのだ。

筋動員向上のためのトレーニングについては10章の「筋力トレーニング」で扱う。この章では、クライミングに特殊な筋力であるパワー、パワーエンデュランス、ローカルエンデュランスに対して、最大筋力がほかの要因とどのように結びついて影響を与える

筋線維はつねに互角の力で戦う

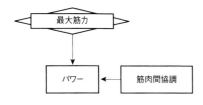

```
┌─────────────────┐
│     最大筋力     │
└─────────────────┘
         │
         ↓
┌──────────┐     ┌──────────────┐
│  パワー  │◀────│  筋肉間協調   │
└──────────┘     └──────────────┘
```

かをみていこう。

● 筋肉間協調はパワーにどう影響するか

インターマスキュラー コーディネーション

クライミングにおいて、パワーは一つか二つの筋肉だけから生み出されるのではない。パワフルなムーブでは、多くの筋肉が同時に働くための協調的な同時性とタイミングが必要とされる。

クライマーの体がホールドを引きつけながら通り過ぎるとき、そのホールドに力をかけ続けるためにはさまざまな筋肉を使わなければならない。もし**筋肉間のバランスがとれていないと、なめらかなムーブはできないだろう**。筋肉から生み出された力がバランスをとりながら配分されることで動作が可能になるので、使われる筋肉群のうち最も弱い筋肉が、岩の上での力の発揮を阻害することになる。

筋肉間協調は、このバランスを表わす用語である。これは一つの筋肉が持つ性質のものではないので、この章で扱うほかの筋肉の性質とは異なるものである。

マックスは以前、筋力アップのために8カ月間ウエイトトレーニングに専念したことがある。彼が鍛えた筋肉は充分に強さを増し、特に上腕二頭筋、三頭筋、広背筋はかつてないほどにたくましくなり、見違えるほどよくなった。しかし、クライミングに戻るとうずくような筋肉痛が起こり、手首や肩の筋肉がつってしまった。なにが悪かったの

だろうか？

私たちの関節は、それを動かす原動力となる大きな筋肉から生み出された力を調節し操作する、無数の小さな筋肉に取り囲まれている。これらの小さな筋肉自体に筋力はなく、大きさもほかの筋肉より見劣りするが、すべての運動のコントロールにおいて重要な役割を果たしている。運動を行なうためには、これらの補助的な筋肉群の力が、ともに働く大きな主動筋と釣り合っていなければならないのである。

マックスのウエイトトレーニングは大きな主動筋を個別に鍛え、その力を増加させたものの、可動域が限定されていたせいで、クライミングにおいて積極的に使われる補助筋群を発達させられなかった。彼が岩場に戻ったとき、そこでの姿勢と動作がトレーニングとは違っていたため、鍛えられていない補助筋群が主動筋を補助することになり、それらがまったく働きをなさなかった、というわけである。

クライミングに特殊な筋肉間協調が重要であるという事実は、超ハードなルートがなぜ、特殊なトレーニングを必要とするのかを説明してくれる。現在、ハッブル、アクションディレクト、ジャスト・ドゥ・イットの3つの8c+は、そこで要求される特殊なムーブの正確なシミュレーショントレーニングを行なうことで初めて登られたのだ。

● 最大筋力はパワーにどう影響するか

あるホールドを引きつけたりぶら下がったりするには、大きな力を発揮しなくてはならない。もし最大筋力が低いと、パワフルなムーブやシークエンスをこなせない。また、最大筋力が不足していると、さらに複雑なかたちでパワーに影響を与える。

最大筋力がクライミングのパワーに影響を与える一つの方法が、**接触筋力**によってである。接触筋力は、ホールドとの接点に高い力を出す能力である。これは、筋肉の収縮が始まってから最大筋力に達するまでにどれくらいかかるかで計測される。ダイナミックなムーブで甘いホールドをとる際によく接触筋力が必要とされる。指がこうした筋力をすぐに発揮できないと落ちやすいだろう。

接触筋力の弱いクライマーは、力を入れ始めて最大筋力に達するまで2秒かそれ以上かかってしまう。一方、接触筋力の強い人なら何分の1秒かで最大筋力を生み出

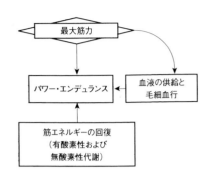

すことができる。この差は筋肉の最大筋動員の能力の違いによるものだ。クライマーが筋肉の動員力を高めたい最大の理由は、接触筋力と最大筋力の両方を高めたいからである。

パワーエンデュランス

●筋エネルギーの回復

アデノシン三リン酸（ATP）と他のリン酸は、筋肉の収縮に使われるエネルギー化合物である。これらは蓄えておくのが難しいため、筋肉中には5秒間ほど筋肉を収縮させる分しか含まれていない。したがって筋肉の収縮を持続するには、ATPを補充する代謝過程（エネルギー回復）に頼ることになる。

筋肉がATPを消費している間、ATPはおもに蓄積されたグリコーゲンから作られる。筋肉は、これを酸素の有無によって、つまり**有酸素的**に、もしくは**無酸素的**に行なう。有酸素性代謝は、蓄積された筋肉中の糖（グリコーゲン）を効率的に燃やし、できるだけ多くのATPを作り出そうとする。しかし、これは酸素を必要とするので血液の安定した供給を必要とする——したがってクライミング中いつでも利用できるわけではない。

アジンコートで接触筋力の高さを示す
フランソワ・ドレフュス

パワフルなムーブで登っているときは酸素を運ぶ血流が妨げられており（その理由は後述）、そのうえ筋肉には有酸素性代謝で作り出す以上のATPが必要になってくる。このような場合に、細胞はATPを無酸素的に作る手段をとるのである。無酸素性代謝は効率的ではないが、酸素なしでATPを回復する機構としてはマシなものである。

無酸素性代謝ではグリコーゲンが不完全に燃えるので、代謝反応の最終産物として乳酸が残る。化学の原理では、いかなる化学反応においても最終産物が蓄積されるとその反応の効率は低下していく。つまり、灰を取り除かなければ炎は弱まってしまうということである。同様に、乳酸の蓄積はATPの回復を遅らせてしまう。

有酸素性代謝はグリコーゲンを完全燃焼させ、少ない老廃物でより多くのATPを生み出せるので、通常、体は無酸素性代謝よりも有酸素性代謝を行なっている。それにもかかわらず、なぜ筋肉は乳酸を生み出す無酸素性代謝を使いたがるのだろうか？　それは筋肉が最もATPを必要としているときは、たいていの場合、血液の供給が制限されているため、この方法をとることを余儀なくされるからである。

● 血液の供給を阻害するもの

筋肉が収縮すると、筋線維が縮んで膨らむことで血液を供給している毛細血管が締めつけられる。収縮が強くなっていくと、最終的には毛細血管を完全に閉ざすまで締めてしまうのである。したがって筋線維が利用できる血液の総量は、ちょうど筋肉がどれだけ収縮したかによって違ってくる。

やさしいクライミングでは筋肉への負荷は最大筋力の20％以下なので、毛細血管は全開していて血流が阻害されることはない。酸素と栄養を含んだ新鮮な血液が速やかに筋肉中の細胞まで運ばれる。有酸素性代謝が中心なので、グリコーゲンは完全燃焼され乳酸が蓄積することはない。こ

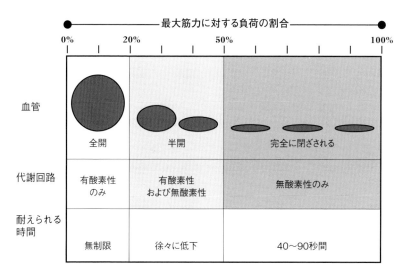

血流と代謝回路に対する筋肉の負荷の影響

のような場合、**パンプは起きない**といえる。

クライミングがもう少し難しくなり、筋肉への負荷が20％から50％の間に増してくると、筋線維の収縮は毛細血管を部分的に閉ざしてしまう。こうなると血液の流れは遅くなり、酸素の供給は制限され、有酸素性代謝が低下してくる。筋肉のエネルギー需要に合わせるため、ある程度のATPが無酸素的に産生されねばならず、乳酸が副産物として伴うことになる。このタイプのクライミングは、クライマーがパンプと呼ぶ筋肉の疲労感を生み出す。

さらに最大筋力の50％以上が要求されるクライミングのパワフルなセクションになると、筋肉の収縮は毛細血管を完全に閉ざしてしまう。P109の表は負荷の違いによる毛細血管の太さの変化を示している。

血流がすべて閉ざされると、筋肉はATPを無酸素的にしか回復できない。乳酸が蓄積し、筋肉がすぐに疲労するのは、血液が乳酸を取り除くこともエネルギーを補給することもできないからである。筋肉が弛緩するか、負荷が最大筋力の50％以下に落ちるまで血液は筋肉へ入れず、出ていくこともできない。この状態が続くと、乳酸は40～90秒で筋エネルギーの回復を停止させるまで膨れ上がり、筋肉は使えなくなってしまう。このような強度でクライマーがホールドにぶら下がっていると、指が意思に反して開くまで前腕は乳酸でいっぱいになってしまう。

しかし、ふつうは同じホールドにずっとぶら下がっていることはない。前腕の筋肉はホールドをつかんで静的に収縮しているか、次のホールドをとる間に伸びて弛緩しているか、どちらかの「断続的静止」状態で動いている。パワフルなルートではすべてのホールドで毛細血管が閉ざされるので、乳酸を取り除き、エネルギーを回復できる唯一のチャンスは、手が次のホールドをとるまでのわずかな間しかない。そのため、このわずかな瞬間を最大限に生かすために、次のホールドをとるまでの間に、心理的肉体的緊張によって筋肉がリラックスできない状態に陥らないようにすることが重要である（第7章の漸増的リラクゼーションを参照）。

● 最大筋力はパワーエンデュランスにどう影響するか

エネルギー回復に対する血流の果たす役割は、持久力に対して最大筋力がどのような影響を与えるかを解明してくれる。次の表はその理由を表わしている。ここに2cm幅のエッジがあり、そこでマックスが指で最大96ポンド［約44kg］の力を出せるのに対して、ジュリアは50ポンド［約23kg］しか出せないとしよう。そしてすべてのホールドがこの大きさで、ジュリアやマックスと同じくらいの体重の人が23ポンド［約10kg］の指の力を必要とするルートについて考えてみよう。これはジュリアの最大筋力の46％にあたる。この負荷が続くと彼女の毛細血管はほとんどが閉ざされてしまい、彼女の前腕には膨大な量の乳酸がどんどん蓄積してしまう。

しかし、マックスにとってはこのレベルの力は、彼の最大筋力の23％にすぎない。彼は筋力のごく一部を無酸素的に（乳酸を伴って）生み出すかもしれないが、彼の毛細血管はほとんどフルに開いており、そのため乳酸を取り除くことに問題はない。このレベルならほとんど無制限に登り続けられる。つまり、マックスにとって快適なローカルエンデュランス・ルート（最大筋力に対して低いレベルで有酸素的にエネルギー回復が

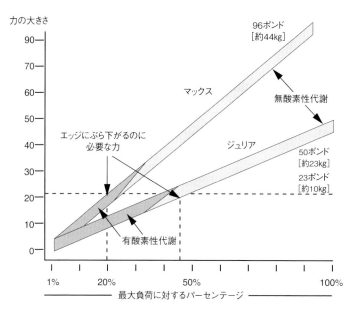

力の大きさ

96ポンド
[約44kg]

マックス

無酸素性代謝

エッジにぶら下がるのに
必要な力

ジュリア

50ポンド
[約23kg]

23ポンド
[約10kg]

有酸素性代謝

1%　　　20%　　　50%　　　　　　100%

最大負荷に対するパーセンテージ

パワーエンデュランスに対する最大筋力の影響

でき、パンプしない）も、ジュリアにとっては
ストレニュアスなパワーエンデュランス・ルー
ト（パワフルなムーブが要求されるので、エ
ネルギーを無酸素的に回復しなければなら
ず、パンプしてしまう）になるのである。

　このルートは、どちらのクライマーにとって
も最大筋力以下のレベルであることに注意
しよう。このレベルの筋力であっても毛細
血管の血流に影響があるので、パワーエン
デュランスとローカルエンデュランスにも影
響するのである。これはまた、筋肉から筋
肉へ血液を運搬するための毛細血管ネット
ワークがよく発達していることが重要である
と示している。

● 前腕がパンプする仕組み

　運動中の筋肉内でエネルギーが回復す
る仕組みがわかれば、パワーエンデュラン
スを使う運動でなぜ前腕がパンプするのか

が理解できる。筋肉の運動中、ATPは筋
線維の収縮にではなく、収縮した筋線維
が弛緩した状態に戻るために使われる。一
度弛緩すると筋肉は次の収縮に備えて「リ
セット」され、それ以上のATPは必要がな
くなる。それで準備完了というわけである。
リセットされた筋肉は弾丸を込められた銃
のようなもので、あとは引き金を引くだけ
だ。各筋線維は**次の収縮のためにATPを
必要とするが、そのエネルギーの放出は
ただ神経の合図だけでいいのである**。これ
が、死体が死後硬直を起こす理由である。
ATPの回復が停止されるために筋肉が弛
緩できなくなり、ずっと収縮したままになる
わけである。

　パワーエンデュランス的な運動では、
ATPが不足すると筋線維が収縮したままに
なってしまう。すると筋肉に死後硬直と似た
ような硬直が起こる。これがどのように起こ

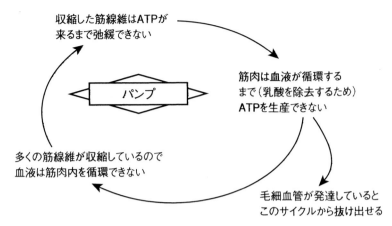

収縮した筋線維はATPが
来るまで弛緩できない

パンプ

筋肉は血液が循環する
まで（乳酸を除去するため）
ATPを生産できない

多くの筋線維が収縮しているので
血液は筋肉内を循環できない

毛細血管が発達していると
このサイクルから抜け出せる

パンプを引き起こすサイクル

るのか順を追ってみてみよう。

　負荷が高いと毛細血管は閉ざされるが、クライマーは前進を続ける。そのままATPを消費し続けると、乳酸がエネルギー回復を阻害しはじめる。そこから悪循環にはまり込む。収縮した多くの筋線維はATPが回らずに弛緩できなくなる。一方、ATPは血液が（乳酸を除去するために）循環するまで産生できない。そして、多くの筋線維が収縮したままなので、血液は筋肉内に流れ込むことができない、というわけである。

　この悪循環のサイクルによって、ビギナーが一度パンプすると回復が非常に難しい理由がわかる。彼らの毛細血管ネットワー

クが未発達なため、硬直化した筋肉内へ血液を充分に送り込めないのである。トレーニングを積んだクライマーは毛細血管ネットワークが発達していて、このサイクルからすぐに抜け出すことができる。以下、もう少し毛細血管の働きについてみておこう。

ローカルエンデュランス

　ローカルエンデュランス［局所持久力］を、心肺循環機能に支えられた全身持久力と混同しないように。全身持久力についてはあとの章でみることにする。

　ローカルエンデュランスとは、一定のおだやかな運動レベルで、長時間クライミングを続けられる筋肉の能力のことである。ローカルエンデュランスは持続的に筋肉を使うので、本質的にエネルギーの問題でもある。筋肉が収縮のために消費したエネルギーを産生し続ける限り、運動を続けられることになるからだ。

　エンデュランスなクライミングでは個々のムーブはやさしいので、筋肉への負荷はパワーエンデュランスなクライミングよりも低くなる。そのように強度が低いため、運動

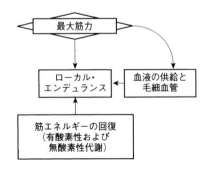

最大筋力

ローカル・
エンデュランス

血液の供給と
毛細血管

筋エネルギーの回復
（有酸素性および
無酸素性代謝）

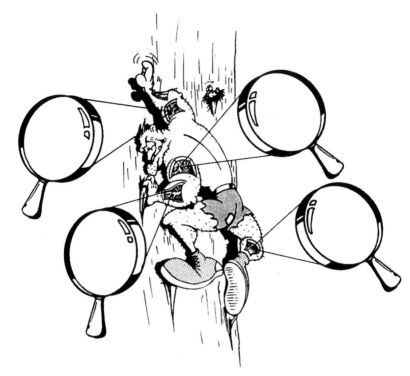

ブルーノの自由なほうの手は、次のホールドに届くまで、一時的であるがリラックスできる。その腕の中の血管は全開しているので、血液が筋肉に酸素を運び、前のホールドで耐えていた間に蓄積された乳酸を取り除いてくれる。ただ、常に酸素の供給があったわけではないので、前腕のエネルギー回復の大半は無酸素的に行なわれている。一方、ロックオフで使っている前腕の筋肉は最大筋力の40％を出している。この筋肉中の毛細血管は圧迫されているが、すべてが閉ざされているわけではない。血液の供給が限られているため、すべてのエネルギーを有酸素的に生み出すことはできない。ある程度、無酸素的に生み出されているので、徐々にパンプしてきている。小さなエッジをつかむと、ブルーノの前腕は最大筋力の80％で収縮する。この筋肉内の毛細血管は完全に閉ざされるため、エネルギーは無酸素的に生み出され、乳酸が蓄積し、ブルーノの前腕は「パンプ」を感じる。ブルーノのふくらはぎは最大筋力の20％を出している。このエネルギーのすべては有酸素的に生み出せる。したがって疲れたり、パンプを感じたりすることはない。

中の筋肉内の状態はこれまでとは違い、パワーエンデュランスなクライミングで起きるような問題は生じない。特にエンデュランスなクライミングの負荷レベルでは、筋肉内へ充分に血液が行く。そのため筋肉内のATPの大部分を有酸素的に生み出せるのである。

　したがってローカルエンデュランス能力は次の3つの要因に負う。毛細血管を閉ざす最大筋力の影響（これはすでにみた）、

毛細血管の役割、有酸素的なエネルギー回復回路の効率である。1番目の影響についてはすでに解説したので、2番目と3番目についてみていこう。

● 毛細血管

　毛細血管は、筋肉の活動を支える生体の「補給線」である。活動中の筋肉の必要に応じて毛細血管が血液を供給できれば、パンプすることなく筋肉を使い続けることが

でき、つねにフレッシュでいられる。しかし毛細血管の運搬能力以上の血液が必要なとき、あるいは強力な収縮によって血管が締め上げられたときは、筋肉は酸素が不足して疲れてしまう。

　筋肉が活動していないときは、この柔軟性のある血液運搬の通路は狭いままで、その多くは閉ざされている。筋肉が活動すると、エネルギー回復に充分な血液を運ぶために毛細血管は伸び広がる。

　ローカルエンデュランス的な運動に伴って血流量が増え血圧も上がってくると、毛細血管はその運動に応じて広がり、数も増える。筋肉内に張り巡らされる新たな血液供給ネットワークは、なんと総長数マイルにも及ぶ。新たに開かれた濃密な毛細血管ネットワークは、鍛えられていない筋肉内の未発達の毛細血管よりも、速やかに酸素を運んで乳酸を取り除くことができ、筋肉が消費したエネルギーをより早く回復させる。したがって、よりハードなルートをパンプすることなく登れるようになり、たとえパンプしても、より早く回復できるのである。

　ただ、身体組織としての毛細血管の状態は不変というわけではない。筋肉が使われなければ毛細血管は退化し、消滅していく。

● 有酸素性代謝

　効果的なトレーニングによって、有酸素的なATP回復の効率を高めることができる。トレーニングで有酸素的なエネルギー回復が最大限に要求されると、筋肉の細胞内に新しい小器官が作られてより多くのエネルギーが蓄えられるようになり、グリコーゲンを素早くATPに変換する生化学的な反応も変化する。

　筋肉内の有酸素性システムのトレーニン

グ法と毛細血管を発達させる方法については、次の「筋力トレーニング」の章でみていこう。

● トレードオフ

　どんな種類のトレーニングであっても、それが直接的に働きかける能力だけでなく、それ以外の能力にも影響することを覚えておきたい。体はトレーニングに対し全体的（ホリスティック）に反応するのだ。

　この原則でいうと、今みてきたエンデュランスを高めるトレーニングも、その波及効果として最大筋力を低下させてしまう。つまり、多くの筋線維を動員する能力を失うことにより、最大筋力とパワーが低下することを意味する。

　しかし、身体の観点からみると、この変化にもそれなりの意味がある。エンデュランストレーニングによって、体は長い時間のクライミングに適応するように「命じられる」。そのような適応を実現するのに最適な方法が、筋動員を低下させることなのである。最大筋力を制限するために筋動員を低下させることは、車のアクセルの下にドアストッパーを置くようなものだ。赤信号が変わってすぐに飛び出すことはできなくなるが、ガソリンは節約できるのである。

　両方とも最高ならば、思う存分アクセルを踏むときは踏み、エネルギーを温存するときはしっかりと守ることができる。できれば**最大筋力と高いエンデュランスの両方を獲得**したいものだ。そのためには非効率的なクライミングで余計な力を浪費しないようにする技術を身につけ、訓練を行なう必要がある。さらに最大筋力とエンデュランスの両方を最大化することは、トレーニングに独自のピリオダイゼーション［期分け］を行

なってのみ可能である（第15章を参照）。

筋力に影響する
その他の要因

心理状態

　心理の章でみたように、筋力は覚醒水準に左右される。覚醒水準が高いと、リラックスしたときのようにうまくは登れない。しかし高い覚醒水準はコーディネーションを低下させる代わりに、筋力を増強させる。

予備能力

　人間の最大筋力のうち、最後の5～10％は簡単には使えないようになっている。このような「予備能力」は危機的な事態が起こって、極度の心理的緊張状態になったときにだけ使うことができる。交通事故などで、下敷きになった子どもを助けるために母親が車を持ち上げようとして、この力を使うことがある。

　私たちは日常ではこの予備能力を使えないようになっているが、それはこの力まで使うと肉体を限界まで押しやり、ときには限界を超えて身体に悪影響をもたらしてしまうからである。トップクライマーともなると、体を真の肉体的限界近くで使うことがあるので、そんなパフォーマンスのあとで彼らは虚脱状態に陥ったりする。

　この予備能力を引き出そうとするなら、めざす大会などを、選手にとって予備能力の利用に見合った心理的に巨大なものにする必要がある。しかしそれも、クライミングに関わるほかの能力も同時に最大化しないと、最高のパフォーマンスが実現できるとは限らないのである。

故障とミクロトラウマ

　筋肉の故障箇所やミクロトラウマ［微細損傷］が積み重なったところは弱っていて、もろくなっている。それらは最大限の筋収縮が行なわれるなら、さらにダメージを受けやすいところである。その結果、ダメージを受けた筋肉は筋動員が低下し、最大筋力も限られたものになってしまう。これはオーバートレーニングと故障が筋力を低下させる理由の一つである。

第10章

筋力トレーニング

人はそれぞれ、生来の異なった筋力の特性を持っている。たとえばマックスは生まれつき筋動員が高く、パートナーたちには爆発的なパワーの持ち主として知られている。ジュリアは持久力系のクライマーで、ハードなムーブには弱いがロングピッチでは強い。

こうした個人の特性の違いが、筋力トレーニングの原則について学ぶ際の優先性と、トレーニングという特殊な運動を覚えるのとは違う岩場で、それらの原則をどのように適応すればよいかの方法を明確にしてくれる。事前の知識と理解があれば、その人特有の必要性に焦点をあてた効果的なトレーニングプログラムを作ることができる。以下、前の章でみてきたさまざまな種類の筋力をどのように身につけていくかをみていこう。

筋力トレーニングで使う言葉を理解するために、覚えなければならない用語がいくつかある。それらはウエイトトレーニングで用いられており、クライミングでも同じように使っていきたい。

全身持久力中心のおだやかな運動とは違って、筋力トレーニングには特定の筋肉を疲労させることを目的とした激しい運動と休憩時間が必要である。**セット**とはそのような一連の活動の一つである。セットを区切る休憩の長さは、トレーニングのタイプで決まる。

セットはふつう、セットの間にくり返されるいくつかの動作からなる。これらの各動作は**反復**（あるいはレップ）と呼ばれる。懸垂を7回の反復で3セット行なうクライマーは、トータルで21回の懸垂をすることになる。

回復時間とは、鍛えている筋肉がトレーニングのストレスから回復し、次のトレーニングができるようになるのにどのくらいかかるかをいう。適切な回復時間は、トレーニングの性質や強度によって異なる。

負荷は、筋肉の収縮に抵抗してかかる重さのことである。これはよく最大筋力に対するパーセンテージで表わされる。たとえばジュリアは腰に最大30ポンド［約14kg］のウエイトをつけて懸垂ができる。だから彼女の最大筋力は30ポンド＋彼女の体重、つまり160ポンド［約73kg］となる。ウエイトなしで懸垂すると、負荷つまり体重はおよそ128ポンド［約58kg］だから、これは彼女の最大筋力の81％ということになる。

局面の長さとは、本書で使う意味では、特定のトレーニングに集中するのに適切な期間をいい、週単位で表わす。この期間が短すぎると充分には発達しないだろうし、長すぎると上達の過程でプラトーとなることもある。

筋肉間協調

筋肉間協調は、協同して働く筋肉群の能力と、その発達のバランスを表わす。これから説明するトレーニングのどのタイプも、この協調を向上させるか低下させるかのどちらかである。

クライミングに要求されるバランスのとれた筋力をつけるために、トレーニングは可能な限りクライミングの動作に近いものでなければならない。身体の肉体的適応はトレー

ニング動作のスピード、姿勢、力を入れる角度に特異的［用語解説を参照］になる。そのためクライミングには、クライミング自体が最適な筋肉間協調トレーニングである。

となると、クライミングが筋力を鍛える唯一の方法ということになるのだろうか？　必ずしもそうではない。これからみるように、他の形態のトレーニングで特定の筋力を速やかに向上させることができる。ただ、他の形態のトレーニングによって高められた筋力を、岩場で実際に使えるようにバランスよく配分するためにはクライミングが最適である、ということは覚えておいてほしい。だからできるなら、必要とする種類の筋力に着目したクライミング動作を用いるトレーニング方法が最も効果を上げるだろう。

最大筋力

前の筋力の章で、最大筋力の中心的重要性とクライミングに関わる筋力であるパワー、パワーエンデュランス、ローカルエンデュランスに対する最大筋力の影響についてみた。最大筋力は筋肉の太さと最大筋動員に左右されるので、最大筋力を増加させる方法はこの2つに焦点をあてたものになる。

筋肉を太くする：筋肥大化トレーニング

筋肥大化トレーニングは、ATP（筋収縮に関わる生化学的物質［アデノシン三リン酸］）を回復させるエネルギー化合物の貯蔵量を一時的に消耗させることによって、筋肉の太さを増大させようとするものである。筋肥大化トレーニングは中程度の負荷で筋

肉を疲労の頂点にもっていき、エネルギー貯蔵量の完全な回復が起こらないように休息を短くして行なう。

●クライミングによる筋肥大化トレーニング

クライミングでも、筋肉が疲労の頂点まで使われたときは筋肥大化が起こる。しかし、クライミングでは筋量の急激な増加は起こりにくい。ルート上の各ムーブではさまざまな筋肉が連動して使われるため、個々の筋肉は疲労の頂点に押し上げられることがないからである。

連続するムーブがまったく同じであることはほとんどなく、疲労は一つの筋肉群から次の筋肉群へ移動するので、疲労寸前の筋肉群も部分的に回復できる。必要とされる筋肉すべてが同時に疲労することはあまりなく、クライマーはたいていわずかな筋肉が疲れただけで落ちてしまう。また、クライミングはコーディネーションを必要とするので、筋肉の疲労がコーディネーションを低下させたときにも落ちてしまう。

結果としてクライマーはどの筋肉群の疲労であっても、筋肥大化に必要な疲労レベルに達する前にクライミングの「セット」をやめてしまうのである。

クライミングによる筋肥大化トレーニングの効果を最大限に高めるために、同じようなホールドやムーブがくり返されるルートを見つけよう。また10〜25秒間ぐらいで筋疲労に達するようなムーブのシークエンスを見つけよう（ほかの部分のムーブに変化があるときは、この時間を延ばさなければならない）。もし似たようなルートをいくつか見つけられたなら、次の「セット」に少しやさしいルートをやれば、疲労した状態でコンスタントにセットを続けられる。

筋肥大化トレーニング表			
	初心者	中級者	上級者
負荷	40-60%	60-80%	80-85%
反復回数	8-12回	6-10回	5-6回
時間	15秒	10秒	6秒
セット数	4-6	6-8	6-10
セット間の休憩時間	4分	3-4分	2-3分
感じ	最後の2回はきつい		
回復時間	48-60時間		
局面の長さ	4-8週間		

望ましい回数で疲労するように負荷を調節しよう

●フィンガーボードでの筋肥大化トレーニング

　フィンガーボードで筋肥大化トレーニングを行なうには、上記の筋肥大化トレーニング表に従ってセットと負荷を計画しよう。試行錯誤して、ハーネスからウエイトをぶら下げたり、エラスティックバンドに立って体重を抜いたりして、ホールドにぶら下がる際の総重量を調節しよう。ガイドラインに示された時間、セットが続けられる重さを見つけるようにする。

　あるいは使おうとしているホールドで初めに最大筋力の値がわかれば、すぐに負荷を決めることができる。最低2秒間はホールドにぶら下がることができる重さ（体重＋余分のウエイトか、エラスティックバンドかなにかで体重を抜いて）が最大筋力となる。最大筋力に対するパーセンテージが決まれば、余分なウエイトを加えたり、エラスティックバンドで抜いたりして負荷をかけることができる。

　筋肉を充分に疲労させるために、セット中は同じホールドを使うようにしよう。たとえば、つかんでいるホールドは変えずに、セットごとに左右両手の間で、ウエイトをぶら下げる位置を前や後ろに変えるようにする。あるいはセットの間、一つのホールドに

両手でぶら下がるか、二つの同じホールドで静かにぶら下がる。

フィンガーボードでの筋肥大化トレーニングは、特定の筋肉群（指と前腕）だけが鍛えられるので、特に考慮しておくべきことがいくつかある。それは前腕の筋肉は小さく、どんなタイプのクライミングでも必要とされるので、この筋肉はオーバートレーニングになりやすいということである。

ほかの結合組織が適応する前に筋肉だけが増加すると、手根管症候群［使いすぎなどで手首の神経が圧迫されて痛み・痺れを起こし、機能低下を招く障害］のような故障が起きやすい。さらに一般的なものとして、前腕の筋肉がストレスを受け、それから回復する時間が足りないというような、おだやかなレベルのオーバートレーニングがある。これは上達を遅らせるばかりでなく、それ以上筋肉が発達できなくなるような組織の破壊を起こしてしまう。そのためフィンガーボードでの筋肥大化トレーニングは、難しいクライミングをしていない時期にのみ適切である。

指に負荷が集中するため、フィンガーボードは上腕や背筋には効果がない。もしフィンガーボードで懸垂しても、上腕と前腕が両方同時に疲労することはほとんどないだろう。

●クライミング以外の筋肥大化トレーニング
ウエイトトレーニングは、いくつかの筋肉だけを個別に疲労させるので、最も早く筋肥大化を起こすことができる。また、ウエイトトレーニングはコーディネーションをほとんど必要としないので、クライミング以上に筋肉を限界近くまで疲労させることができる。

ただ、ウエイトトレーニングがわずかなコーディネーションしか必要としないことには一長一短がある。筋量は急速に増加す

るが、それと同時にテクニックや筋肉間協調を発達させることはできない。筋肥大化ウエイトトレーニングは、クライミングに特殊なトレーニングにおけるプログラムの一局面として用いられたときだけ、クライマーのトレーニングとして有効である。他のトレーニング局面との組み合わせ方については、「スケジューリングとピリオダイゼーション」の章でくわしく述べることにしよう。

ウエイトトレーニングの具体的なエクササイズについて知りたいなら、ボディビルの本に筋肉増強を目的としたさまざまなエクササイズがくわしく書かれているので、そちらを見てほしい。今までみてきたトレーニングの計画に従ってそれらのエクササイズを用いれば、目的とする筋力を身につけることができるだろう。

●マシーンかフリーウエイトか
筋力の増強はトレーニングで行なう動作に特異的なものとなるので、クライミングでの姿勢や動作に合致するようなトレーニング手段やエクササイズを選ぶことが重要である。この理由から、たいていの場合マシーンよりもフリーウエイト［バーベル、ダンベル等］のほうが望ましい。マシーンは運動の次元

を一面的に固定するので、トレーニングで行なわれる動作の軌道を調節し、安定させる必要がない。その結果、手足の軌道や関節の回転を調節し支える補助筋群を鍛えることができないのである。

●筋肥大化トレーニングの問題点

筋肉の重量が増えるのは筋力がつくより早いので、ただ筋肉をつければいいとは限らない。筋肥大化トレーニングは、体重に対する最大筋力の比率が望ましいレベルになって初めて意味を持つ。体の小さなクライマーだとこのレベルを気にせず充分に筋肉を大きくする余裕がある。しかし、筋肉隆々の体を持った人は、本当に増強が必要な筋肉のみを鍛えるようにしなければならない。たくましいクライマーは、筋肥大化ではなく筋力のほかの面に集中したほうがよいだろう。

筋肥大化はクライミングの上達過程の後期の段階よりも、初期の段階で優先的に行なったほうがよいものである。そうするとトレーニングの焦点をより効果的にほかの筋力の要素に移せる。筋肥大化トレーニングの間は、目に見える変化が劇的でなくても、筋肥大化は起きていると信じよう。たとえ筋肉量を30％増加させて、その太さが15％しか増えなかったとしてもだ。

また、筋肉を太くすることが最終目標ではないことも忘れないように。筋肥大化トレーニングが最大筋力を増強させたとしても、**クライミング能力そのものへの効果はみられないかもしれない**。筋肥大化トレーニングは「物言わぬ」大きな筋肉を作るだけである。登るためのパワーを高める他の要因（筋動員と筋肉間協調）に取り組むまでは、絶対筋力のどんな増加であっても、重量の増加

によって相殺されてしまうのである。

最大筋動員トレーニング

筋動員トレーニングは、動員できる筋線維の割合を増加させることを目的とする。筋肥大化トレーニングが量を増やすのに対して、筋動員トレーニングは質を高めるのである。筋動員トレーニングによって筋肉は細くなっていくが、間違いなく最大筋力は増加する。

最大筋力の限界に近い負荷をかけて、筋肉ができる限り多くの筋線維を使うようにする。これをくり返すことで、体はより多くの筋線維を動員するようになるのである。

運動のエキセントリックな局面［伸張性収縮］（たとえば懸垂で引きつけた状態から体を下ろしてぶら下がっていく動き）では、最も大きな刺激がかかって筋動員を増加させる。以下で解説するいくつかのハードな筋動員のエクササイズ（フォーストネガティブとリアクティブトレーニング）はこの点を生かし、反復のネガティブな局面［エキセントリックな局面］の負荷を増加させることによって、筋肉が通常持ち上げられる以上の負荷をかけるものである。

●クライミングによる筋動員トレーニング

クライミングではパワフルなムーブが頻出するため、クライマーは最大筋動員が高い。最近のドイツの研究では、スポーツクライマーはすべての競技スポーツのなかで、上半身の筋肉群の筋動員が最も高いことが明らかにされている。

クライミングやボルダリングで最大筋動員トレーニングを行なう上での最大の障害は、充分なトレーニング刺激がかかる前に指の皮が破けてしまうことである。ホールド

が粗くて接触面を保持している皮膚のフリクションが半減すると、高い負荷をかけても皮がすり減るばかりである。

最近人気を呼んでいる、手作りの木製のボードは一つの解決法である。木製ホールドは指の皮にはほとんど負担がなく、痛みで最大強度の負荷がかけられなくなるのを最小限に抑えてくれる。

■ルートで

効果的な最大筋動員トレーニングは6ムーブ程度のシークエンスで、各セットを始める前にフレッシュな状態に回復できるようにすることが必要である。このような理由から、ルート上での筋動員トレーニングはルートの短い一部分しか必要としない。このタイプのトレーニングは、クライマーがレッドポイントを狙っている難しいルートをリハーサルするときに使える。

筋動員トレーニングの効果をより高めるために、最大筋動員のトレーニング表を参考に、核心部を君の技術レベルに合わせて適当な長さに区切ろう。区切った各セクションの間に適度な休息をとるようにしよう。

■ボルダリングで

パワフルなボルダリングこそ最大筋動員トレーニングに最適である。ウエイトトレーニングのように正確に負荷を計算することはできないが、ボルダリングの持つ価値はこ

パワフルなボルダリングはクライマーが
最大筋動員を鍛えるのに最適な方法だ

の短所をはるかに上回る。一つ一つのムーブで君の最大筋力が要求されるようなボルダープロブレムを探そう。6ムーブくらいまでのシークエンスで、各ムーブは最大限に難しくなければいけない。ウエイトオフのようなテクニックを使えば（第4章を参照）、君にとって最高にハードなプロブレムを学ぶことができ、同時に最大負荷もかけられる。

指のフリクションよりも、純粋な指の力でホールドが保持できるプロブレムが最適だろう（先に書いた木製のボードはこれに理

最大筋動員トレーニング表			
	初心者	中級者	上級者
負荷	不適切である	80-90%	90-150%
反復回数		3-6回	1-3回
セット数		6-8	6-10
セット間の休憩時間		3-5分	3-5分
感じ	時間が短すぎて、きつい筋疲労は起こらない		
回復時間	48-72時間かそれ以上		
局面の長さ	2-5週間		

想的だ)。

●フィンガーボードでの筋動員トレーニング

フィンガーボードで筋動員トレーニングを行なうなら、指の力だけを鍛えるようにしよう。小さなエッジで負荷の高い懸垂をしても、**指の力と引きつけの力の両方を同時に疲労の頂点に押し上げることはできない**からだ。

フィンガーボードでのワークアウトのためには、筋肉を疲労させるために2〜6秒間はホールドを保持できるように適度なウエイトを加えるか、または体重を抜くようにしよう。こうしてホールドを保持できる時間を1セットとする。

■ヴォルフガング・ギュリッヒの「リアクティブトレーニング」

世界最難ルートの一つ「アクシオンディレクト」のために、ギュリッヒは非常に強度の高い筋動員トレーニングを用いた。彼が最初ルートに取り付いたとき、1本指ポケットにぶら下がることさえできなかった。ポケットとポケットの間での長いランジのあと、指をしっかりと引っかけるための接触筋力(コンタクトストレングス)を身につける必要に迫られた。彼の基礎体力のレベルはもうピークに達していたので、あとはこの極限のテクニックに要求される筋力をつけるだけだった。

フィンガートレーニングのためにギュリッヒは、面取りされた横木が水平に取り付けられた大きな木製のフィンガーボードを用いた。ホールドはクローズド・クリンプで持つには甘すぎるので、オープン・クリンプかエクステンディッド・グリップを使った。このホールドを保持することは難しく、一つのホールドから次のホールドへ行くには正確なデッドポイントが要求された。めざすホー

ルドから下の位置で体に弾みをつけるので、コーディネーショントレーニングとパワートレーニングが合わさったものになった。

反動法(リアクティブメソッド)[用語解説を参照]を使って、ギュリッヒは指1本か2本で上のエッジへランジし、それから下のエッジへ戻る、というようにした。ホールドに戻るときは最大の接触筋力が要求され、耐え切れる最高の負荷で筋肉は一時的に伸ばされる。このように高い負荷がかかっているなかで筋肉が伸ばされると、収縮に参加していない筋線維に対する神経系の接続が改善され(筋紡錘反射のため)、筋動員が飛躍的に高まるといわれている。

このトレーニングは強度が非常に強いので、つねに故障の危険がつきまとう。**リアクティブトレーニングは週に2回以上行なってはいけない**。ただ、君に6年以上のハードなクライミング歴があり、すべての筋線維をできるだけ活動させたいのなら、これは有効なトレーニングである。このトレーニングはクライミングのハードな短い核心部で必要なパワーを高めてくれるだろう[これは現在、上級者トレーニングとして一般的に行なわれている「キャンパシング」のことである]。

●クライミング以外の筋動員トレーニング

ウエイトトレーニングは負荷が計算でき、細かい負荷の調節が可能な簡便さがある。最大筋動員ワークアウトのためには、クライミング中に最もパワーが必要とされる動作に焦点を絞った3つか4つのエクササイズを選ぼう。

このトレーニングの時期はピーク局面(第15章を参照)の直前に行なうべきなので、ある一つの筋肉群を個別に鍛えるよりも、クライミングに特有の、筋肉間の協調

を高めるエクササイズで行なう。

　筋動員ワークアウトのためのウエイトトレーニングは、以下のようにする。

- 強度の低い上半身のウエイトエクササイズによるウォームアップ。
- 懸垂、ディップ、ワンハンドロウイングの3つのエクササイズで、最大強度の反復を3回、8セット。
- 軽いクールダウンエクササイズ。

　スピードはパワーの一要素なので、ソ連のトレーナーたちは最大負荷のあと6～10回の軽い負荷の反復（最大筋力の30～50％）を可能な限り速く行なうよう提案している。可能な限り速く、正確に、動作の終わりには筋肉（関節ではなく）で負荷を支えるように行なう。

　ベテランのウエイトリフティングの選手は「フォーストネガティブ」［用語解説を参照］を使うと、負荷が150％に達することがある。筋肉が収縮できる最大負荷は100％なので、負荷は反復中のネガティブな局面、つまりエキセントリックな局面で負荷をかけるのである。たとえば懸垂中のクライマーにウエイトをつなぎ、体を引き上げて短縮性収縮をしている間はパートナーがウエイトを持ち、体を下げる伸張性収縮の局面でより負荷がかかるように、引きつけた頂点でウエイトを離すのである。これはリアクティブトレーニングの基礎にもなる。

● 筋動員トレーニングの問題点

　筋動員トレーニングを始めるにあたって、旧東ドイツの研究所で君の最大筋動員を測るわけにもいかないので、一般的な話をしよう。君の腕回りが20インチ［約51cm］もあって

ターザンのようでも、クライミングジムにいる小柄な少年と同じ程度の負荷による懸垂しかできないなら、君の最大筋動員は低い。他方、同じ大きさの筋肉を持つほかの人よりも最大筋力が高いなら、君は筋動員の高いクライマーといえる。ほとんどの人がこの両者の間のどこかにあてはまるだろう。

　最大筋動員トレーニングの局面は、筋肥大化トレーニングの局面のあとに続けるのが望ましい。これは新たに増加した筋肉を、最大筋力を発揮しうる効率的で有用な筋肉に変えるためである。

　負荷が高いので、最大筋動員トレーニングへはゆっくりと段階的に移行していくことが必要だ。次に紹介するピラミッドトレーニングはその一つの方法である。同じ理由から、筋動員トレーニングには特に充分なウォームアップが必要である。ワークアウトで用いる筋肉や関節に対して少なくとも20分間ウォームアップをする。また、一度ウォームアップをしても、エクササイズの2セット目か、ときには3セット目になるまで最大筋力は出さない。

　表に示したように、充分な休息時間をとるよう努めよう。筋動員トレーニングでは神経—筋系システム全体にストレスがかかるため、休息時間は特に長くとる。

ピラミッドトレーニング：
筋肥大化と筋動員の結合

　ピラミッドトレーニングとは、回数を減らすと同時に強度を徐々に高めながらセットを続けるもので、筋肥大化トレーニングと筋動員トレーニングを効果的に組み合わせている。このトレーニングには二つの利点がある。第一に、各トレーニングを個別に集中して充分にこなす時間のないクライ

マーにとって、筋肥大化トレーニングと筋動員トレーニングを同時に行なえるという利点がある。第二に、筋肥大化トレーニングから筋動員トレーニングに移ろうとしているクライマーにとって、数週間のピラミッドトレーニングがこの移行をスムーズにし、筋動員トレーニングで要求される強い負荷に体を慣らすことができる。

ピラミッド・トレーニング表	
負荷、回数、セット数	下の表を参照
セット間の休憩時間	3〜4分
回復時間	48〜72時間
局面の長さ	1〜5週間

表では3タイプのピラミッドトレーニングを示し、特定のエクササイズのセット数と方法を示した。たとえば3つのエクササイズ（ディップ、懸垂、ロウイング）に標準的ピラミッドを選ぶなら、ウォームアップののち、5回のディップを1セット、4回を1セット、3回を1セット、2回を1セット、そしてもう一度2回を1セット行なうのである。各セットでは、ちょうどそのセットの反復回数で疲労するように負荷を変える。そして懸垂とロウイングでもこのピラミッド過程をくり返すのである。

筋エネルギーの回復

有酸素的（エアロビック）にも無酸素的（アネロビック）にもATPを産生できる筋肉の能力は、トレーニングによって向上させられるが、それには最大のエネルギー産生が要求されると同時に、他の筋力を制限した条件下で鍛える必要がある。したがってエネルギーの産生システムを鍛えるには、筋エネルギー回復の能力の限界を推し進めねばならない。

筋エネルギーの産生に対するトレーニングの効果は非常に特異的なので、トレーニングの対象となる筋肉ばかりでなく、それらの筋肉を使うときの姿勢、スピード、スタイル（スタティックかダイナミックか）にも限定される。たとえばランニングは足を鍛えることはできるが、前腕の筋肉にはほとん

また、この表は最大筋力に対するパーセンテージの違いで、どのくらいの反復をすればよいかも示している。たとえば最大筋力の80％なら、疲労するまで4回はくり返せるだろう。

ピラミッド・トレーニング表			
最大筋力に対する割合	筋動員が中心	標準	筋肥大が中心
60%			8回×1セット
65%			7回×1セット
70%			6回×1セット
75%		5回×1セット	5回×1セット
80%	4回×1セット	4回×1セット	4回×2セット
85%	3回×1セット	3回×1セット	
90%	2回×1セット	2回×2セット	
95〜100%	1回×2セット		

ど効果がない。同じことで、クリンプを使う
ルートで前腕の代謝機能を鍛えても、それ
はオープンハンドのクライミングにはあまり
効果的ではない、ということである。

　無酸素的なクライミングは毛細血管を閉
ざすほど厳しく、各ムーブでは限られた姿
勢しかとれないため、**トレーニングの特異
性に大きく左右される**。もしそうしたムーブ
を反映した動作が君のトレーニングにない
としたら、まったく残念なことと言わざるを
得ない。

　有酸素的なエネルギー回復のできる簡
単なクライミングなら、君の得意な持ち方や
姿勢で登っても効果はあるだろう。局所有
酸素性トレーニングは、代謝機能を向上さ
せたスタイルや姿勢がそのままクライミング
に通用する場合が多いので、無酸素性ト
レーニングほど特異性に左右されることは
ないのである。

無酸素性機構による
エネルギーの回復

　無酸素性代謝能力を向上させるトレー
ニングは、血液や酸素が不足した状態で
ATPを回復するシステムに焦点をあてる。
そのため、これは筋肉に酸素を供給してい
る毛細血管がほとんど閉じてしまうほど負
荷が高いと同時に、充分なトレーニングの
効果が得られるようエクササイズに耐えられ
る程度に低くなければならない。

　これは、いわゆる「苦痛なくしては上達も
ない」がそのまま当てはまるタイプのトレー
ニングである。無酸素性代謝システムをト
レーニングしているときは、マゾヒスティッ
クなクライマーが大好きな、焼けつくような
パンプを感じるだろう。この感覚は、ATP
が枯渇して筋線維が弛緩できなくなった

筋肉に起こる、疑似的な死後硬直状態か
らくるものである。無酸素性代謝システム
を働かせるためには筋疲労とつきあうこと
になる。

　だから無酸素性トレーニングを終わった
ときには、筋肉はかちかちになって、しばら
くはそれ以上トレーニングできないだろう。

局所無酸素性トレーニング表	
負荷	50～80%
時間	1分半～4分
反復回数もしくはムーヴ数	20～30
セット数	1～4
セット間の休憩時間	3～5分間
感じ	きつく、はれあがるような パンプ感
回復時間	48～72時間
局面の長さ	2～4週間

●クライミングによる無酸素性トレーニング

　クライミングで無酸素性トレーニングを
行なう場合は、その効果を高めるためにテ
クニックトレーニングの基本原則を思い出
してほしい(第3章を参照)。疲れてコーディ
ネーションが働かないときに、テクニックを
学ぼうとしてはいけない。テクニック上達の
ためにも、不得意なテクニックを必要とする
ルートではこのトレーニングを避けよう。よ
く知っているルートでパワーエンデュランス
を高め、余計なダメージからテクニックを守
るようにしよう。できればパワー主体の登り
方をするルートを選ぼう。

　その他の注意点としては、**クライミング
で完全にパンプさせないこと。クライミン
グはそもそもパンプするのを避けるもので
ある**。無酸素性システムを鍛えているときで
さえも、パンプするためではなく、ルートをこ
なすことを目的としよう。

　■ルートで

ロックオフトレーニングは、クライマーがホールドを探ったり、
プロテクションをとったりするときの体勢に必要な筋力をつける

　ムーブはすべてパワフルに感じられるが、筋疲労に達するまで3分間はムーブをこなせるルートを探そう。無酸素性トレーニングには一定の難しさが続くルートが最適だが、やさしいところと難しいところがあるルートで

も、余分なやさしいホールドをとばすことで一定の強度レベルを保つことができる。乳酸が身体のコーディネーションを低下させるので、トップロープにするのがルートでの無酸素性トレーニングのよい方法である。

■「ヘラクレスの大仕事[トラヴァーユ]

[労力を要する困難な仕事の意味]」

——J・B・トリブのロックオフトレーニング

フランスのトップクライマー、J・B・トリブは、クライマーがホールドを探ったり、クリップしたりする体勢での無酸素的な筋力をつけるために、このトレーニング方法を考案した。方法[ル・プリンシプ・エ・サンプル]はいたって簡単で、登っていく間、次のホールドに手を伸ばしたときに一呼吸おき、ホールドをつかむ前に2～3秒間ホールドの上で手を浮かせたままにするのである。

ロックオフトレーニングは、一定の姿勢で特定の筋肉を疲労させるので、上腕や背中に無酸素性トレーニングの効果があるだけでなく、ムーブに対する最適な姿勢や体の向きを身につけることができる。さらに長いロックオフが必要とされる難しい姿勢で、体を安定させる体幹の筋肉が強化できる。

注意点としては、このトレーニングではコントロールされたスタティックなクライミングのクセがつく。だから、もし君がすでにスタティックなクライミングスタイルを身につけているならば、次に解説する片手トラバースのほうが、より得るものがあるかもしれない。

■ボルダリングで

ボルダリングで無酸素性トレーニングを行なうよい方法は、以前にやったことがあるいくつかの難しいボルダープロブレムをつなげることである。一つのプロブレムの終わりから次のプロブレムへ適当なホールドでクライムダウンし、3つから5つぐらいまでのプロブレムを連続して一度にやってしまうのだ。

もし大きなホールドのついた壁があるなら、中～上級者には片手トラバースもこのタイプのトレーニングには非常によい。すでにテクニックトレーニングの章で挙げたが、片手トラバースはダイナミックな登り方を身につけるのによい方法である。また、これはパワーエンデュランスのトレーニングにもなる。

片手トラバースには最低 3/4 インチ[約2cm]幅のホールドのある壁（なるべく垂壁がいい）が向いている。片手でできる限り長くトラバースしたら、次には手を替えて行なう。このエクササイズは、血流が制限された状態で前腕のパワーエンデュランスが高められるのに加えて、ホールドをつかむたびに瞬間的な爆発的筋力が必要とされるので接触筋力も高まる。

しかし、君が過去に肩や指を故障したことがあるなら、このエクササイズには注意してほしい。もし片手トラバースがきついなら、両手を一緒にして使ってみよう。ホールドからホールドへ両手を同時に使ってランジしてみよう。

フィンガーボードでのパワー・エンデュランス・トレーニング（強目）	
負荷	60～75%
ぶら下がっている時間	疲れるまで（20～40秒）
セット間の休憩時間	45～60秒
セット数	12～15

フィンガーボードでのパワー・エンデュランス・トレーニング（弱目）	
負荷	50%
ぶら下がっている時間	疲れるまで（40～60秒）
セット間の休憩時間	60～90秒
セット数	15～30

●フィンガーボードでの無酸素性トレーニング

局所無酸素性トレーニングの効果はトレーニングの特異性に左右されるため、フィンガーボードでトレーニングする場合は、実際のクライミングで指や前腕にかか

る負担や動きに近い方法で行なうことが重要だ。

　他の種類の筋力を鍛えるのと同様に、フィンガーボードでのエクササイズは、静的にぶら下がり続けるものとインターバルを入れたものの両方を用い、荷重をかける手を交互に替えて行なわなければならない。

●クライミング以外の無酸素性トレーニング

　無酸素性トレーニングではその特異性のために、各自のクライミングの条件を忠実に再現した方法を使うことが極めて重要である。そのため、私たちとしては、クライミングの動作を再現できないグリッパーやウエイトや他の器具を使った無酸素性トレーニングはすすめられない。

　もし君が実際のクライミングで必要とされる姿勢や荷重方向で、正確に正しく筋肉を使わないならば、トレーニングの効果はほとんどない。無酸素性トレーニングはオーバートレーニングになりやすいことから、パフォーマンスを低下させるリスクのほうが大きいだろう。

●無酸素性トレーニングの問題点

　局所無酸素性トレーニングはクライマーの間で最も一般的なトレーニングの一つだが、これは簡単に無理をしやすい。乳酸が蓄積されるなかでハイパワーが継続的に使用されるため、局所無酸素性トレーニングはオーバートレーニングの危険性が高いのである。だから慎重に取り組まねばならない。

　一番の問題は、乳酸が極度に集中することである。筋肉痛の原因である乳酸は、有酸素的にATPを合成するミトコンドリアを破壊する。したがって大量の無酸素性トレーニングは、筋肉の有酸素性能力をも

パワーエンデュランスを使うスポーツクライミングは、本質的にオーバートレーニングの可能性がある。1991年の世界選手権ドイツ・フランクフルト大会でのジム・カーン

低下させるのである。また、前章でみたように（トレードオフの項）、最大筋動員も低下させてしまう。

　幸い、無酸素性代謝機能にはすぐにトレーニングの効果が表われるので、比較的短いトレーニング局面でよい。そのため、もしほかの種類の筋力が鍛えられているならば、無酸素性トレーニングは総合的なパフォーマンスをピークにもっていくときに使

えば済む。

しかし、クライマーが限界レベルのルートを登ることは、それだけで局所無酸素性システムを限界にまで押しやってしまう。これはスポーツクライミングというものが、本質的にオーバートレーニングの可能性があることを示唆している。そのため一年の間にはボルダリングに集中する期間、長くやさしいルートを登る期間、またすべて休む期間、等を持つことが大変重要なのである。したがって、このスポーツではパフォーマンスを最大化させるのに、ピリオダイゼーション（焦点の違うトレーニング期間の組み合わせ）が特に欠かせない[第15章を参照]。

有酸素性のエネルギー回復と毛細血管（ARC）

無酸素性能力を高めるトレーニングでは、筋肉への血流を制限するほどの高い負荷が必要だ。これに対して筋肉の有酸素性能力を高めるには、筋肉に血液を充分ゆきわたらせることが必要である。そのため、局所有酸素性能力を高めるトレーニングは、使う筋肉に軽い負荷をかけるだけでよい。軽めの負荷を長時間継続することによって、筋肉内の有酸素性機構が有酸素性エネルギー回復の高い需要に適応するようになる。

毛細血管も同様のトレーニングで発達する。毛細血管は細い血管の壁に対する血圧が高まることによって改善するので、毛細血管を発達させるためのトレーニングでは、すべての毛細血管が開いた状態でいられるほど充分に低い強度で筋肉を使い続けることが必須である。一定の負荷で30〜45分間、筋肉を使い続けることが最も毛細血管を発達させる。

有酸素性エネルギー 回復と毛細血管、すなわちARC［Aerobic Restoration and Capillarity］を発達させる最適な負荷は、最大筋力の30％程度である。この程度の負荷だときついパンプではなく、いつまでも登っていられるようなおだやかなパンプを感じるだろう。毛細血管を閉ざしてしまうストレニュアスで持久的なルートで感じるようなパンプ感はここでは求められていない。乳酸が発生するとARCトレーニングを続けられなくなるが、ここで求められているのは30〜45分にわたってトレーニングを続けることなのである。

このトレーニングを終えたときに感じるのは、硬く腫れ上がったパンプ感ではなく、指の先まで温かい充血感である。この感じはトレーニングを始めて10分すぎからトレーニングの終わりまで、ほとんど同じように続くだろう。

有酸素性エネルギー回復と毛細血行トレーニング	
負荷	20〜35％
時間	30〜45分
セット数	1〜2
セット間の休憩時間	30分かそれ以上
感じ	きつくならないようにする
回復時間	18時間以内に回復しないようなら負荷が強すぎる
局面の長さ	いつまででもよい

●クライミングによるARCトレーニング

クライミングでARCトレーニングをするには、少なくとも30分間続けて登る必要がある。もちろんレストポイントで休んでもよいが、できるなら途中で止まって休む必要もないくらい簡単なルートを選ぼう。トレーニ

30分のクライミングセッションは、ロングピッチをこなす安定感と冷静さを養う

ングセッション全体を通して一定の強度が続くようにしよう。

ARCトレーニングのセッションは、クライミングに関わるほかのテクニックを試してみるよい機会である。このクライミングは100％の強度からはほど遠いので、君がやってみたい新しいテクニックについて考える余裕があり、呼吸法やほかのリラクゼーションのテクニックなども試すことができる。また30分間のセッションは、ロングピッチを冷静に安定してこなす能力を高めてくれる。

■ルートで

このトレーニングのためのルートを選ぶには、やさしいほうへ逃げられるルートが最もよい。少し難しいルートでパンプしたらすぐに降りるにしても、それでは筋肉がすでに無酸素性代謝を働かせているので、ARCに対してのトレーニングにならないのである。少しやさしすぎるルートでも、難易度を

上げるためにできることはいくらでもある。スピードを意識して登ったり、レストポイントや大きなホールドを飛ばしたりできる。もっと難しいシークエンスを考えたり、ロックオフトレーニングをしたりもできる（第4章を参照）。

クライムダウンするのもよい手段だ。普段、クライマーは登ることに慣れているので、できれば登るルートとは別に、降りることのできるやさしいルートのあるエリアを探そう。連続して登降を続けられるように、限界レベルより充分にグレードの低い簡単なルートであるべきことを忘れないように。

クライミングジムはARCトレーニングにうってつけである。君のレベルに合わせてトップロープのあるルートを探そう。もしルートを変えなければならないときも、下に降りている時間はそんなに気にしなくていい。ただ、降りている時間はなるべく短くし

よう。

■ボルダリングで

ボルダリングでARCトレーニングをすれば、ビレイヤーを退屈させずに済む。ただし、ここでも比較的やさしいクライミングを一定のレベルで続けるようにしよう。難しくなくて下に降りることのない、多くのムーブができるトラバースが最適である。

これは人工壁やボルダーの岩場で簡単に見つけられる。ホールドのたくさんある壁なら、あるテーマを決めて登ってみよう。バックステップ、ツイストロック、クロスムーブなどを30分間行なえば、それぞれのテクニックの細かいところまでがよくわかるだろう。もしパートナーと一緒ならば、スティックゲーム（第4章を参照）をするとあっという間に時間が過ぎてしまうだろう。

●フィンガーボードでのARCトレーニング

やる気があればフィンガーボードでもARCトレーニングはできる。とはいえ、フィンガーボードに30分間もぶら下がっているためには、エラスティックバンドなどに立って体重を抜く必要があるだろう（外科手術用のチューブや自転車のタイヤチューブでもよい）。フィンガーボードについているすべてのホールドの、あらゆるところを使って手を移動していこう。これによって前腕の血行を促進し、ただぶら下がっているよりも実際のクライミングに近い刺激がある。

フィンガーボードでのARCトレーニングの最大の障害は退屈なことである。わずかなホールドにぶら下がって過ごすには30分は長い。これにはウォークマンを聴いたり、友だちとおしゃべりをしたり、メンタルトレーニングのエクササイズをしたりする手がある。

●クライミング以外のARCトレーニング

クライミングやフィンガーボードでトレーニングできない人には、グリッパーのような握り締める器具が役に立つ。これは、なにか他のことをしながらでもできる利点がある。しかし、これらの器具を握り締めることとホールドを持つことは違うので、このトレーニングの効果は、クライミングの特異性に合わせたトレーニングほどに高いものにはならないだろう。

再度言っておくと、目標はごく軽いパンプであり、それを最低30分間は続けることである。もし前腕がパンプで腫れ上がるようならそれはやりすぎである。

ボルダー壁の長いトラバースは、一人で30分のセッションをするのにちょうどよい。万里の長城でのウド・ノイマン

●ARCトレーニングの問題点

ARCトレーニングは強度が低く筋肉内の血行を促進させるので、疲労回復に役立ち、注意深く行なえば故障からのリハビリにもなる。しかし、局所有酸素性トレーニングと無酸素性トレーニングの境は狭いことに注意しよう。

毛細血管のような、筋肉内の組織の変化から生じる能力を発達させるには、長い時間がかかる。ピリオダイゼーションの章でもっとくわしく述べるが、ここではARCトレーニングは、クライミングとトレーニング全般に効果のあるものだと知っておいてほしい。

理想的には簡単な30分間のクライミングセッションで一日を締めくくるのがよい。これは蓄積された筋肉中の老廃物を取り除くばかりでなく、毛細血管の発達を促すからである。

筋力の長期的発達

「僕はもう何年もトレーニングしてきた。これからもまだ強くなれるのかな?」。30歳を過ぎてからブルーノはこんなことを気にしはじめた。ソ連のウエイトリフティングの研究によると、10年間のハードなトレーニングのあとでも筋力の向上は続き、選手が35歳を過ぎてもそれは可能であったという。ソ連の科学者によると、筋力の増強は生化学的肉体的な適応改善よりも、筋線維の動員を増す神経系の改善によるところが大きいことがわかっている。さらに、骨やほかの身体組織も、筋力増強のためのトレーニングの刺激に適応していくといわれる。骨粗鬆症の研究でも、トレーニングの刺激はどんな年代にも効果があることが明らかにされている。

筋力トレーニングのまとめ			
トレーニング対象	目的	必要なエクササイズ	注意
筋肉間協調	クライミングで使われる筋肉をバランスよく発達させる	クライミングで使われるのと同じように正確に筋肉を使うエクササイズ	ほとんどの場合、クライミング自体が最も適したトレーニングである
筋肥大	筋肉を太くする	同じ一つの筋肉群を4〜10回、もしくは6〜15秒間集中的に使うエクササイズ	ウエイトトレーニングが最も早く筋肥大化をもたらすが、テクニックには効果がない
筋動員	多くの筋繊維を動員する能力を高める	非常に短時間の最大強度のエクササイズ	最大の効果を上げるために適切な時期に行なわなければならない
無酸素性代謝	無酸素性機構でエネルギーを生み出す能力をつける	充分パンプする強度と時間のエクササイズ	トレーニングの特異性が重要。オーバートレーニングの危険性がある
有酸素性回復と毛細血行	有酸素性機構でエネルギーを生み出す能力をつける 筋肉内の血管の密度を発達させる	30〜45分、中断なしのやさしいクライミングセッション	疲労回復にもなる強度の低いトレーニング

第**11**章

全身持久力

平地で楽なペースで走っているときのことを考えてみよう。このとき、どの筋肉も酸素不足や乳酸過多に苦しめられてはいない。その代わりこの場合は、個々の筋肉の運動を支える全身のシステム、すなわち心臓、肺、血管系といった**心肺循環機能**に負担がかかっている。

筋肉の活動は、体のほかの部分に支えられている。筋肉は酸素と栄養を運んでもらい、老廃物を取り去ってもらっている。小さな筋肉群の活動を支えるのは簡単なことだが、大きな筋肉群が同時に活動するときは、これを支える器官に大きな負荷がかかる。

一度に多くの筋肉が活動する場合は、心肺循環機能がパフォーマンスの制約要因となる。心臓はただポンプのように非常に速く動き、肺はひたすら多くの空気を取り込む。局所持久力が個々の筋肉の能力と特性を表わすのに対し、全身持久力は全身運動を支える呼吸器や循環器の能力を表わす。わずかな筋肉が活動しているだけのときは、心肺循環機能は通常のレベルでその活動の需要に対応できる。しかし、全筋肉の20％以上が活動すると、心肺循環機能は稼働率を上げなければならない。つまり心肺循環機能の能力が全身持久力のレベルを決定するのである。

全身持久力トレーニングが君に必要かどうかを考えるために、クライミングや積極的回復、脂肪減少、ストレス軽減に対する効果を考えてみよう。

全身持久力トレーニングはクライミングに必要か？

たとえレストポジションであっても、クライミングでは全身の筋肉の20％以上の活動が要求されるので、クライミングに全身持久力が必要であるのは明らかだ。しかし、全身持久力トレーニングが直接クライミングの能力を高めるかどうかは、全身持久力がクライミングの制約要因になるかどうかにかかっている。

この問題に答えるために、ほかの典型的な持久スポーツとクライミングを比べてみよう。クライマーが経験する生理的変化と持久スポーツ選手のそれは同じものだろうか？

クライミングという運動は、ほんの数秒で終わるもの（ボルダリング）から30分以上続くもの（ロングピッチ）まであるが、ほとんどの場合、3〜15分で終わる。ボートや

全身持久力とは、全身で使われる筋肉の活動を支えるシステム（心臓と肺）のスタミナのことであり、局所持久力とは、活動している個々の筋肉の能力のことをいう

1500m走の選手の場合、同じ時間内の運動で血中乳酸濃度は非常に高くなり（1ℓあたり20ミリモル）、心拍数も210拍／分まで上がった。この数値をクライマーのものと比べると、まったく対照的であることがわかった。

ケルンのスポーツ研究所でのテストでは、ほとんどのクライミングは、高い持久力が必要なスポーツとはほど遠い数値を示したことが明らかとなった。難しいオンサイトにトライしているクライマーの最大血中乳酸濃度は8ミリモルにすぎず（原注）、心拍数も180拍／分にとどまった。クライマーは大変だと思っているかもしれないが、計測器はごくおだやかな数値を示しているにすぎず、全身持久力がクライミングパフォーマンスを制限することはほとんどないのである。

クライマーの示した数値が、全身持久スポーツの選手のものより低かったからといって、クライミングがランニングやボートよりもやさしいということにはならない。この事実はまさにクライミングの本質を示すものなのである。

第一に、全身持久力ではなく**局所持久力がクライマーのスタミナを制限する要因**である。個々の筋肉がエネルギー産生の限界にあっても、体全体が限界になることはないわけだ。

第二に、クライミングはコーディネーション主体の運動であるということだ。第2章でみたように、乳酸がいかにコーディネーションをダメにするかを思い出してほしい。コーディネーションがクライミングにさほど重要

でないなら、血中の乳酸値が高くてもクライマーは落ちずにいられるだろう。しかし、実際は比較的低いレベルにもかかわらず、あるレベルを超えると、乳酸はクライマーが登れなくなってしまうほどコーディネーションを弱めるのである。コーディネーションに大きく依存するために、クライミングは全身持久力を限界まで押し上げるようなスポーツにはならないのである。

「だけど難しいピッチだと、心臓はドキドキし、息も切れる。乳酸値も他のスポーツで感じるよりも高くなっていると思うな」とブルーノは言う。

では、まず乳酸値について考えてみよう。乳酸濃度が異常に高くなっても、それはクライミングで比較的小さな筋肉群が使われたための部分的なことにすぎない。クライミング中は血流が制限されるので、筋肉中から速やかに乳酸を取り除き、血管に送り出すことが重要である。

次に、クライミング中に呼吸が荒くなるのは腹筋を使うためである。厳しい姿勢では、身体張力の維持と呼吸を同時に行なうのは不可能である。また、心理的緊張や不安定感も一時的に呼吸を止めてしまい、呼吸を再開したときに酸素の不足を取り戻すため、一生懸命に呼吸することになるのである。

最後に、なぜ心拍数が上がるかを考えてみよう。高い身体張力を使うクライミングでは、腹筋の収縮によって血圧が上昇する。これに対応して心臓は急速に心拍数を上げなければならない。クライマーの心拍数

（原注）他の持久スポーツとは違い、クライマーの血中乳酸濃度はクライミング終了後の数分間で最大になった。これは前腕のように、一度弛緩してからも引き続き収縮をくり返す筋肉群から乳酸を取り除くことが難しいためである。

が急速に上がるのは一時的に血圧が高くなったためで、全身持久力運動のように血液の需要が増えたためではないのである。

それでは、なぜ全身持久力はクライミングの弱い環にならないのだろうか？

ほとんどのクライミングは、典型的な持久スポーツで使われる大きな筋肉群の周期的な運動を必要としない。クライミングは大きな筋肉群の多くを適度なレベルで使い、2〜3の小さな筋肉群を限界まで使う。そのため心臓と肺は、全身運動で生じるような負担を負うことはないのである。

このように全身持久力はクライミングの弱い環にならないので、全身持久力トレーニングはほかの専門的トレーニングのようには、直接クライミングを上達させることはない。精力的なランニングも疲労回復以上の効果はほとんどないだろう。

しかし、**低強度の全身持久力トレーニング**はクライマーが直面する副次的な問題に大きな効果がある。全身持久力トレーニングを**有酸素的に行なえば**、クライマーが苦闘している脂肪の減少、積極的回復、ストレスの軽減などに効果があるのだ。

有酸素運動と
脂肪の減少

体重はクライミングにとって重大な要素なので、脂肪を落とすことは多くのクライマーにとってほとんど強迫観念に近いものがある。たしかに脂肪をつけすぎることはあまりよいことではないが、わずかな脂肪を落とすことにこだわる人もいる。しかし、一般に知られている脂肪の落とし方の多くは、体脂肪率にはあまり影響がないか、まったく効果のないものばかりである。ここでは脂肪の減少

に対する有酸素性全身持久力トレーニング（GAET：General Aerobic Endurance Training）の役割を考えてみよう。

脂肪を落とすための基本的な考え方は、摂取する以上のカロリーを消費することである。だが、クライマーはこの単純な計算以外のところで苦闘しているのが現状である。髪の色や体形、身体組成を決める遺伝子のプログラムに従って、体脂肪率をどの程度に保つかは遺伝的に決められている。その程度はそれぞれ個人によって異なって設定されている。

体は代謝機能や食欲を調整して、体脂肪をセットポイントと呼ばれる規準値（ガイドライン）に保つ。たとえば体脂肪がそのセットポイントより多いと食欲は減退し、新陳代謝は活発になる。その結果、当然、体脂肪は減少する。逆に体脂肪が望ましいセットポイントより少ないと新陳代謝は低下し、食欲は増進して脂肪を吸収しやすくなる。

君がこのセットポイントと争っても、食欲をコントロールしているセットポイントの力は意思の力よりはるかに強いので、その影響を低下させることは不可能である。セットポイントはその設定どおりに体を作るために日夜働いているのだ。このセットポイントを変えるのでなければ、君の努力はまったく無駄なのである。

研究によると、世にいうダイエットとは、このセットポイントとはなんら関係のないものばかりだ。しかし、GAETでは体脂肪のセットポイントとの関連が明らかになっている。活動のエネルギー源として脂肪を燃焼させるよう習慣づけることで、体が蓄えた脂肪を使いやすくするのである。脂肪を燃焼させる体の能力は、ある程度生理的な習慣の問題である。有酸素運動をせずによく間

食をし、脂肪を燃やす状況を避けていると、**体はほとんど脂肪を燃やさなくてもよくなる**。そんな人は体を脂肪燃焼モードに切り換えることがなくなってしまう。体の脂肪を燃やす生理的習慣をつけることは、GAETによって体脂肪のセットポイントを下げることにつながるのである。

GAETは脂肪に対して多面的な働きかけをする。第一に、GAETは他の種類のエクササイズやトレーニングよりも多くの脂肪を燃焼させる。第二に、GAETはカロリーのバランスを変えてくれる。さらに、もっと重要なことは、GAETが長期的には体脂肪のセットポイントを低下させることである。

これはカロリーが不足した状態になるので、体脂肪を落とすことは、ほかのトレーニングに悪影響を及ぼす。したがって、脂肪を落とすことが本当に必要でない人にとっては健康を害する可能性もある。

GAETと積極的回復

すでにトレーニングの原則のところで、トレーニングに対する休養の重要な役割についてふれた。休養なしに肉体の発達はあり得ない。その意味では、回復に必要な酸素と栄養を運ぶ血液を、筋肉がどれだけ利用できるかが回復率を決めるといっていい。

全身の血液の循環は筋肉を使うことで促進される。残念ながらほとんどの人が、トレーニング以外の日々では血液の循環を促進することのない非活動的なライフスタイルを送っている。もし君が一日のほとんどを座って過ごしているなら、君の体は疲れた筋肉に血液を循環させ続けることなどできない。心理的ストレスも血流を極端に減少

させる（ケガをしたときに血液の損失を防ぐメカニズムと同じ）。そのため多くのスポーツマンが可能なはずの回復を遅らせているのが現状である。

そこでGAETを行なおう。GAETはトレーニングの合間でも、トレーニングを終了して数時間たっても血管を拡張し、全身の血液循環を高めることができる。GAETは、体にそれ以上の肉体的刺激を加えることなく回復を促進することができるのである。また、このあとにすぐにみるが、GAETは心理的なストレスの影響も軽減する。トレーニングの合間のGAETは回復を早めるのである。

GAETとストレス

ストレスは主観的な感覚以上に影響が大きい。ストレスは心と体を使いすぎることによって起こる「消耗状態」を引き起こす。また、疲労回復を遅らせ、病気に対する免疫抵抗力も弱めてしまう。

肉体的および心理的ストレスは体を覚醒させ、試合に向いた状態にする。しかし疲労回復には、よりリラックスしたときの生化学的状態やホルモンバランスが望ましい。ストレス状態は適応と超回復のための刺激を与え、リラックス状態は疲労回復と超回復を引き起こす条件を用意する。健全な競技力の向上のためには、この二つのバランスをとることが必要なのだ。

現代社会に生きる私たちは過剰なストレスを受け、回復のための休養時間が不足している。ブルーノは9時間コーヒー漬けになりながら忙しい仕事をこなし、そのあと車を飛ばしてジムへ行き、ウエイトトレーニング

をする。それから急いで家に帰り、簡単な夕食を済ませてホラームービーを見る。

　現代的ライフスタイルのストレスは、私たちが日常的に出会うさまざまなストレス要因が積み重なったものである。ブルーノは肉体的にも感情的にも一日中興奮しっぱなしだ。ストレスは体の生理的回復メカニズムを弱めてしまうので、このようなアドレナリン過剰のライフスタイルは、トレーニングからの回復を損なってしまうのである。そんな状態が長く続くと、ホルモンバランスの失調状態を招くことになる。ここでGAETが役立つのである。

　ほとんどのクライミングやウエイトトレーニングのような無酸素運動（アネロビック）では、心理的ストレスに関わるのと同じホルモンが大量に産生される。そのため無酸素性トレーニングは日常生活のストレス要因の影響を増大させてしまう。これに対して有酸素運動（エアロビック）では回復状態に関わるホルモンが産生される。有酸素性の全身持久運動はストレスに対抗し、その影響を軽減するので、これをトレーニングに取り入れれば、**無酸素性トレーニングの量を体に無理なく適応させながら増やす**ことができるのだ。ウエイトトレーニングはストレスを生み出すが、ストレス過多なライフスタイルにGAETを取り入れるとストレスを軽減できる。GAETはストレス過多の生活を、ストレスと回復のバランスのとれたものにするのである。

まとめ

　この本はクライミングの上達をめざすためのものだ。そのため、クライミングで要求される諸能力の連鎖のうちの最も弱い環となるものに優先的に焦点をあててきた。全身持久力そのものはクライミングの弱い環ではなく、直接クライミングを上達させることはないだろう。しかし、低強度の全身持久力トレーニングは、クライミングの弱い環になる可能性がある、ほかの要因を解決する手助けになる。

- 脂肪を落とすことが最優先の課題になるなら（すべてのクライマーにあてはまるわけではない）、GAETはトレーニングの中心を占める。
- 多くの時間をトレーニングに費やしていて、回復の遅いことが上達を妨げている要因であるなら、GAETは上達を促進する。
- 日常生活で過度の非肉体的ストレスを受けているなら、GAETは体の生理的状態を整えてくれるものになる。

　このような効果を上げるには、全身持久力トレーニングに対してそれなりの取り組みが必要である。次の章でそれをどのように行なえばいいかみていこう。

第12章

全身持久力トレーニング

どのくらいの強度で行なうべきか?

全身持久力はクライミングの制約要因ではないので、クライマーは全身持久力を劇的に向上させる必要はない。全身持久運動の技術や能力はすでに充分身につけているからだ。また、あまり高いストレスをかけてしまうと、不必要な負荷を増やすだけである。

前の章でみたように、全身持久力トレーニングがクライミングにもたらす効果（脂肪の減少、積極的回復、ストレス軽減）は、体が有酸素的にエネルギーを産生できる低い強度で起こる。この低い強度の運動を有酸素性全身持久力トレーニング、GAETと呼んだ。持久スポーツの選手がトレーニングで用いるような高い強度では、逆にその効果はなくなってしまう。

個々の筋肉内の酸素量によって、エネルギーを有酸素的に生み出すか無酸素的に生み出すかが変わるように、全身の酸素摂取量によって持久運動で使う筋肉群がエネルギーをどのように生み出すかが決まる。全身持久力トレーニングを有酸素的に行なうには、一定の運動強度を超えないようにする必要がある。

持久力トレーニングの強度を保つ最も簡単な方法は、心拍数を測ることだ。次のページの表は、前の章でも論じてきた目的に応じた適度な心拍数を示している。GAETを行なうときは心拍数が目標の範囲内に収まるようにチェックしよう。

心拍モニターは100ドル前後で買うことができるが、6秒間脈拍を測って10倍すれば1分間あたりの心拍数がでる。まず初めは、脈拍を測って望ましい強度がどのくらいのものかその主観的な感覚を得るようにしよう。そのうち、目標とする強度の範囲が感覚的にわかるようになる。

ほとんどの人が有酸素運動の強度があまりに楽なので驚くだろう。苦しくなければ、あるいは難しくなければトレーニング効果が上がらないと信じている人が多すぎる。GAETはそういったトレーニングではないのである。適度な強度だとおしゃべりをしながらできるだろう。ランニングなら、息を吸うときと吐くときでそれぞれ3歩以上進めるだろう。強度をきつくすると**せっかくのGAETの効果が台なしになる**だけである。トレーニングが終わったときに疲れるのではなく、体がほぐれたようにならないといけない。

GAETの強度は非常に低いものだが、それでもウォーミングアップとクールダウンの時間はとろう。運動の強度は徐々に上げていって、心拍数が目標範囲になるまで5分以上かかるようにしよう。

どんな運動を行なうべきか?

ランニング、なわとび、水泳、自転車のような全身持久スポーツの多くはどこでもできる。これに対してボートやノルディックスキーなどはそれなりの用具や場所が必要になる。

心肺循環機能を活発にするための全身

● 年齢別・トレーニング目的別の目標心拍数（1分間あたり）* ●

年齢	最大心拍数	最大心拍数の85%	最大心拍数の75%	最大心拍数の65%
15	205	174	153	133
20	200	170	150	130
25	195	166	146	127
30	190	162	143	124
35	185	157	139	120
45	175	149	131	114
55	165	140	124	107
65	155	132	116	101
75	145	123	109	94

ハードな持久スポーツのためのコンディショニングレンジ（クライマーのトレーニングには不向き）

脂肪燃焼レンジ：40分以上（朝食前が最適）

積極的回復レンジ：20〜30分（トレーニングの後や休養日が最適）

ストレス軽減レンジ：15分以上（必要な時に）

＊水泳の場合は目標値より15を差し引く

持久運動では、体中の多くの筋肉に負荷を分散させるようにする。個々の筋肉の局所持久力が限界にならないようにするのである。ほとんどの持久スポーツでは脚の大きな筋肉が使われる。上半身の小さな筋肉をこのトレーニングで使うなら、運動の負荷がなるべく多くの筋肉にかかるように、下半身の筋肉群と組み合わせなければならない。

君の選んだ全身持久運動で使う筋肉の種類によっては、ホルモンバランスや心肺循環機能、脂肪燃焼への効果が少ないことがあるかもしれない。GAETの形態によっては、ほかのストレス軽減法や脂肪燃焼と同じくらいの効果しかないこともある。しかし、その運動は疲労回復には効果があるかもしれないのである。水泳やボート、ノルディックスキーのような上半身も使うGAETは、ランニングや自転車よりも上半身の血液循環をよくする。さらに30分以上運動を続けると毛細血管が発達し、運動をしていないときの回復を早めることができる。

積極的回復のためのGAET

GAETが回復を早めるかどうかを決めるには、トレーニング内容を考える必要がある。週に3日トレーニングをしているブルーノの場合、回復率はあまり重要ではない。トレーニング日の合間に最低1日の休養日があり、違った種類のトレーニングを交互にしているので、次のトレーニングに入るときには前のトレーニングから回復している。

だからブルーノの場合、回復をさらに早めても、上達を早めることにはつながらない。

しかしマックスの場合、回復率は大きな問題である。つねに最高のグレードをめざしているマックスは、体がもつなら毎日でもトレーニングしたいくらいである。だが、毎日やるとかえって悪くなることを知っているので、しぶしぶながら休養日を入れているのだ。

マックスにとって、ハードなトレーニングのあとの低強度の有酸素運動は回復を早め、トレーニングの合間の休養期間を短縮してくれる。また、有酸素運動はトレーニングの翌日の筋肉痛やこりを柔らげる。さらに彼の体が適応できるトレーニング刺激の量も上げるのである。そういうわけで、マックスは週3回、30分の軽いジョグか水泳をしている。

脂肪燃焼のためのGAET

運動のエネルギー源として脂肪を燃やすには、グリコーゲンを燃やすよりも多くの酸素が必要である。そのため酸素が不足すると体は脂肪の使用を控え、蓄えるようになる。無酸素的に走っても脂肪はほとんど燃えないのである。

だから無酸素性機構の一つである乳酸系でエネルギーを生み出し、息が切れるような運動をしても脂肪は燃えないのだ。おだやかな軽いペースが脂肪燃焼に最適なのである。おだやかなペースのランニングだ

と、大きく一呼吸する間に6～8歩は進めるだろう。脂肪は運動が始まってからゆっくりと徐々に使われだすので、脂肪燃焼の効果が出るまで最低35分間は運動を続けないといけない。

持久力トレーニングをするタイミングも脂肪の使われ方に影響する。食後数時間以内にランニングすると、食物を消化して得られたカロリーの供給が続き、蓄積された脂肪から取り出すカロリーよりも優先して使われる。一方、起床後の朝食の前は、体が脂肪燃焼モードになっており、このときに持久力トレーニングをすると脂肪が最大限に使われるだろう。

ただ、大幅な脂肪の減少はほかの多くのトレーニングとは両立せず、その効果を損なうこともあるので注意しよう。

ストレス解消のためのGAET

積極的回復や脂肪燃焼よりももっと強度の低いGAETはストレスの軽減に効果がある。とはいっても他のさまざまな要因がストレスの軽減を促したり、効果を半減させたりする。そのためストレスの軽減を最もうまくやるには、ほかのストレス解消法をエクササイズに取り入れるようにする。GAETを楽しいものにして遊んでしまおう。それを行ないながら自然に触れるようにしよう。一回のトレーニングのなかにも変化をつけよう。ただし、もし義務感を感じるようならしないほうがいい。

柔軟性

第**13**章

柔軟性

柔軟性とは、一つの関節や複数の関節が、連動して動かすことができる可動範囲のことである。クライマーにとって柔軟性はクライミング中の姿勢を左右するので、岩に対する効果的なムーブを制限する要因となる。

クライマーには次のような場合に柔軟性が必要とされる。

- ハイステップ、クロスムーブ、ステミング、ルーフの乗っ越しなどのとき。
- 垂壁の場合、重心を壁に近づけるとき。
- 効果的なレストの姿勢をとるとき。
- ケガの予防。

実際のクライミングで柔軟性がいかに有効であるか、1989年ワールドカップ・ニュールンベルグ大会でみてみよう。英国のジェリー・モファットと日本の平山ユージの二人がすばらしい登りを見せてくれた。しかし、平山のすばらしい柔軟性が、モファットの強靱な指の力に勝ったのである。

P142のビデオスチール（A、B）を見ると、ルーフの抜け口でモファットは上部の垂壁に足を置くのに苦労している。壁に体を密着させてレストできず、そのままパンプした腕で登り続けざるを得なかった（C）。このあと、数ムーブで彼は落ちてしまった。

平山はこの箇所に来たとき（D）、柔軟性を発揮して足を縁（リップ）に置いて体を沈め、壁に密着させることができた（E）。これによってホールドを引く向きがよくなり、平山はモファットよりもホールドを下方向に引きつけることができたのである。平山はフットホールドにしっかり立ち込むと、ルーフでパンプした手をシェイクし（F）、ルートを完登したのである。

受動的柔軟性（パッシブ）

関節の可動域は、関節を取り巻く靱帯、関節をつなぐ腱や筋肉の長さといった関節の構造によって決まる。この関節、骨、靱

ジュリアのストレッチング

A

D

B

E

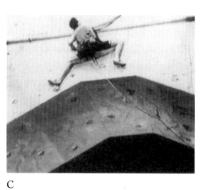

C

F

帯、腱の長さは変わらないので、関節の
受動的可動域（外的な補助で動かすこと
のできる範囲）を広げるには**ストレッチング
で筋肉を伸ばすしかない。**

　コーディネーションの章でみたように、す
べての筋肉の収縮と伸張は筋紡錘によっ
て監視されている。筋肉が急激に引き伸ば

されると、伸張反射と呼ばれる筋紡錘の安
全メカニズムが働き、筋肉に収縮するよう
信号を出す。それ以上伸びないように筋肉
が引き締められ、これによって筋肉を痛め
ることが多い。

　伸張反射は、筋肉の安全な可動域を
超える予想外の動きから生じるダメージを

予防する。したがって、残念なことに伸張反射は筋肉を伸ばすことに対する妨げにもなっているのである。柔軟性を増すためには、ストレッチングでまずこの伸張反射を克服しなければならない。次の章でそのための二つのストレッチ法を紹介しよう。

能動的柔軟性

関節を全可動域で使えるようにするには、複数の筋肉を伸ばす必要がある。ほとんどの人がストレッチのときに、重力や外的な補助を使って手足を受動的柔軟性の限界までねじ曲げている。しかし実際のクライミングでは、手で脚を引っ張り上げてストレッチのときのような姿勢をとるわけにはいかない。それ自身の力でそのような姿勢まで手足を引き上げなければならないのだ。

能動的柔軟性とは、このようにそれ自身の筋力で動かすことのできる手足や体の可動域をいう。問題は、体を反らせずに自分の力でどれだけ高く脚を上げられるかなのだ。クライマーにとって、能動的柔軟性こそはぜひ身につけたい重要な柔軟性である。

能動的柔軟性は、ある姿勢をとるために手足を引き上げる筋肉の能力の問題なので、筋肉の柔軟性に劣らずその筋肉に対する拮抗筋の力も重要になる。さらに筋力の発揮は、**筋力を身につけた姿勢に特異的なものになる**。したがって、普段使っている可動域では強力な筋肉も、めったに使うことのない姿勢では力を出せないのだ。そのため、通常のストレッチングのテクニックでは能動的柔軟性は身につきづらい。たしかに受動的柔軟性は岩場で非常に役立つものであるが、新たに広げた可動域で使わ

れる拮抗筋の筋力を鍛えるエクササイズも同時に行ない、能動的柔軟性も高めるべきなのである。

柔軟性の男女差

女性はだいたい男性よりも受動的柔軟性が高い。一方、男性は筋動員が高いので、柔軟性のない手足をパワーで引き上げて難しい姿勢をとっている。そのため能動的柔軟性は受動的柔軟性ほどにははっきりとした男女差はない。

これらのことから、男性は受動的柔軟性をつけるトレーニングを中心に行ない、女性は能動的柔軟性をつけることに時間をかけるとよいだろう。

痛みとストレッチング

安全かつ効果的にストレッチを行なうためには、ストレッチング特有の感覚を学ばないといけない。無理なストレッチングは筋肉を不快なまでに引き伸ばすが、多くのクライマーがこの感覚を当たり前と思って楽しんでしまっている。

筋肉が引き伸ばされて痛みを感じるレベルになるまでに、すでに筋肉はダメージを受けている。このレベルまで引き伸ばされると、筋肉にはミクロレベルの損傷が生じるが、これが修復されるときに筋肉は少し短くなる。したがって極端なオーバーストレッチングは筋肉組織を傷つけ、それ以上筋肉が伸びるのを難しくしてしまうのである。だから、**ストレッチングで筋肉が痛み始めたら緩めるようにしよう**。

全体のバランスを考える

　柔軟性はクライミングのための総合的な
コンディション作りに欠かせない要素であ
る。股関節が柔らかすぎて困ることはない
だろう。しかし、重要なことは全体のバラン
スをとることである。柔軟性のトレーニング
をしすぎると、ある筋力トレーニングばかり
にこだわってはまり込むのと同じ落とし穴に
はまってしまう。たとえば、ロックオフの力
ばかり鍛えていると、非効率的でスタティッ
クなクライミングスタイルが身についてしまう
ように、柔軟性への過信は、別のよい解決
法があるにもかかわらず、柔軟性に頼った
姿勢ばかりをとるようになってしまう。ひた
すらストレッチングを行ない、柔軟性を盲
信しているクライマーは、柔軟性をほとんど
必要としないつま先のひねりやドロップニー
［キョン足］をしない傾向がある。

　クライミングスタイルがファッションのよ
うに移り変わるなかでも、柔軟性はクライ
ミングスタイルに不可欠な要素ではある。
カエル姿勢を多用するクライマーは1980
年代初期にクライミングを始めた者に多い
が、この時代は偉大なカエルクライマー
だったパトリック・エドランジェやほかのク
ライマーの登り方からして、柔軟性が極め
て重要であることに疑いの余地はなかった。
しかし、クライマーたちがキョン足やアウト
サイドエッジを使い始めると、開脚の柔軟
性はクライミングスタイルに対して決定的な
重要性を失ってしまったのだ。クライマーた
ちは完璧な柔軟性を身につけることはなく
なり、クライミングの課題は腕の負担を軽く
することに移っていったのである。

　だから型にはまらないように気をつけよ
う。柔軟性のトレーニングはトレーニング
全体の15％程度にとどめ、一つか二つの
見栄えのいいストレッチばかりしないように
しよう。次の章では体全体の柔軟性を高め
る方法をみていこう。

柔軟性トレーニング

柔らかい体をつくるために柔軟性を高める方法を考えていこう。まず各ストレッチングの姿勢とは別に、いくつかの原則をみよう。次に、体のさまざまな部分の可動域を広げる特定のストレッチングの姿勢と、そのときに使われる筋肉に焦点をあてよう。

なストレッチングをするのはやめよう。強いストレッチングは筋紡錘に過剰な刺激を与え、体の姿勢や手足の位置についての正確な情報を送り返せなくなる。クライミングの前のハードなストレッチングは体の運動感覚を妨げてしまうのである。

ストレッチングのための
ウォーミングアップ

筋肉が冷えているとストレッチの効果は小さく、温まっていれば問題のない強度でもすぐ故障してしまう。だからストレッチングの前にも充分、ウォームアップするよう気をつけよう（第8章を参照）。

第8章で紹介した可動域エクササイズは、すでに体が温まっているときでも本格的なストレッチングをする前にちょうどよいエクササイズである。軽く筋肉を伸ばすだけだが、筋肉を温め、そのあとに行なう運動やハードなストレッチングのための準備になる。これはウォームアップのエクササイズではあるが、これだけでも普段は全可動域で動かすことのない筋肉の柔軟性を高めてくれる。

ウォームアップの方法でも述べたが、**登る前の軽いストレッチングは筋肉をほぐし、よい準備運動になる。**しかし、ストレッチングで柔軟性を高めるのに最適なのは、実はクライミングやトレーニングの後なのである。体中の筋肉が温まっていて、柔軟性トレーニングの刺激に対していちばん反応しやすいからだ。

逆にハードなクライミングの前にハード

ストレッチの方法

ストレッチングの目的は、伸張反射による抑制を起こさずに通常の限界を超えて筋肉を引き伸ばすことである。次に紹介する二つの方法でこれができる。

緩慢―静的ストレッチング（SSS）

いちばん簡単で効果的なストレッチングは、ゆっくりとした静的なストレッチングで、筋肉をじわじわと伸ばすものである。突然の動作で引き起こされる危険信号を筋紡錘が感じないようにゆっくりやれば、伸張反射を起こさずに筋肉を通常の長さを超えて伸ばせる。

ストレッチの姿勢をとったら筋肉を10〜15秒かけて徐々に伸ばしていき、痛みを感じたらそれ以上伸ばすのをやめる。この最大に伸びた状態を15秒間維持する。この過程を、筋肉を1分程度休めてから1〜2度くり返す。

収縮―維持―弛緩
ストレッチング（CHRS）

CHRストレッチングは、収縮と弛緩をくり返すことで筋肉と腱の緊張をほぐし、伸

張反射を防ぐものである。これは筋肉がちょうど伸ばされた姿勢から始める。

- そのままの姿勢で手足を動かさずに力を入れ、伸ばされた筋肉を収縮させる（アイソメトリックな収縮）。たとえば「開脚」姿勢であれば、両脚を閉じるように力を入れる。
- 5〜8秒間、力を入れた状態を維持する。
- **急に力を抜いてリラックスする。**
- 再びストレッチング姿勢になり、以前の可動域を超えるところまで10秒以上、静かに筋肉を伸ばす。以上を2〜4回くり返す。

CHRストレッチングとSSストレッチングはどこでも簡単にでき、ストレスのないタイプのトレーニングである。ストレッチングはトレーニングの一つとして行なうのがベストで、人とおしゃべりをしたり、本を読んだりしながらでもできるが、クライミングの上達のためにやっているのだという意識は持とう。

しかし、これらのストレッチングは柔軟性の受動面のみを対象にしたものにすぎない。それではバランスを欠くのである。

能動的可動域 トレーニング（ARM）
_{アクティブ・レンジ・オブ・ムーブメント}

次に紹介するエクササイズは、ストレッチングによって広げた新たな可動域が使えるように筋力をつけ、受動的柔軟性と能動的柔軟性の間のギャップを埋めるものである。パートナーと二人で行なうとやりやすいが、一人でもできる。

このエクササイズは、まずパートナーに押してもらって受動的ストレッチをしてから外的な補助を外す、というものである。補助を外したときに、ストレッチしている部分の筋肉の力でその姿勢を維持するようにする。姿勢によっては重力でストレッチ姿勢の維持が難しくなったり、やさしくなったりするだろう。

まず、パートナーと向かい合って立つ。片脚を前に上げてパートナーに引き上げてもらう。膝を伸ばしたまま脚のつけ根から上げるようにする。大腿裏側のハムストリングスを充分に伸ばしたらパートナーに手を離してもらい、自分の脚の力だけでその高さを維持しよう。脚の下がった分が受動的柔軟性と能動的柔軟性の差である。これを4〜5回くり返すのが効果的だ。

ARMエクササイズは受動的ストレッチングのすぐあとに行なうのが理想的だ。そうすることで最大の可動域で筋力が出せるようになる。

ARMエクササイズは体の各部位で一様に行なう必要はない。下半身では、能動的柔軟性を発揮するには引き伸ばされた筋肉の抵抗だけでなく、上げた脚自体の重さ（＋靴の重さ）にも打ち勝つ必要がある。だから、実際のクライミングに必要な能動的柔軟性をつけるためには、ハムストリングスという筋肉を伸ばしたあとにその拮抗筋［大腿四頭筋。大腿前面の筋肉］も鍛えるべきなのである。

これが上半身となると話が違ってくる。小さな軽い筋肉群でできた上半身では、能動的柔軟性を発揮するのは簡単だ。だから上半身の柔軟性を高めるのにARMエクササイズは必要ないだろう。

下半身のストレッチ

腰まわりの筋肉はクライミングに必要な脚の柔軟性に直接影響する。下半身で重要な筋肉は次のとおりである。

- **内転筋群**　大腿の内側を通っている筋肉で両脚を閉じる動きをする。これをストレッチすると、開脚やターナウト ［バレエで左右の足のかかとをくっつけた姿勢］ での脚の可動域を広げることができる。

- **ハムストリングス**　臀部から膝まで大腿の裏側を通っている筋肉群。これらは体を前屈したときに伸ばされる。ハムストリングスの柔軟性はハイステップへの立ち込み、特にステミングする際に遠いホールドへ脚を伸ばすのに影響する。

- **臀筋群**　臀部にある大きく強力な筋肉で、大腿を後ろに引き上げ、ステミングで脚を開く際に働く。これをストレッチすると、体のそばの真正面のフットホールドに脚を上げるハイステップが可能になる。

- **腸腰筋**　腰椎から下腹部を通って大腿に伸びる筋肉で、脚を前方に上げる際に働く。腸腰筋が硬いと、股関節を支点にして体を後ろに反らしたり、垂壁で下半身を壁に密着させたまま上半身を起こしたりするのが難しい。

これらの筋肉群の柔軟性を高めるために、次に紹介する4ステップワークを使う。この方法について一般的な解説をしてか

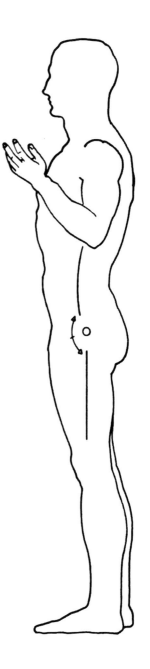

腸腰筋が固いと、
股関節を支点とした足の可動域が制限される

ら、筋肉群別にやり方をみていこう。

1. ウォームアップをしたら、ストレッチする筋肉をその全可動域で10〜20秒間振ったり回したりする。
2. 静的な方法でストレッチングする。ストレッチには20〜30秒かけ、左右の脚を2〜3回ずつストレッチする。筋肉は80%ぐらいの強度でストレッチする。
3. 次にCHRストレッチを使ってストレッチの刺激を高める。静的なストレッチングが終わったちょうどそのままの姿勢で行なう。収縮とリラックスのくり返しを、ストレッチした筋肉に2〜3回ずつ行なう。
4. 筋肉が充分にストレッチされたところでARMエクササイズを行ない、広げたばかりの新しい可動域での筋力をつける。

1

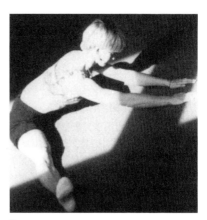

2

先に挙げた下半身の重要筋群に対してこの4ステップワークをどのように行なうか、写真を見ていこう。初めは内転筋群である。

まず、ゆっくりと脚を真横へ振り上げることから始める。これを10〜20秒間行なう（写真1）。次にSSストレッチングを行ない、同じ姿勢でCHRストレッチングを行なう。写真の2、3、4は内転筋群をストレッチする姿勢である。

筋肉がよくストレッチできたら、新たに広げた可動域での筋肉をつけるためにARMエクササイズを行なう。膝を手でつかみ、ストレッチを感じるまで脚を体の横に上げてから、ぱっと手を離して脚自身の力だけで同じ姿勢をとるようにやってみよう（5と6）。特に柔軟性に優れた人なら、膝ではなく足首をつかむようにしてもいい（7と8）。

3

4

5

7

6

8

9

11

10

12

　ハムストリングスの場合は、脚を10〜20
秒間前に振り上げることから始める（9）。
それから写真10のようなハムストリングスを
伸ばす姿勢でSSストレッチングを行なう。
次に膝を伸ばしたまま大きく開いてCHRス
トレッチングを行なう。これは床に座った姿
勢でもいいし、立ったまま背筋を伸ばして
壁などに寄りかかってもいい（11）。最後に
内転筋のときと同じようなやり方でARMエ
クササイズを行なう（12と13）。

13

15

14

16

　臀筋群の場合は、脚を振る動作ではストレッチしにくい。臀筋群のウォームアップによいストレッチは写真14のような姿勢だ。この姿勢は腰椎まわりの筋肉のストレッチにもいい。次にSSストレッチングを行ない、

そのままCHRストレッチングを行なう（15と16）。ARMエクササイズをするには立った状態で、写真16のような姿勢で足首をつかんで引き寄せ、膝を外に出すようにする。手を離して脚自身の力でこの姿勢を維

持する。

　腸腰筋の場合は脚を後ろに振り上げる。写真17は腸腰筋をストレッチする姿勢である。このストレッチでは、股間を床に押しつけるようにして背筋を伸ばすように気をつける。腸腰筋に対するARMエクササイズは、実際のクライミングを考えると必要ないだろう。

　これら4つの筋肉群に対して4ステップワークを行なえば、柔軟性の受動面と能動面の両方に働きかけ、腰まわりの柔軟性が向上する。ちょっと工夫して、ほかの姿勢や動作にもこの4ステップワークを応用してみよう。

17

上半身のストレッチ

　上半身にARMエクササイズは必要がない理由は前に述べたとおりである。上半身の筋肉の柔軟性を安全に、クライミングに合ったかたちで発達させるには、基本的なストレッチングの姿勢をいくつか学び、クライミングやトレーニングの合間にSSストレッチとCHRストレッチのための時間を割けば充分である。すでに体が柔らかく、それに満足している人にも、これらのストレッチは重要である。ストレッチをしないと、筋力トレーニングから回復する際に筋肉が短くなるからである。

　上半身の柔軟性に重要な箇所は腕、肩、背中である。これらの筋肉は小さいので気をつけよう。下半身の大きな筋肉をストレッチするのとは違って軽い力で済むので、オーバーストレッチになりやすいのだ。

　写真18は上腕三頭筋、肩、背中のストレッチである。床を向いて腕を曲げないで同じところに置き、体をゆっくりと後ろにずらしていく。このストレッチは壁に向かって立って手を伸ばし、壁にもたれかかるようにしてもできる。

　写真19は胸部、上腕二頭筋、肩の前面のストレッチである。このストレッチでは背中を丸めないようにする。後ろに回した手の位置を狭めて低くすると、肩よりも胸がストレッチされる。肘を回転させて下向きにすると二頭筋がストレッチされる。

　写真20は肩の後面と、引きつけのときに使われる肩内部の回旋筋群のストレッチで、クライマーには重要である。肘を高く（あごの高さに）かまえたり、低く（胸の高さに）

18

19

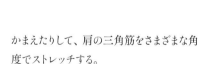

20

21

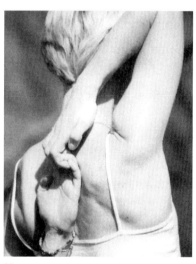

22

かまえたりして、肩の三角筋をさまざまな角度でストレッチする。

　写真21は三角筋の後面、上腕三頭筋、広背筋のストレッチである。頭の後ろに手を回し、ストレッチする腕の肘をもう一方の手で引くようにする。

　写真22のように背中で両手を握る姿勢もある。初めはタオルやひもを使ってもよい。手を替えて行なえば、先の筋肉に加えて肩の前面のストレッチにもなる。アイガー北壁で知られるハインリッヒ・ハラーは80歳を超えた今も毎日、両手に石けんを持って背中を洗いながらこのストレッチをしているそうだ。

23

24

写真23は前腕のストレッチである。両手
のひらをついたり折り返したりして、前腕の
両面の筋肉をストレッチする。

以上に紹介したストレッチで、クライミン
グに重要な部位はほぼカバーできる。これ
以外のストレッチについてはストレッチング
の専門書を見てほしい。

正しい姿勢で行なう

ストレッチング中に正しい姿勢をとってい
ない人が多い。そのため多くのクライマーが
腰痛や膝の痛みなど余計な故障を抱えてし
まっている。

通常、ストレッチでは筋肉にテンションを
かけるようにして、関節には負担をかけるべ

きではない。正しい姿勢でストレッチをする
ことは、ストレッチで筋肉を余計に伸ばすこ
とよりも大事なことといえる。

以下の4つの例は、ストレッチングでの
非常に一般的な誤りである。

前後開脚

後ろにした脚を横にして膝が外を向い
ていると靭帯を痛める（24）。いつもこのよ
うなストレッチをしていると膝を故障しやす
い。いわゆる「ハードラーズ・ストレッチ」
［ハードル選手がハードルを飛び越すときの姿勢］は
やめよう。

写真25が正しい姿勢である。前後の脚
が一直線になり、後ろ脚の膝は真下を向い
ている。

前屈

この一般的なストレッチも、写真26のよう
に背中を丸めてしまうと腰痛や神経痛の原
因になる。このストレッチを安全に行なうた
めに、つねに背中をまっすぐにしよう（27）。

開脚

前屈と同様、開脚姿勢で上体を前に倒
すときは背中をまっすぐにして、腹部を床に
押しつけるようにする（28）。頭をつけて背
中を丸めてはいけない（29）。

腹部のストレッチ

写真30は、ケイブやルーフのように身体
張力が特に要求されるクライミングのあと
に効果的なストレッチである。お尻の間で
硬貨をはさむようなつもりでお尻の筋肉を
ぎゅっと寄せるようにする。このストレッチは
腰まわりに集まっているほかの筋肉群へも
よい刺激になる。

25

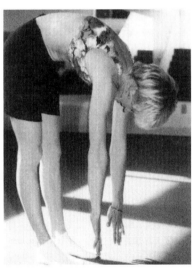

26

27

28

29

30

まとめ

　以上、柔軟性の向上に即効性があると思われる方法を紹介した。体はいつも君がやっているやり方に適応しようとする。だから柔軟性トレーニングで広げた新たな可動域を実際のクライミングで使えば、最高の成果が得られるだろう。さらには柔軟性をほかの技術と組み合わせれば、垂直の世界での活動領域をいっそう広げていくことができるだろう。

第15章 スケジューリングとピリオダイゼーション

これまでみてきた章の知識を身につければ、上達に必要な条件がそろったことになる。では、それらをどのように組み合わせればよいかをみていこう。この章では、君のクライミングとトレーニングを一日の中で、また1週間、1カ月、そして年間を通してどのように組むとよいのかをみていこう。

スケジューリング

スケジューリングはさまざまな段階で必要である。一日のクライミングの合間に、あるいは次のクライミング日までに、どれだけ休養をとればよいかを考える必要がある。また、ハードにやる週と軽くやる週を選ぶ必要がある。自分を追い込んで鍛えるシーズンと抑えて登るシーズンを計画する必要もある。パフォーマンスの波がわかれば、望んだ時期に総合的なパフォーマンスを「ピーク」に持っていったり「谷」に持っていったりと、トレーニングの局面を組むことさえできるのである。

このようにトレーニングの短期的効果と長期的効果に意識的でいるなら、スケジューリングは最大の上達をもたらすだろう。長期の正しいスケジューリングは、クライミングやトレーニングの各段階で、体の準備ができてから次のトレーニングに取り組めるように考えられている。短期のしっかりしたスケジューリングは、クライミングやトレーニングによって蓄積した疲労の影響を最小限にするように考えられている。まず、どんなクライマーにも関係のある、短期のスケジューリングの考え方からみていこう。それから視野を広げて、より進んだスケジューリングであるピリオダイゼーション[期分け]の考え方をみることにしよう。

クライミングの合間の休息

筋力トレーニングの章で、さまざまなトレーニングのタイプによって回復時間は異なることを述べた。この時間は、クライマーがトレーニングの刺激から完全に回復し、さらに筋力を増強(超回復)するために、トレーニングのストレス(筋肉の微細損傷、神経系の疲労、エネルギーの消耗など)を修復するのにどれだけかかるのかを示している。

トレーニングのストレスからの完全な回復には数日かかるものの、筋エネルギーの蓄積そのものは比較的回復が早い。筋エネルギーの蓄積は、ハードなエクササイズのあとの数分間から数時間で回復し、疲労と回復のサイクルが短いのである。これに対して、**神経―筋系システムの回復には数日かかる**。したがって、あるトライから次のトライでの出来不出来は、クライミングやトレーニングの合間に回復を促す**エネルギーシステムの問題**になってくる。理想的な休息の時間はエネルギーシステムの消耗の度合いによって変わるので、筋力のタイプに応じた適切な休息時間を考えてみよう。

●パワー

パワーのみを使うクライミングの場合、エネルギー蓄積の完全な回復は5〜10分以内に行なわれる。

ごく短時間に最大筋力が要求される短いハードなボルダープロブレムや、ルート上の難しいセクションを登っているとき、筋肉の微細損傷と神経系の疲労のため、パワーはどんどん低下する。しかし10分以上休んでも、その日に期待するエネルギー蓄積の回復は大して変わらない。しかもエネルギーシステム以外の体力要素の回復には2日はかかるので、**パワーのみの活動をしているなら、10分以上の休息は大して意味がない**ことになる。

●パワーエンデュランス

パワーエンデュランス主体のクライミング後の回復スピードは、重要な筋肉群から乳酸をいかに速やかに取り除くかにかかっている。通常、体内の乳酸を半分取り除くには20〜30分かかるといわれる。幸い、クライミングでは乳酸は前腕だけに集中するので、これは速やかに分散できる。

ストレニュアスなパワーエンデュランスクライミングでは45分以上の休息が必要だろう。長すぎる休息はそれ以上の回復にあまり効果がなく、ストレニュアスな活動をしているクライマーには2回目のウォームアップが必要になる。

冷えると血行が悪くなるので、このような長い休息の間は、体を冷やさないようにすることが大切である。ぶらぶらと歩き回っているようなおだやかな運動が全身の血行をよくする。

●ローカルエンデュランス

もし筋肉を100％有酸素的（エアロビック）に動かし続けるなら、純粋にエンデュランスなクライミングは回復のための休憩時間をほとんど必要としないだろう。有酸素運動は筋肉のグリコーゲンを消費するが、それはゆっくり行なわれる。適切なカロリーを摂取していれば、30分間の有酸素的クライミングが2〜3回くり返せるグリコーゲンの消費に合わせたエネルギー回復のペースが保たれるのである。有酸素的でいることは決してパンプすることではないのを思い出そう。

一日のうちのスケジューリング

もし君が疲れてうまく登れなくなっているのに一日中何時間も登っているなら、スケジューリングしたほうが君の潜在的な能力をもっと引き出せる。君が計画したクライミングでいくつかの異なるタイプの筋力が使われているなら、それを使う順序によって、潜在能力をどれだけ引き出せるかが違ってくるだろう。そして、異なるタイプのクライミングに対してトレーニングの効果を最大にしたいなら、スケジューリングは必須である。

●パワーが最初

短くて難しいボルダープロブレムのような、純粋にパワーだけのクライミングは、わずかな疲労の蓄積に対しても敏感である。パワフルなクライミングで消費されたエネルギーの補充はすぐきくが、それによる**疲労が最大筋力を低下させてしまう**からだ。パワーは最大筋力に依存するので、パワフルなルートやボルダープロブレムは、長時間のクライミングで体が疲労する前の、クライミングセッションの初めのほうでトライするのがいい。

●パワーエンデュランスが次

パワーエンデュランスクライミングは最大筋力にはそれほど依存しない。そのため、パワーがパワーエンデュランス中心のワークアウトのあとでは影響を受けるのに対して、パワーエンデュランスはパワー中心のワークアウトのあとでも影響は小さい。

●ローカルエンデュランスが最後

エンデュランス中心のクライミングは、最大筋力のわずかなパーセンテージしか必要としないので、パワーやパワーエンデュランス中心のワークアウトのあとでもクライミング能力に悪影響を及ぼさずに行なうことができる。

これらはほかの要因でスケジューリングを決めることがない場合のガイドラインにすぎない。もし一日のうちに、あるエンデュランス主体のルートと短くパワフルなボルダリング**両方をやるつもり**なら、どちらが重要かを考えてみよう。どちらに対しても同じぐらいのモチベーションがあるなら、先のガイドラインに従うと君の総合的なパフォーマンスを最大にするだろう。しかし、もしエンデュランス主体のルートのオンサイトにモチベーションがあるなら、フレッシュな状態で初めからこれに取り付くのがベストだろう。たとえそのあと、あくびの出るようなボルダリングで、パワーが出なくて危うくなったとしても、だ。

クライミング日、トレーニング日のスケジューリング

クライミングやトレーニングの日程を正確に計画するなら、やったりやらなかったりのスケジュールよりはるかに早く力がつく。しかし、身体の回復システムへの過剰な負担を避けるために、日程によってある特定のシステムに疲労が集中しないように注意しなければならない。

次のガイドラインは、使う筋力のタイプによるスケジュールの組み方である。

- 負荷の強いパワーを使う日は、中2日の休養日をとらなければならない。
- パワーエンデュランスを使う日は2日続けてもよいが、同じ日数の休養日をとらねばならない。
- ローカルエンデュランスを使う日は3〜6日間続けることができ、各人の回復ペースにもよるが1〜2日間の休養日でよい。

休養日をはさんでクライミング日をどのようにつなげるかは、一日のスケジューリングで用いたのと同じ原則を適用する。とはいっても、最初の日はパワーだけ、2日目はパワーエンデュランスだけ、3日目にエンデュランスだけしなければならないということはない。しかし、連続3日間のクライミング日があるなら、最もパワフルなものを初日に行ない、いちばん持久力が必要とされるものを最終日にとっておくようにスケジューリングするのがベストだ。

次ページの表に、クライミング日と休養日の組み合わせをいくつか示した。休養日の取り方として、適切なものと不適切なものを示してある。適切な休養日を備えたスケジュールは、くり返したり、ほかのものと組み合わせたりできるが、これらは**休養日を必要最低限しか設定していない**。だから、ほとんどのクライマーにはもっと休養時間が必要だろう。自分の回復状態に注意し、それを最終的なガイドラインにしてほしい。

適切な休養日を入れたクライミング・シリーズのスケジュール								
1日目	2日目	3日目	4日目	5日目	6日目	7日目	8日目	コメント
最低限の回復時間を入れたスケジュール								
P	PE	E	R	R				次のシリーズへ
P	PE	R	P	PE	R	R		次のシリーズへ
PE	PE	R	R	E	E	E	E	次のシリーズへ
P	E	P	R					次のシリーズへ
回復時間の不充分なスケジュール								
PE	P	R	R					2日目にパワーは不適当
PE	PE	R	P	R				4日目はまだ回復が不充分
E	PE	P	R	R				回復時間は充分だが、順番がよくないために非効率的

略語：
P＝パワー中心の日
PE＝パワー・エンデュランス中心の日
E＝エンデュランス中心の日
R＝休養日

他に可能な組み合わせ方：
どのスケジュールでもPはPEかEに、PEはEに換えてもよい。もっと休養日を入れてもよい

トレーニングの ピリオダイゼーション

すべての生命体にはサイクルがあり、人間のパフォーマンスとて例外ではない。クライミングが「いける」ときもあれば、ダメなときもある。パフォーマンスレベルを着実に上げようとしても、いつも波がついてまわる。

しかし、私たちはクライミングをシーズンや仕事、休暇、コンペのスケジュールなどに合わせなければならないので、このような波をそのままに任せておくことはできない。「下降期」になったからといって、クライミングのツアーやコンペを延期するわけにはいかないからだ。ツアーに行ったり、コンペに出たりしたクライマーが、実はその1カ月前や、あるいはそれが過ぎてからベストなクライミングをしていたことを、あとになって振り返って初めて気づいたりすることがよくある。

ピリオダイゼーションとは、計画どおりに ピークを迎え、それを最高のものにするように準備期間を組むことで、このような問題を解決しようとするものである。これは一流のアスリートたちが使っている方法であり、初級者は対象にならない。なぜならクライミングに関わるサブスキル[個別能力]を鍛えていないクライミングの初級者には、ピリオダイゼーションの対象となるパフォーマンスの波がないからである。

ピリオダイゼーションの基本概念

1950年代にソ連の科学者L・P・マトヴェイエフはスポーツトレーニングを綿密に研究し、スポーツ選手がどのようにして望んだ時期に競技パフォーマンスを最高の状態にするのかを調査した。1958年に彼は、1年間でくり返すスケジュールを基礎としたピリオダイゼーションシステムを提唱した。彼の理論は現代スポーツ科学の先駆けとなり、その基本原則は現在も多くのスポーツで用いられている。

ピリオダイゼーションは次の4つの考えに基づいている。

- トレーニングの焦点の優先
- 習得されたスキルの周期的変様
- 継続的で、段階的に変化するトレーニング局面
- 習得されたスキルの統合

●トレーニングの焦点

トレーニングは、その対象を一つか二つの特定のスキルに絞ったときに最も効果がある。どんなタイプのトレーニングにも、それぞれ細かい副次的なスキルがあり、実質的なトレーニングに入る前にそれらを身につけなければならないため、トレーニングの対象はあまり広げないほうがよいのである。

たとえば、君がパワーをつけるためにハードなボルダリングのトレーニングを始めたとしよう。それまでしばらくボルダーをしていなかったとしたら、まずボルダーの壁から飛び降りることや、指にかかる強い圧力に慣れたり、短いボルダリングに精神を集中するコツを取り戻したりなどして、初めの数日間はスムーズにいかないだろう。真の上達を遂げるには、その前にこうした土台となるスキルが習慣的（ルーティン）なものになり、心の片隅にとどめておくだけで済むようにしなければならないのである。

もし君がいくつかの異なったスキルを一度に鍛えようとするなら、それぞれのスキルが必要とする副次的なスキルに慣れるのに時間がかかりすぎて、どのスキルも充分に鍛える時間がなくなってしまう。反対に、土台となる副次的なスキルに焦点を絞るなら、すぐに問題点を掘り下げることができる。明確に単純化された対象にエネルギーを絞り込むことで、無限の上達が可能になる。

ピリオダイゼーションは、このようにトレーニングのシーズンを、クライミングの個別の問題に焦点を絞る**段階的（フェイズ）な局面**に分けるのである。個々のトレーニング局面は数週間から数カ月にわたる。

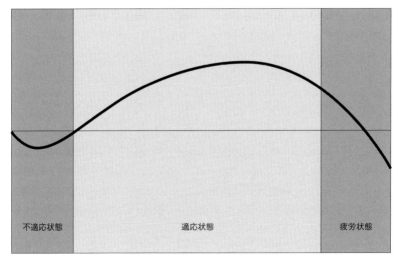

| 不適応状態 | 適応状態 | 疲労状態 |

長期のトーレニングストレスに対する身体の反応

● スキルの周期的変様

　いつも同じトレーニングでは着実な上達が続かないことを観察したマトヴェ イエフは、すでに充分に発達したどんな技術能力にも、ある理論上の「ライフサイクル」があると主張した。説明するまでもなく、1カ月はパワーを最高の状態にもっていけるけれど、そのレベルを1年間保ち続けることは不可能である。

　このような周期的変動は、トレーニングへの適応と長期的に蓄積された疲労との相互作用の結果、起こる。

　新しいエクササイズにまだ適応していない体では、当初はトレーニングによるストレスが鍛えているスキルのパフォーマンスを低下させる。しかし、体はすぐに適度なレベルのストレスで超回復が起こる**適応状態**に入る。この状態になるとトレーニングは着実にパフォーマンスを向上させる。

　しかし、ある一つの分野で長期にわたってシリアスなトレーニングを続け、回復期間もなくトレーニングの強調点も変えずにいるなら、ストレスと疲労が蓄積され、上達はストップしてしまう。**どんなトレーニングであれ**、何週間も何カ月もハードに続ければ、故障、病気、バーンアウト[燃え尽き症候群]になってしまう。さらにストレスが長期にわたると、最終的には回復機能そのものも消耗してしまう。この**消耗状態**になると、体を完全に休めない限り、それ以上の上達は不可能となる。

　そこで、異なる局面をローテーションすることによって、体がそれらを受け入れながら上達できるようにする。ある個別能力の上達が頭打ちとなる前に焦点を切り換えることで、全体的な上達が続くのである。

　ただし、競技パフォーマンスの変動のサイクルは、いつも明らかなわけではない。パフォーマンスはそれぞれが独自のサイクルをもつ多くのスキルの統合として現われるために、パフォーマンス全体のサイクルはわかりにくいのである。それらの個々の変動は同時的に起きている。それらは互いに補い合うが、ときには相殺されることもある。

● 段階的な局面

　個々の局面のライフサイクルにはズレがあるため、パフォーマンスのピーク局面を作り出すことは簡単ではない。ある局面では、そのストレスの強さのためにスキルのライフサ

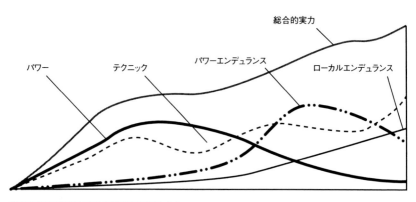

総合的実力

パワー　　　テクニック　　　パワーエンデュランス　　　ローカルエンデュランス

総合的な実力は個別能力の総和として現われる

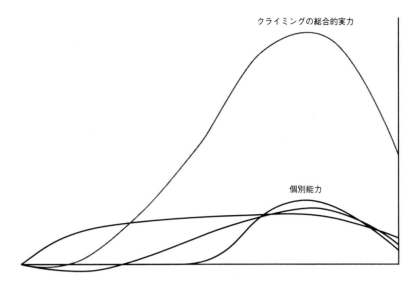

クライミングの総合的実力

個別能力

さまざまな個別能力が同時にピークを迎えると、総合的な実力が高まる

イクルが短く、その間ほかのスキルのサイクルはもっとゆるやかに変動している。

また、異なる局面の間に矛盾があると、目標の設定がさらに難しくなる。あるトレーニング局面で得られた効果も、他の局面での効果によって相殺されてしまうのである。たとえば筋力トレーニングの章でみたように、ローカルエンデュランストレーニングは最大筋動員を低下させてしまう。

こうしたサイクルのズレの結果、一連の異なるトレーニング局面では正反対の結果を生み出すこともありうる。このようにピリオダイゼーションでは、異なるサブスキルを同時的にピークに持っていくように、焦点の異なるトレーニング局面の順序とタイミングに細心の注意を払うことが要求される。

● スキルの統合

クライマーがオンサイトやレッドポイントをなし遂げるには、多くの技術分野での洗練

された能力が必要とされる。したがって、パフォーマンスをピークに持っていくには、必要不可欠なスキルのすべてが使えるように、さまざまなスキルをまとめ上げる局面に専念する必要がある。焦点を絞ることは最も早い上達をもたらすけれども、そのままでは焦点をあてなかった分野が相対的に弱くなってしまう。そのため、最終局面として**脱特殊化の段階**を設けることが、クライマーのパフォーマンスを最大化させるのである。

このようにピリオダイゼーションは、上達の局面では焦点を絞り、ピークの局面ではスキルを多様化させ、トレーニングの特殊化と多様化を交互にくり返すのである。

段階的局面からなる サイクルの設定

トレーニングサイクルはそれ自体、くり返しをしているトレーニング単位の連続である。マクロサイクルはほとんどのスポーツ選

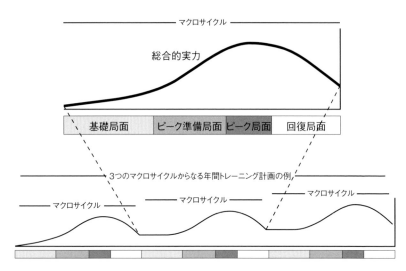

マクロサイクルの各局面

手が行なっている最も大きなサイクルである。それはピーク局面へと高まり、次のマクロサイクルのための回復局面をも含むトレーニングの諸局面から構成される。マクロサイクルは2～6カ月続き、1年間のトレーニング計画は2～3つのマクロサイクルに分けられる。

各マクロサイクルは4つのトレーニング局面に分けられる。それは基礎局面、ピーク準備局面、ピーク局面、回復局面の4つである。マクロサイクルを効果的に用いて4つの局面をくり返していくと、らせん形の展開をたどるようになる。めぐりめぐってサイクルの同じ地点に戻り続けるが、しかしそのたびごとにより高いレベルに来ている。

先のガイドラインに従って、期分けされたマクロサイクルを作ってみよう。ちょうどマックスがこの本を読んで次のようなマクロサイクルを使ったところだ（次ページの図を参照）。

マックスがトレーニング計画を期分けす

るにあたって最初にしたのは、目標を明確にすることだった。彼はピーク時にオンサイトとレッドポイントをあわせて実力を上げたいと決めた。図はマックスが、マクロサイクルの各局面でどのようにトレーニングの時間を配分し、ピークに向かう過程でどのように優先課題を変えていったかを示している。サイクル中のある時点での横断面をみると、その時点でのトレーニングの各焦点に費やした時間の配分がわかる。基礎局面の途中の時点Aで、マックスは筋力トレーニングの時間の45％を筋肥大化に、45％をローカルエンデュランスに、残りの10％を全身持久力に割いている。テクニックトレーニングの棒グラフを見ると、時点Aではすべての時間を新しいテクニックの習得に費やしている。

時点Bは、ピーク準備局面の中盤を過ぎたところだ。彼はトレーニング時間の大部分を、短いパワフルなボルダリングによる筋動員トレーニングに費やしている。ま

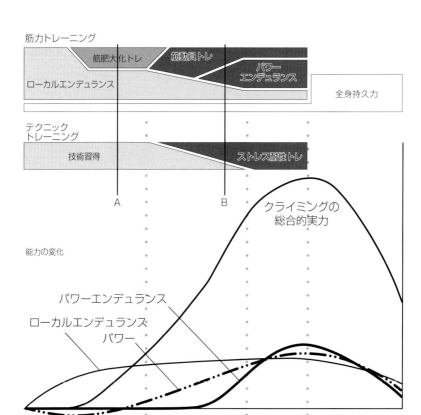

筋力トレーニング

| 筋肥大化トレ | 筋動員トレ |
| ローカルエンデュランス | パワーエンデュランス |

全身持久力

テクニック
トレーニング

| 技術習得 | ストレス耐性トレ |

A   B

クライミングの
総合的実力

能力の変化

パワーエンデュランス
ローカルエンデュランス
パワー

| 基礎局面 | ピーク準備局面 | ピーク局面 | 回復局面 |

マックスの期分けされたマクロサイクル

た限界レベルのオンサイトやレッドポイント
も始めたが、あとのピーク時に焦点となる
パワーエンデュランスはあまり使わないよう
にしている。週に1度か2度、彼はボルダリ
ングセッションをローカルエンデュランスの
ための30分のやさしいクライミングで締めく
くっている。引き続き全身持久力トレーニ
ングを週2回行なっている。もう新しいテク
ニックの習得はほとんどせず、すでに身に
つけたテクニックに慣れて、安定して使える
ようになることに集中している。

以下で各局面の基本的な考え方を説明
しながら、私たちのテストクライマーたるマッ
クスのトレーニングに必要なことを局面ごと
にみていこう。

● 基礎局面

マクロサイクルの最初の局面は、次の局
面で先鋭化させ鍛え上げるクライミングの
基礎的な体力要素を養うことが目的とな
る。発達させるのに長い時間のかかるもの
や、ピーキングの直前にトレーニングしたの

では逆にパフォーマンスを抑制してしまう体力要素に焦点をあてる。基礎的な体力要素を充実させ、次にくる強度の高い局面でケガをしない体を作るのである。**この基礎の幅広さこそが、これを土台とするピークの高さを決定する。**

この局面で中心となるのは、ARC（有酸素性エネルギー回復と毛細血管のトレーニング）としてのローカルエンデュランストレーニングである。マックスは週に4～5日、1日に2回の30～45分続くクライミングセッションを行なっている。

マクロサイクルの初期局面では、エングラムの習得を技術練習の中心とし、ローカルエンデュランストレーニングと組み合わせるのがよい。強度を低めに抑えた30分のARCセッションは体をリフレッシュし、新しいテクニックを受け入れやすくするのである。ARCトレーニングの各セッションで、マックスは特定のテクニックを一つか二つに絞って練習している。

彼はいつもは<ruby>パワー全開<rt>パワージャンキー</rt></ruby>クライマーだが、この局面の間はパワー全開への欲求を抑えなければならない。もし計画どおりにトレーニングを正しく行なっているなら、この局面で**彼のパワーは低下するだろう。**だから、この局面はマックスにとって精神的な試練となる。というのも、彼が一生懸命に練習しても、**総合的な実力はほとんど上がらない**からである。

この局面の中ほどから、マックスは週2回、ウエイトで筋肥大化トレーニングを始めた。ピーク以前にはこのようなスケジュールに時間の大半を費やし、より特殊な専門的トレーニングによってテクニックを鍛え上げ、筋動員を上げるのはマクロサイクルの後半になってからである。

●ピーク準備局面

ピーク準備局面では、前の局面で作り上げたものを土台に、それらをクライミングの特殊性に合わせて仕上げる。ここでは発達させるのに比較的短い期間で済むものや、マクロサイクルの初期の課題でありながら手をつけていなかった、体力要素に焦点を切り換える。ピーク準備局面では、ピーク局面で達成を狙っているクライミングの目標に向けて、基礎局面から開始した勢いを加速させるのである。

トレーニングは、特にこの局面の終わりに向けてできる限りクライミングに特異的なものにしなければならない。ピーク準備局面では、マクロサイクル中で最高強度のトレーニングを行ない、適切な休養と、故障やケガの早期発見に努める。

マックスは筋動員トレーニングとして、最大の労力が要求される短いハードなボルダープロブレムを始めた。同時に彼は、ピーク局面で狙っているハードルートに取り付き、難しいムーブを練習したり、ルートを短いセクションに分けて登ったりした。

この局面の中盤から、マックスはパワーエンデュランストレーニングを始めた。手がパンプしきるようなルートを登ったり、すでにやったことのあるいくつかのボルダープロブレムをつなげて登るようにした。彼はこのパワーエンデュランストレーニングを、目標とするクライミングのタイプにできるだけ近いものにしようとしている。

この局面では、<ruby>量を減らし<rt>テーパリング</rt></ruby>ながらもローカルエンデュランストレーニングを続けている。ARCトレーニングには回復促進の効果があるため、一日のクライミングをやさしい30分のクライミングで締めくくっている。

テクニックについては、引き続きボルダリ

ングで新しいテクニックの習得を続けているが、同時にテクニックに「ストレス耐性」をつける練習を始め、友人らと競ってプレッシャーをかけたり、非常に疲れた状態でテクニックを使ってみたりしている。

● ピーク局面

これまでの局面を正しく行なってきたことで、マックスは多くのサブスキルすべてがピーキングしたピーク局面に達している。

個々のスキルのピークがすべてそろい、彼のクライミングはこれまでになく絶好調だ。個々のサブスキルがすべて過去最高のレベルになったわけではない。ピーク局面は、クライミングのいくつかの能力の**同時的に統合されたピーキングから生み出される**のである。ほとんどのクライミングは多くのスキルに支えられているため、おだやかではあるが多数の能力のピーキングは、記録的ではあるが一つか二つだけのピーキングよりも大きな成果をもたらすのである。

もちろんほかにない特殊なタイプのクライミングの計画（たとえば石灰岩の113度の壁で3本指のポケットを使う力をつける）には、より特殊化され、一つの能力に的を絞ったトレーニング局面が必要となるだろう。

ピークの長さはおおよそ準備期間の長さに比例する。基礎局面とピーク準備局面が長ければ、それだけピーク局面も長く続けられるだろう。基礎局面からピーク局面への段階的な移行は量から質への変化であり、クライマーは大量／低強度のトレーニングから少量／高強度のトレーニングへと移っていく。

ピーク局面で**どのように登る**かも、その長さに影響する。もしマックスがコンスタン

トに最高難度を登り、回復のための機能がフルに必要とされるなら、疲労の蓄積は早く、パフォーマンスの不意の低下を余儀なくされるだろう。それまでの局面の強度にもよるが、ピーク局面に入った時点で強度を下げなければ、簡単にオーバートレーニングになる。しかし、もっとおだやかに実力を引き出していくなら、それだけピーク局面に多くのことができるだろう。それまでの準備のすべては、信じられないほど大量のトレーニングを積み重ねてきた過程といえるが、ピークの期間はそれを失っていく過程であり、トレーニングをしないでいるよりもトレーニングを続けることで、より失われていくのである。

明確なものではないが、ピーク局面に達してみると、これまで充分に注意してきたものがあるのに対して、もっと焦点をあてなければならないものがあることに気づくだろう。そんなときは、準備期をどのように改良すべきか留意するにとどめ、次のマクロサイクルで変えていくようにしよう。

ピーク期には準備期にカバーできなかった分野の基礎を作ろうとしてはいけない。新たに焦点を絞ることで、見過ごしていた一つの能力を引き出すことはできるかもしれないが、その間にほかの能力がピークを過ぎて徐々に低下していくからだ。完璧なピークなどないのだから、またすぐに身につけることのできる一つか二つの能力の不足を嘆くのではなく、多くの鍛え上げられた能力の豊かさを楽しんだほうがよいだろう。

● 回復局面

マクロサイクルの最終局面はオフをとることである。この局面は**やる気をなくすこととは違う**。ハードなトレーニングからの回

復と休養の期間は、これまでの局面に劣らず、さらなる上達のために重要なのである。この局面は最高のパフォーマンス期の締めくくりと、そこからの回復期であると同時に、**次のマクロサイクルの重要な最初のステージにもなる**。クライミングから少し遠ざかって充分な休養をとることで、新しいトレーニングに効果的に反応できるように心と体の準備をするのである。

　これまでの局面でよりハードに登り、よりトレーニングしたほど、このオフ局面は重要になる。フルタイムクライマーなら、適切な回復に数週間は必要だろう。この局面では第3章で論じたレミニセンス効果を利用できる。もし君が平常のクライミングでも充分回復期をとる遊び好きのクライマーなら、この局面は短くていいだろう。

● マクロサイクルのまとめ

　P165の表は、異なった個々の局面の特性を相互に考慮しながら理想的にアレンジしたものである。したがって、これは各人がすでに持っているスキルや生まれつきの能力の強さ／弱さに合わせて修正されなければならない。年中ウエイトトレーニングをして鍛えてきた人は、筋力トレーニングよりも技術練習を優先課題にすべきだろう。また、筋動員が低い人はローカルエンデュランストレーニングの時間をある程度、筋動員トレーニングに振り分けたほうがいいだろう。この本の著者の一人などは生まれつき筋動員能力が高く、わずか2〜3週間の筋動員トレーニングでピークを作り出せる。

　読者諸君のなかには、心理トレーニングと柔軟性の問題がふれられていないことに気づいた人がいるだろう。これらを期分けされたトレーニング計画に組み込まないわけ

ではない。しかし、心理および柔軟性のトレーニングには重大な肉体的ストレスがないので、ほかのサブスキルのようにトレーニングによる周期的変動の影響を受けることがないのである。そのため、これらはクライマー各自の目標に合わせたレベルで行なうのがベストである。

ピリオダイゼーションの基本概念

　ピリオダイゼーションは人によってすべて違う。君がこれまでにない**ピークに達したときは、そのぶん谷もまた深くなる**。そしてトレーニング局面を作るときには「ほかの誰もがやっていること」を無視し、特定のタイプのトレーニングに焦点をあて続けなければならないのだ。それゆえマクロサイクルによってトレーニングを期分けすることは、一定レベルのクライミングを維持してきたクライマーにとっては精神的な試練となる。

　たとえば、エンデュランストレーニングの初期では、一時的に君のパワーが以前より低下しているのに気づくだろう。これではトレーニングを続けていく気にはなれず、ましてまわりの仲間がガンガン登っているときはなおさらである。しかし、もし君がエンデュランストレーニングを不充分に終わらせ、それらを相性の悪いトレーニングにつなげたなら、持久力がつかないままハイパワーの状態になり、ともにピーキングさせることもできないだろう。

　このようにピリオダイゼーションの計画をがんばり通すには、結果に対する信念が必要である。計画どおり自分の道を行く信念を持ち続けるために、その支えとなることをいくつか挙げておこう。第一に、あらゆるスポーツのトップアスリートたちがトレーニングを期分けしており、同じ変動の波に耐え

ている。私たちがトップアスリートを目にするとき、いつもベストな状態にあるように見えるけれども、彼らもまたオフをとったり、谷間の時期を経験したりしており、そんなときの彼らのパフォーマンスは、自己ベストやライバルたちにはるかに及ばないのである。

第二に、計画をがんばり抜く手助けとして、友人やコーチを君のピリオダイゼーションにまき込むことである。同じようなトレーニングの経験があるコーチなら、多くのクライマーが陥りがちな、計画を焦って不十分なものにしてしまう近視眼的な見方ではなく、揺らぐことのない客観的な観点を示してくれる。またコーチはクライマーの個人的特性、優先課題、局面の適切な長さについて客観的に判断してくれるだろう。

同じように期分けされたトレーニング計画を行なっているパートナーと一緒にトレーニングをすれば、マクロサイクルのさまざまな局面に専念できるように力づけてくれ、回復期を早く終わらせたいという誘惑から守ってくれるだろう。

トレーニングというものは、いわば不断の投資と報酬の過程である。投資が大きければそれだけ最終的な報酬も大きくなる。だからアップダウンを通して、君ががんばり抜けるような計画を立てよう。また、大きな飛躍をもたらす日々のトレーニングやクライミングの**プロセスを楽しむこと**を忘れないようにしよう。満足感を無視したおもしろくないトレーニングスケジュールでは、フラストレーションが起こって成果は半減してしまうだろう。

マクロサイクルの個別化

マクロサイクルを君に合わせて作るときに一つ考えなければいけないのは、ピークに

もっていきたいクライミングのタイプをはっきりさせることである。先鋭的なクライミングにおいては、レッドポイントをめざすのとオンサイトをめざすのとでは、100m走と1万m走ほどの違いがあると見なさなければならない。両方同時に抜きん出ることのできる選手はいない。

レッドポイントを狙ったりボルダリングならば、週に3日程度のクライミングかトレーニングを続けていれば、実力が引き出され大きく上達していけるだろう。しかし、オンサイトを狙って同じように登るには、ムーブの広範なレパートリーと、非常に高いレベルの持久力が要求されるため、膨大な量のクライミング経験が必要である。

コンペのスケジュールに合わせてトレーニングを期分けするには多くの異なった要因が必要で、ときにはパワートレーニングとエンデュランストレーニングのような矛盾する要因を同時に行なう必要もある。あるコンペや比較的近い時期に開催される複数の大会でベストを出すには、その時期にピークをもってきて、そのあとに結果として同程度の谷を受け入れればよい。しかし、長期にわたるコンペシリーズともなると、ピーク時には強いが谷が続くと普段の実力が出せないクライマーよりも、つねに安定したパフォーマンスを発揮するクライマーが有利になる。期分けされたトレーニング計画の長さとタイミングも、目標に合わせなければ意味がない。

他のスポーツと同様、クライミングも最先端の分野ではよりいっそうの専門化が進んでいくだろう。今日のトップクライマーたちはいくつかのジャンルで同時にこのスポーツをリードしてきたが、クライマーたちが注意深く目標を設定し、トレーニングを特異化

させていくにしたがって、今までのように同時にトップに立つとは限らなくなってくるだろう。ギュリッヒのアクシオンディレクト5.14c/dや、サイモン・ナディーン［英国のクライマー。1989年ワールドカップシリーズ優勝者］のコンペとレッドポイントのパフォーマンスの差は、このトレンドの始まりを示している。

とはいっても、クライマーの大多数はさまざまなタイプのクライミングからモチベーションを引き出し、続けていくだろう。そうすることで、クライミングが与えてくれる多くのものをすべて楽しみ、遊び尽くす余裕のある姿勢を手に入れることができるのだ。

第16章

男女差の問題 _{ジェンダー}

クライミングは長く男性中心のスポーツだった。これは社会のステレオタイプや家父長制的な社会構造や伝統のせいだった。ロッククライミングが登山から発展してきたときも、人里離れた厳しい自然環境のなかで女性が危険なクライミングを行なうことに対して、社会的・経済的な障害があった。そのため岩場では圧倒的に男性の数が女性に勝っていたのだ。

しかし、その男女比は急速に変わりつつある。クライミングがスポーツとして自立してくると、このスポーツに参加した人々はクライミングにつきものの危険を追い求めるよりも、個人的な楽しみを追求するようになってきた。各自の限界を押し上げていくためには安全性が欠くことのできないものとなり、クライミングをやってみたいと考える多くの人にその環境が開かれたのである。さらに、このスポーツの発展に対する社会的環境の変化もあり、かつてない規模で、女性がクライミングに参加するようになっている。

ほかのスポーツと同じく、男女比の平均化に伴い実力も接近しつつある。男性のトップクライマーと肩を並べる実力を持った女性クライマーもすでに現われている。

この章では、女性クライマーの大多数にあてはまるように、一般論に基づいた話をしていこう。上達をめざす上での落とし穴を避けるために、女性クライマーはこのスポーツの男女比から生じる問題に注意し、クライミングの多数派である男性クライマーとは異なる運動生理学的な要因を理解しなければならない。

男性と女性の違い

クライマーの数の差だけからしても、女性は男性を通してこの世界に入ることが多い。ボーイフレンド、父親、兄弟、友人がクライミングを教えようと彼女たちを連れ出すが、それはたいてい**自分のクライミングを見せつけるため**だったりする。こうしたことが女性にとって知らぬ間に罠にはまってしまう原因になる。男性向きのクライミングに慣れると、このスポーツに対する態度や要求される運動特性について誤った見方をしやすい。まわりが男性ばかりだと、男性クライマーがやっている方法で取り組むのが正しいと思いやすいのである。

性別の違いによって、クライマーに合ったスタイル、トレーニング、体づくりには大きな違いが生じる。これらは社会的心理的条件の違いであるというよりも、バイオメカニクスや形態学上の違いである。男と女とではこのスポーツに対する身体機能が決定的に違うのである。まずは基本的な男女の違いと、この違いがクライミングにもたらす影響をみていくことにしよう。_{ボディマシーン}

エンデュランス対パワー

一般的に女性の筋肉は、男性よりも遅筋繊維の割合が高い。これはクライミングでは、パワーよりもエンデュランスに優れていることになる。瞬発力よりも持久力が頼りになるということは、女性はオンサイト時に小さなホールドで長くぶら下がることになっ

ても、ムーブを探るために時間をかけるのに有利だといえる。これに対して男性は、エンデュランスよりもパワーに勝っているため、ムーブ自体は難しくても次のいいホールドがすぐにとれるシークエンスを選ぶほうが得意だろう。

柔軟性

これも一般的に、女性は男性よりも体の柔軟性が高い。柔軟性は女性特有の体力要素として比較的身につけやすく、手足の可動域が広ければそれだけ岩場で使えるテクニックの選択の幅が広がる。高い柔軟性は女性のムーブの選択肢を広げ、優れた持久力は女性にムーブを選ぶ時間的余裕を与えるのである。

身長、体重、体格

女性は体重が軽く関節なども小さい。体や関節の大きさの点で、ほとんどのホールドは女性にとっては大きい。そのため女性は、ホールドの単位面積あたりにかける力が少なくて済み、指への負担は小さい。

こうした要因と身長差を考え合わせると、女性クライマーのムーブとシークエンスは、当然ながら男性クライマーとは違ったものになる。

主動力部
（パワーセンター）

女性の体は、男性よりも腰まわりが大きい。女性にとってこの部位は、クライミングの運動エネルギーを生み出す主動力部（パワーセンター）である。腹筋や臀筋がつながる大きめな骨格が、この主動力部の力を体のひねりや身体張力に変えるのである。

男性は胸部や肩の骨格が大きいため、この部分に大きな強い筋肉を収めることが

できる。ここが男性の主要な主動力部になるので、クライミング中の最大の力は上腕と肩の筋力に頼ることになる。男性の小さな腰では、ひねりの力を足から上半身にうまく伝えられないのである。

こうした体格の違いから、次のようなことが考えられる。もし仮に**実力がまったく同じ男女2人のクライマー**を比べたとすると、おそらく女性のほうが体幹や臀筋の力が強くて上腕や肩の力が弱く、瞬発的なパワーに乏しいが持久力は優れているだろう。

実力が同じ2人のクライマーでも、彼らは体をそれぞれ違ったやり方で使い、鍛えてきたために、体力要素がまったく異なるのである。ここで遠いホールドをスタティックにとるムーブを考えてみよう。まず次のホールドに手が届くように体勢を決め、安定させなければならない。男性の場合、主動力部である上腕と肩で体を安定させるのが最もよい。上半身の筋肉群で体を引きつけ、ホールドをとることができる。

女性の場合、**体幹部を効果的に使うと主動力部を生かすことができる**。よいフットホールドを選べば、下半身が生み出したひねりの力を体幹を通して増幅させ、上半身を回してツイストロックを決めることができる。このような登り方では、パワフルなムーブは**ほとんどが肘を曲げずに行なわれる**だろう。主動力部を効果的に使えば、女性の体幹の強さは上半身の弱さを補うのである。

女性の自己評価基準

これまでにみてきたことから、女性は自身の強さや弱さを、女性特有の身体的特徴

に基づいて判断することが重要になってくる。すべての能力や筋力は発達させることができる。ただし、それは最も未発達な部分でこそ大きく発達するものであるから、すべての女性クライマーは自身の体をよく理解することが重要だ。

男性の基準で判断してしまうと、腕と肩をすでに充分鍛えた女性クライマーも、その部位はまだまだ弱いことになってしまう。実際には彼女の肉体のなかでいちばん発達しているかもしれないのだ。一方、女性の体幹部の力、持久力、柔軟性、指の力が男性並みだとしても、彼女の潜在的な能力からすると未発達であるかもしれないのである。

すべての能力を男性のように身につけることが、最高のパフォーマンスを実現するための完成された処方箋というわけではない。女性がクライミングに必要な体力要素を身につけるには、男性とは違った理想をめざすことになる。男性クライマーの理想をめざしたのでは、女性クライマーならではの長所が伸ばせず、潜在能力を引き出すこともできないのだ。

女性同士での クライミング

男女間にさまざまな違いがある以上、女性クライマーは女性同士で登らないと自分の強さや弱さを正確に把握することが難しい。同じ身体機能を持った人からの外的なフィードバックでないと、女性の体でできることとできないことがわかりづらいだろう。

女性クライマーはやはり女性同士で登ることで得るものが大きいはずだ。テクニックの分野でも、女性同士だとムーブ、シーク

エンスの解明に同じような意識が持てるし、やったことがあってもなくてもテクニックについて自分がやったかのようなフィードバックが得られる。

もちろん自分にないクライミングのスタイルをはっきりさせ、それを練習することは大事なことである。しかし、クライミングにおける男女比により、女性は男性のスタイルばかりを見せつけられ、男性は女性が彼ら以上に懸命に登っている——筋力が違うにもかかわらず——ことを見過ごしている。多くの男性クライマーは、女性的なクライミングをする上手な女性クライマーから多くのことを学ぶことができる。これに対して、女性クライマーは、すでに男性クライマーから学んできており、それ以上、男性のクライミングから学ぶ必要のある女性はほとんどいない。

ロールモデル

クライミングテクニックは、クライマーたちが体の効果的な使い方を学ぶにつれて、つねに進歩する。今日のトップクライマーたちは、わずか5年前とはまったく違うクライミングスタイルを使っている。クライマーはみな、上手なクライマーの登り方の運動要因を細かく分析して自分のものにしている。

その点、男性と女性では身体構造上の違いがあるため、女性はテクニックの手本となる女性のロールモデル［主に行動や生活の模範となる人］を持つことが重要だ。ビデオを見たり、コンペに出たり、岩場で上手なクライマーの登り方を見ることで、多くの時間とエネルギーをかけて学ぶ価値のあるテクニックを持つクライマーから、知識とインスピレーションの両方を吸収しよう。

男性と女性ではバイオメカニクス上の違いがあるため、クライミングのタイプによっては男性向き、あるいは女性向きのものがある。しかし、体操選手とは違い、クライマーはあらゆるスタイルに挑まなくてはならない。そうなると男女の差は帳消しになる。また、女性に向くクライミングのタイプについても、誤ったステレオタイプが多いのが現状だ。クライミングというスポーツにおける女性の分野はまだまだ未開拓だが、私たちのこれまでの経験からみて、女性クライマーは男性クライマーと同じレベルで活躍できるだろう。

単純な事件は、
それが複雑になる前に取り組む。
小さな問題は、
それが大きくなる前に解決する。
この世で最も複雑な事件も、
それが単純なときなら取り組めた。
この世で最も大きな問題も、
それが小さなときなら解決できた。

［難を其の易きにはかり、大を其の細に治む。天下の大事は必ず易きより起こり、天下の大事は必ず細より起こる。］

『老子』道教編　第63節

この漢詩は、クライミングのケガや故障についての重大な真理を突いている。ケガや故障はある日突然起こるのではない。それらはほとんどの場合、早期の段階で予防できなかったものとして現われるのである。

ケガを避ける

研究によると、筋断裂、腱鞘炎、靭帯損傷といったスポーツにつきもののケガは、ミクロトラウマ（筋肉や結合組織に起こる顕微鏡レベルでのダメージ）の蓄積から起こるといわれている。突然起こったように見えるケガにも、それまでのトレーニング方法や取り組み方、アフターケアなどでの誤りに注意を向けずに、放っておいたことが背後に隠されているのである。

同じ誤りをくり返さないように注意することはできる。問題は、ミクロトラウマの蓄積の徴候はほとんどわからないため、気づか

ないうちにそうした誤り自体を簡単に犯しやすいことだ。

体を限界まで追い込むと、筋肉や結合組織は顕微鏡レベルのダメージを受ける。ふつうに回復すれば、このダメージは次のトレーニングまでには治っている。こうしたミクロトラウマはトレーニング過程の一つの要因であり、体がより強くなるための刺激である。しかし、ミクロトラウマの蓄積に体の修復が追いつかない状態が続くと、すでに故障と考えてよい段階に入っている。刺すような突然の痛み、靭帯のブツッと鳴る音、筋肉や腱が引き裂かれるような感じ、などがそうだ。蓄積したミクロトラウマが表面化すると、それまではなんの支障もなくできたふつうの動作で故障してしまう。

体には自然の治癒能力があるが、一度ケガをすると、治っても以前と同じというわけにはいかない。体のほとんどすべての組織は傷跡を残したまま治るが、それは体がそのケガを「忘れない」ためなのである。このため筋肉や結合組織に対するダメージはできるだけ避けるのが望ましい。ケガをくり返すと、そのときは完全に治っても長期的には競技力を低下させてしまう。

以下の項目はケガの徴候を早期に発見し、それらの悪化を予防するためのものである。

新しいストレスには徐々に慣らす

トレーニングやクライミングの焦点を変えたときは、体にかかる新しいストレスに慣れるのに少し時間をかけよう。たとえば、夏の間シティ・オブ・ロックスで小さなホールド

のクリンピングに慣れた状態で、ポケットばかりのビュークスへ出かけても、同じグレードのルートにトライする用意ができているわけではない。充分な準備ができていれば、慣れるための移行期間も省略してよいが、準備もなく移行期間を短縮するとケガのリスクが大きくなる。

手を離すクセをつける

マックスは、スミスロックのスカーフェイスに取り付いたところ、両手の前腕の腱を痛めてしまった。問題のムーブは、1本指ポケットで耐えて2本指のポケットをデッドポイントでとるものだった。彼が腱を痛めたのは、ムーブが完全にできなかったためではない。そこはルート中最大の核心で、簡単にはできないのは最初からわかっていた。彼の誤りは、デッドポイントでとった2本指ポケットに指が1本しかかからなかったにもかかわらず、落ち始めて体が後ろに引かれているときにもムーブを続けようとしたことである。

もし君がどこかを痛めそうなホールドで登ったり、過去に故障があってケガをしやすいのなら、ムーブがうまくできないときは無理せず手を離すクセをつけよう。ホールドに力が入らず体が下がって腕の筋肉が引き伸ばされるときは、引きつけていくときよりも肉離れが起こりやすい。だからケガの可能性があるムーブのシークエンスについては、**個々のムーブがうまくできるようになるまでは無理して続けようとしない**ほうがいい。

ケガを避けるスタイルを
身につける

ケガをしがちなテクニックや考えを持っているクライマーがあまりに多い。いつもハングにぶら下がっている人、グレードを上げようとばかりしている人、すべてのムーブを歯を食いしばってこなしている人、クライミングはすべて力だといわんばかりに登っている人、こんなクライマーが最もケガをする傾向にある。もし君の普段のクライミングが、このどれかに当てはまるなら気をつけよう。それは、カギを使えば簡単に開くドアを、鉄棒で無理やりこじ開けようとするようなものだ。

自らの限界を押し上げ、超えていこうという考え方は、たしかにクライミングに存在する。コンペのときやオンサイトを狙っているときがそうだ。この考えが君の普段のクライミングにないなら、ここぞというときにこの考えを安全に適用することができる。しかし、これが日々のクライミングのポリシーなら、君は故障への最短コースにいることになる。

計画を変える勇気を持つ

体に異変を感じたら計画を変える用意をしておこう。なにか悪化しそうな感じのする痛みがあったら、それが起きたムーブや姿勢は数日間やめにする。望んだように早くはルートを登れないかもしれないが、用心して数日はクライミングできなくても、ケガで数カ月もできなくなるよりはるかによい。

ストレスを分散させる

一般的に、ケガは体の一部分に過度のストレスが集中するために起こる。ケガの可能性を小さくするために、体にかかるストレスを分散させるようにしよう。君がすべてのホールドでクリンプすると、ホールドを保持するためのすべてのストレスが、指や手や腕のまったく同じ限られた部分にかかってしまう。いろいろな持ち方をすれば、同じストレス量でも多くの部分に分散され、それ

ぞれの部分には少ない負荷しかかからなくなる。

　やたらとスタティックなスタイルの人はロックオフで肘に過剰な負荷がかかり、一方、むやみにダイナミックなスタイルの人は肩や指に負担がかかる。要はスタイルや運動のバランスをとることで、トレーニングがハードになってもケガに強い体を作るのである。

見栄を忘れる
——ピアプレッシャー

　社会集団では一部の人に大きなプレッシャーがかかることがあり、もし自分一人だったら感じもしないことを、他人や仲間の目を意識しながら物事を進めることがある。もし自分がその状態だと気づいたら、このようなプレッシャーに負ける前に、それによってどういう結果になるかをちょっと考えてみよう。

　こんなプレッシャーからの誘惑に対してノーと言うためには分別のある自律性が必要だが、ケガのないクライミングのためには努力して身につけてみる価値はある。

動作の最終局面に注意する

　関節可動域の最終局面や限界点では、関節やそれを取り巻く筋肉に大きなストレスがかかる。ケガの大部分はそのような姿勢をとったときに起きている。

　動作の最終局面ではこのことをつねに心に留めておこう。たとえば、懸垂の終わりで腕が完全に伸びてぶら下がったときに、肩や肘の関節に体重がかからないように筋肉に少し力を入れておくようにする。腕の力を抜いてしまうと、肩関節に非常に危険なストレスがかかるからである。筋肉の力を完

全に抜いたり、体重が支えられないほど疲れてしまって関節でぶら下がって落ちると、肘や肩まわりの靱帯にストレスがかかることになる。

無理な姿勢は避ける

　単にへたなだけかもしれないが、クライミング中の姿勢でケガをすることがあってはおかしい。その姿勢をとるときになにかが間違っていると、ケガの危険がある。もしある姿勢でいつも痛めてしまうなら、なぜそうなるのかはっきりさせよう。こういう問題にはじっくりと少しずつ取り組んでいこう。

上達のレベルを考慮する

　体操やフィギュアスケートのコーチは、選手のこれからの競技年数を計画するとき、すべてのトレーニングに体が適応するのに4年、自己の最高能力が発揮できるようになるのに10年程度を考えている。趣味でやっている人ならこの倍の年数はかかるだろう。取り組むトレーニングの量と質を考えるときは、自分のクライミング歴、上達のレベルをつねに考慮しよう。

拮抗筋も鍛える

　体のすべての関節は、可動性と安定性が反比例の関係にある。たとえば肩のような動きのよい関節は、まわりを取り巻いている筋肉の力のバランスで安定が保たれている。ある筋肉群に偏った筋力がつくと、このバランスが崩れ、関節全体の安定性が悪くなる。

　スラブとオーバーハング、パワールートとテクニカルなルートをミックスしてバランスのとれたクライミングをしているなら、筋肉のアンバランスを生み出すことはない。しかし特殊なトレーニングばかりしていると筋肉の

アンバランスが生じるので、これを避けるためのステップを踏まなければならない。ある筋肉群に新たに筋力をつけるときは、手足や関節を反対側から引いている筋肉群［拮抗筋］も鍛えるステップを作るのである。鍛えている筋肉群にかけた時間の少なくとも半分をかけて拮抗筋も強化しよう。

たとえば、もっと引きつけの力をつけるためにウエイトを用いて懸垂を始めたなら、オーバーヘッドプレス、ベンチプレス、ローテーターカフ・エクササイズなどを同時に行ない、肩まわりの筋肉のバランスをとるようにする。

鍛えている筋肉をストレッチする

トレーニングによって起きたミクロトラウマが治るとき、筋肉は若干短くなる。したがってある筋肉を選んで筋力をつけていくと、その筋肉は徐々に硬くなり、可動域が狭くなってくる。

そのため、鍛えている筋肉は充分にストレッチする必要がある。

炎症に用心する

炎症は火傷、虫さされ、クライミングのケガなどの受傷部位に対する体の緊急事態的反応である。ケガの被害が広がる危険や、細菌感染のおそれがある場合に起きる、効果的な反応なのである。血液の供給を高め、細菌などの異物が広がるのを防ぐために、受傷部位を取り囲んでバリケードを作ってしまう。

しかし、クライミング中の打撲による腫れはあまり望ましいものではない。クライミングでの腫れのほとんどは、毛細血管が破壊されて受傷部位の内部で血液が漏れて集まったために起こるもので、逆に治癒の時

間を長引かせる。炎症を起こした組織では同時に治癒を遅らせる有毒物質も作られるためだ。炎症そのものは応急処置的な反応にすぎず、ケガの初期段階を過ぎても引き続き炎症が治まらないのは、体の局所的な治癒メカニズムだけでは破壊された組織の修復ができなかったせいなのである。

炎症が起きたときはその原因となった運動を少し控えるか、やめるようにしよう。ケガからのリハビリのときは**炎症が起きる肉体の閾値**［反応が起き始める限界点］**を絶対に超えてはならない**。そうして控えめにしていれば、それ以上やればケガが起きるレベルと耐えられるレベルの境である閾値は徐々に上がっていく。

薬の使用は避ける

関節や腱に痛みを感じるとイブプロフェンのような鎮痛剤に手を出してしまうクライマーが多い。それらが炎症を抑えて治癒を促進するという理由で、薬の使用を正当化するのである。

そうした薬が炎症を鎮めるのは事実である。深刻な炎症を起こしそうなケガや古傷を痛めてしまったときにはたしかに適切なものだろう。しかし、それらの薬を常用するのは問題である。

アスピリンやイブプロフェンは、患部の再生に重要な役割を果たす体内物質であるプロスタグランジン［生理活性物質群と呼ばれる多様な働きを持つホルモン］の産生を阻害する。さらに問題なのは、鎮痛剤は注意を促している体の徴候を覆い隠してしまうことだ。痛みというものは、そのままにしていると事態が悪化することを警告しているのであり、人の行動を変えるために存在しているのだ。薬を飲みながら登ることは、この重要な警

告の回路を閉ざすことになる。そのままでは故障している箇所へさらにダメージを与え、新たにケガをする可能性を広げることになってしまうのだ。

肘や指の慢性腱鞘炎のように炎症が慢性化したら、**故障箇所を刺激する運動は中止しなければいけない**。こんな場合には消炎鎮痛剤が有効で、周期的に起きる過炎症の悪化を防いでくれる。こんなときはクライミングやトレーニングをしてはいけない。できるだけ早く薬を使わない状態になるよう努力すべきである。

もし消炎鎮痛剤を使う必要があるなら、クライミングをすべきではない。ケガをくり返して苦しんでいるようなら、薬に頼るのではなく技術でカバーし、故障を避けるにはどうすればいいかをよく考えよう。

微妙な徴候にも自覚的になり積極的にそれを避ける

ケガはミクロトラウマの蓄積によって起こることから、ケガの徴候がまだ小さいうちにその可能性を自覚し、大きくならないように速やかに対処しよう。問題になりそうな徴候を意識して探してみれば、ケガにつながるものがたくさんあることに気づくだろう。多くの人が無知ゆえにそれらを見過ごしてしまう。警告の徴候がケガに発展するまで、練習をやめずにいるのだ。

ベテラン選手になると**ケガになる前にその発生を感じとり**、その発端となった誤りを修正している。

ケガからの回復

ケガや故障からの回復にかかる時間は、

その間に君がなにをするかによって変わってくる。ケガを無視したり、でたらめにケアしたりすると、体の機能そのものが失われかねない。正しいケアとリハビリテーションを学び、辛抱強く行なえば、ケガした箇所を以前よりも強くし、ケガをしにくくすることもできる。

ここでは適切なリハビリテーションとはどのようなものか、一般的なガイドラインを示そう。

ケガをしてしまったときに第一にすべきことは、ケガの程度を判断することである。重症の可能性があるケガの徴候は、次のようなものである。

- なかなか引かない激しい筋肉の痛み、腫れ、痙攣
- 骨や関節内部の痛み
- 関節の動きの硬化、制限
- 痺れやうずくような痛み

このような徴候に一つでもあてはまれば、トレーニングを5〜7日間は中止し、その後は注意してトレーニングに戻るようにする。容体次第では医師に診てもらうことも考えよう。

医師に診てもらう場合

痛み　すべてのケガは痛みを伴うが、痛みが激しい場合。

関節のケガ　医師は関節や靱帯のケガのだいたいを診察できる。受診前にケガした関節を固定しておく。

動きの障害　痛み、その他の理由で体がふつうに動かせない場合。

持続的な痛み　次の項で紹介するリハビリテーションを行なっても経過が思わしくな

く、2週間たっても改善の兆候がみられない場合。

ケガという失敗には大事をとろう。用心を重ねるのは短い時間で済むことであり、それが回復を何カ月も早めてくれるのである。クライミングで同じようなケガをした経験のある人にいろいろ聞くことも参考になる。クライミングは一般的なスポーツではなく、クライミングによるケガを診たことのある医師はあまりいないからである。

リハビリテーションの4局面

医師に頼らないのであれば、リハビリテーションの責任はすべて君自身にかかってくる。ケガの正しいリハビリテーションは4つの局面からなる。

● 第1局面：RICE

まず、スポーツの多くの現場で応急処置として行なわれているRICEを覚えておこう。これは打撲傷などを含んだほとんどのスポーツのケガに有効である。過去にケガをした箇所を再び痛めてしまったときにもこのRICEが使える。

1. レスト [Rest 安静]

ケガをしたら直ちにその部位の使用を中止する。あるレベル以上のダメージを受けると、体からはエンドルフィンのような鎮痛作用のある物質が出て、即座に痛みをやわらげてはくれるが、だからといって安易に運動を再開してはいけない。

2. アイス [Ice 冷却]

ケガの内部で内出血して血液が集まると、治癒を長引かせてしまう。冷やすことで血管を収縮させ、腫れを抑えることができる。冷水浴も同様の効果

があるので、岩場のそばに水場があればそこで冷やすのがいい。

3. コンプレス [Compress 圧迫]

圧迫も急性の腫れを抑える。伸縮性のあるテープや布などで受傷部位を包んでしまうのである。きつくしないでぴったりと包むようにして、血行を妨げないようにする。

4. エレベイト [Elevate 挙上]

受傷部位を心臓より上にすることで血液が集中するのを防ぐ。

● 第2局面：可動域エクササイズ

ケガや炎症の初期症状が治まって問題がなければ、リハビリテーションの第2局面に進む。この段階での目的を理解するために、まずケガの再生における血液の役割について考えなければならない。

血液こそは最大の治療者である。血液は死んだ組織を取り除き、細菌と闘う白血球を送り込み、老廃物を持ち去って、組織を再生するための栄養と新鮮な酸素を運ぶからである。

体の各部位の治癒にかかる期間は、そこに行き渡る血液の量によって違ってくる。皮膚や筋肉には毛細血管の濃密なネットワークがあり、充分な血液を運んでくれるので治るのも早い。骨にも血液が行き渡っているので、骨折は意外に治るのが早い。しかし、靭帯や腱の血管網は乏しいため、完治までに6週間かそれ以上かかる。軟骨には血管がまったくないため、多くの場合、軟骨のケガは手術以外に手がない。

患部に行き渡る血液の量は血管の数によって決まるのだが、**血液を循環させるには使うことが必要**である。使って動かすことで血流を促進し、患部をより強くするため

の刺激を与えるのである。

リハビリテーションの初期段階では、患部がまだ運動に耐えられないかもしれない。したがってこの段階では、患部を直接使わない有酸素運動が全身の血行を促進し、治癒過程を早める。温めたり氷でマッサージしたりするのも血行を促進する。

患部が直接の使用に耐えられるようになったら、再びダメージを与えない程度のストレスをかけて患部が使えるように強度を調節すれば、患部組織を傷めずに血行を促進できる。

第2局面に入る前には、**患部が使える準備ができているかどうか**を判断しなくてはいけない。次に挙げるような徴候があれば、第2局面に移るのは待ったほうがいい。

- 使ってみて鋭い痛みがある。
- トレーニング中に痛みがひどくなる。
- トレーニングをした翌日、痛みが悪化している。

患部を適度に動かすと多少の不快な感じや痛みはあるだろうが、**鋭い痛みを感じた場合は即座に中止する**。

最初は関節や手足を安全な可動域で動かすだけである。その際まったく負荷をかけないようにする。これによって、ダメージを受けた組織が治るときに起こる硬化をやわらげ、筋肉や関節の通常の動きを回復させる。

関節や手足を、痛みを感じない範囲でできるだけ可動域いっぱいに動かしてみよう。最初、可動域はケガをする前よりも狭くなっているだろう。しかし、時間をかければ通常の範囲に戻る。

可動域が狭いと（ストレッチをせずに筋肉を鍛えると起こる）、それがケガの原因になることがある。患部を強くストレッチするにはまだ早すぎるが、可動域が狭かったことが今回のケガの一因になっていなかったかどうか考えてみよう。

●第3局面：漸増的抵抗運動

患部がそれ自身の力で全可動域を痛みもなく動かせるようになったら、ダメージを受けた組織を強くするために抵抗を加えよう。患部を使う動作を明確にしてから、抵抗をかけてその動作を行なう。最初はごく軽い抵抗で充分である。体が受け入れられるペースに合わせて徐々に行なおう。痛みを感じたら、やりすぎの警告だと思って控えよう。

次に紹介する話は、ダメージを与えずに患部を使う強度を調節する姿をよく表わしている。ジェリー・モファットが初めてのアメリカ旅行でジョン・バーカーに会ったときのことだが、そのときバーカーは片方の手を反対の腕の肘にあてて、ウエイトを持ち上げるようにして腕を上げ下げしていたのである。「なにをしているんだい？」とモファットが聞くと、「カール[肘関節の屈曲運動]さ」とバーカーは答えたという。このころバーカーは肘の腱の故障に苦しんでいて、腕自体の重さが充分な抵抗になっていたのだ。こののちバーカーは順調に肘の故障から回復し、再びハイグレードを登り込んだということである。

トレーニングをしていないときは温めることで血行が促進され、筋肉がほぐれる。ただし、抵抗運動を行なってから12時間以内は、温めるのは逆によくない。

この段階は、筋肉のアンバランスな発達が今回のケガの原因になっていなかっ

たかを考えてみるよい機会である。筋肉や腱のケガなら、それに対する拮抗筋が強すぎたり弱すぎたりはしなかっただろうか。関節のケガなら、その関節につながる筋肉のなかでアンバランスはなかっただろうか。また、この機会にケガに関わったと思われる弱い筋肉（痛めていない部分）を強化しよう。

● 第4局面：ケガした部位の再教育

さて、患部が抵抗を加えても痛みもなく動かせて、以前の筋力の3分の2ぐらいまで回復したら、次はクライミング専門の動作で使ってみる時期である。ケガを経験した筋肉を、パートナーになっている筋肉と一緒に、再び活動させるのである。クライミングの動作は複数の筋肉群の協同運動であり、ケガでしばらく使わなかった筋肉や腱に、クライミングの動作に必要とされる他の筋肉と連携する運動を「再教育」しなければならないのである。

関節のケガの場合は、この段階でその関節をクライミングで要求される特殊なストレスに徐々に慣らしていく。やさしいムーブから始めて、低い強度で通常のクライミングに出てくるあらゆる姿勢、動き、スピードで患部を使ってみよう。種々さまざまな動きで使いながら、数日から数週間かけて徐々に難度を上げていこう。もしこの段階に入る前にすでに90％治っていたとしても、この過程を無視すると完全な回復ができないこともある。

この第4局面では、テクニックがケガの一因になっていなかったかを考えてみよう。やたらとダイナミックな（あるいはスタティックな）スタイルで登っていなかっただろうか？　関節でぶら下がって落ちていなかっ

ただろうか？　いつもクリンプばかりしていなかっただろうか？　オーバーハングばかりやっていなかっただろうか？　これらの点で思いあたる節があるなら、もっと体全体にストレスを分散させて登るようにクライミングに変化をつけ、ケガの危険性を低くしよう。

リハビリテーションを進める上での問題の一つに、ある局面から次に移る時期の判断がある。下の表はこれまで述べてきた各局面の期間についてのガイドラインである。しかし、最終的には自分の体で判断してほしい。

各局面の長さはどれくらいか		
	筋肉のケガ	結合組織のケガ（腱・靭帯・軟骨）
第1局面	1–3日	3日–2週間
第2局面	1–3日	3日–6週間
第3局面	1–3日	1–6週間
第4局面	1–2週間	1–6週間

ケガ・故障経験の克服

ケガや故障を単なる一過性の不運だと見なすのは間違っている。たしかにケガや故障で後退を余儀なくされ、苦しんだことは不幸といえる。しかし、クライマーが誤ったトレーニングを変える必要性を自覚するのは、このような後退を経験したときだけなのだ。ケガや故障というものは、それまで体が発してきたメッセージが無視され続けてきたときに、体が最後の手段に訴えたものなのだ。自分のケガや故障の意味を理解しようと努めるなら、君はアスリートとして成

長するだろう。

　多くのトップアスリートたちには、ケガがいかにして彼らの成長の歴史の新たな1ページになったか、思い出話が一つや二つはあるものだ。ケガや故障の経験によって、自分の体についての本能的自覚が鋭敏になり、適度なトレーニングと過度なトレーニングとの境界線についての直感的な知覚が発達することがよくある。ケガや故障によってクライマーは自分の運動適性を理解し、それを受け入れることの根本的重要性を知るのである。

　ほかのクライマーが自分より2倍ハードに登れて、半分しか休まなくとも回復できて、故障の心配もないのは不公平に感じるかもしれない。しかし君の体は、君の個人的特性に従って反応しているのであって、誰に対しても「公平に」反応しているわけではない。君が素直にこの事実を受け入れ、自分の体力要素や回復能力に対して**なにが適切であるか**を知れば、それだけ健全に体を鍛え、より登れるようになるだろう。

　ベストクライマーがやたらとケガに強く、回復能力も早い人間だと思ってはいけない。ベストクライマーというものは、それがなんであれ、個人的な制約条件を受け入れ、その範囲内で活動する人間なのである。

　ケガや故障を、君のクライミングキャリアにおける難関克服の経験だけで終わらせてはいけない。ケガ・故障の原因をくり返し検証し、クライミングへの取り組みをつねに再考する努力と忍耐を惜しまないクライマーだけが、自分自身を乗り越え、新たなパフォーマンスのピークを実現できるのである。

オーバートレーニング

　どれくらいやると、やりすぎになるのだろうか？　より多くトレーニングすればいいとは限らないのは、トレーニングストレスからの体の回復能力には限界があるからである。

　私たちには、それぞれ個別に、健全に適応できる最大限のトレーニング量を表わす刺激閾［刺激に耐えられるレベル］というものを持っている。この刺激閾を超えるとオーバートレーニングとなり、回復するよりも早くストレスが加わることになる。もしその状態を続けると上達はストップし、あとには故障が待っている。この刺激閾を超えずにギリギリまで近づいたときに最もトレーニング効果があるので、スポーツ選手にはつねにオーバートレーニングのリスクがつきまとっている。彼らはこの一線を踏み出さないようにしながら、できる限り近づけるようにいつもトライしているのである。

　しかし、この刺激閾はつねに変動している。君が上達し、よりハードなトレーニングをこなし、以前にはできなかったルートを登れるようになると、刺激閾は上がる。逆にシーズンオフで休むと刺激閾は下がり、オフをとった時点よりもやさしいレベルから再開しなければならなくなる。また、日常生活でストレスが多いと、リラックスした生活を送っているときよりも刺激閾は低くなってしまう。突き詰めると、人の刺激閾はつねに異なったレベルにある。また、人によっては肉体的なストレスからの回復力がほかの人より生まれつき強いこともある。

　もし君が、自分自身のオーバートレーニングになる刺激閾を知っていれば、どのく

らいの量をどれだけハードにやればよいか
は簡単にわかる。しかし、この刺激閾のレ
ベルははっきりしないのである。オーバート
レーニングのストレスは複数の生理システ
ムや筋肉群に分散されるので、急性のケガ
を直接起こすことは少ないが、ストレスとミ
クロトラウマは全身に蓄積されている。明ら
かな症状が出る前にすでにオーバートレー
ニングとなっていて、その間に上達が停滞
し、ケガの潜在的可能性が徐々に大きく
なっているのである。

　オーバートレーニングになると多くの徴
候が現われる。しかし、多くのクライマーが
これらを無視してしまうクセをつけている。

　健全なトレーニングは、ストレスと回復の
バランスをとることを必要とする。大きな問
題も始まりは小さいのだから、ささいな徴候
にも注意を払おう。

オーバートレーニングの徴候

- 関節の可動域が狭く、硬くなる
- 局所的な痛み、たいていは関節
- なかなか引かない痛み
- 本当に調子のよい日がない
- 朝起きたときのこり、腫れ、痛み
- 充分な休養をとっても上達しない
- 疲れのないときでも調子が悪く、コーディネー
  ションが低下している
- 骨、筋肉、関節の形の変化
- 手足の筋肉の焼ける感じ、うずき、痺れ
- トレーニングの期間中、あるいは強化中にみ
  られる後退
- 寝つき、目覚めの悪さ

プラトー

　あらゆるスポーツの選手が、上達できな
い期間というものを経験しており、そんなと
きにはどんなにがんばっても上のレベルに
行くことができない。科学的にもプラトーは
難問であり、あらゆるスポーツのトップ選手
がプラトーの経験を報告しているにもかか
わらず、スポーツ科学はまだその原因を突
き止めることができていない。そのためプラ
トーを解決する処方は一つもないのが現
状である。

　なぜ原因が究明できないのだろうか?
それは、プラトーが複数の無関係な原因か
ら起こるからである。

　私たちとしては、この本の全体を通して、
この問題の解決策についてあちこちでふれ
てきたつもりである。ポイントとなるのは、**ど
のような要因が君のプラトーの背後にあ
るのか**はっきりさせ、その要因独自の問題
に的を絞って取り組むことである。たとえ独
自の問題を明確にできなくても、プラトーに
なったら**クライミングやトレーニングの内
容をいくつか変える**ようにしよう。君の体
が、心が、魂が、上達のための新鮮な刺激
を求めているのである。

プラトーのいくつかの要因

- オーバートレーニング
- あまりに高すぎる目標や低すぎる目標
- 特定のクライミングエリアに対する飽き
- 強い部分だけを鍛えること、弱点の無視
- 効果的なトレーニングの原則を無視した取り
  組み
- 一つのタイプのトレーニングのやりすぎ
- 一つの種類のクライミングのやりすぎ
- 基礎体力の不足

第18章 タクティクス

タクティクスはルートに成功するための計画的な戦略であり、知的な取り組みである。覚醒水準の調節を行なう心理的取り組みとは違って、タクティクスはもっと具体的な目標に的を絞る意識的で合理的な思考のプロセスとして始まる。クライミングのさまざまな面で最大の成果を上げるために、タクティクスについてみていこう。

レッドポイントのタクティクス

クライマーはみな、登れるレベルに対応した肉体的な限界をそれぞれ持っている。現在の君の限界が5.7であれ5.15であれ、その限界にいかに近づけるかは、持っている能力をいかに使いこなせるかにかかっている。

数日間にわたってレッドポイントを狙って登り込むうちに、少しずつ筋力がついてくる。リハーサルすることによって、シークエンス、テクニック、ペース配分、ホールドの選択等でのミスを取り除いて直していけるので、レッドポイントではオンサイトできるグレードよりも難しいルートを登ることができる。ルートをくり返し登ってエラーをなくしていくことで、クライマーはその時点の上達段階での総合的な実力を発揮する潜在能力を、最大限に引き出すことができる。

難しいレッドポイントの魅力は、各自の能力のレベルにかかわりなく、持っている能力すべてを動員して登ることが要求されるところにある。最終的なトライでこのような完成されたクライミングを経験すると、ちょっと忘れられないものになる。

ルートのリハーサルによって、トライの合間や何日か通う間に反省したり考えたりすることができるので、レッドポイントするにはタクティクスこそが大きく影響する。どのルートを手中にできて、どのルートが手に余るのか、大部分はタクティクスによって決まるのである。

ワークするルートを選ぶ

レッドポイントの実力が安定していないクライマーの多くは、ワークするのにあまりにも難しいルートを選んでいる。そのような選択をする理由は、ルートのグレードが高すぎることで、実際に登る際の成功の期待が軽くなり、成功の可能性につきまとう不安が取り除けるからだろう。ともあれ、達成の喜びは実際にルートを登ったときのためにとっておくことになるので、当面の問題は、**今の君の実力と時間の制約下でどのルートができるのか**、ということになる。

あまりに難しいルートに長期間にわたって取り組むことは、レッドポイントの本質に反するものであり、上達のプロセスを妨げるものでさえある。レッドポイントとは、課題となるクライミングに君の潜在能力を適応させ、最大限に引き出すためにミスを取り除いていくことである。ルートを8日も10日もワークしたあとでは、クライマーはもうミスを見つけだす必要はなくなっている。クライマーはワークすることによって、もっと実力をつけたいと望んでいるだけなのだから、こんな場合は、ほかの手段をとったほうがクライマーの総合的な実力をもっと早く上達さ

せることができるだろう。その課題はとりあえず置いておき、自分の実力が見合うようになってから戻ってきたほうがいい。

もしレッドポイントを狙うのが初めてなら、オンサイトグレードより一つだけ上のグレードを選ぼう。一つ上のグレードで充分にレッドポイントの経験を積んでから、オンサイトとレッドポイントの差を広げていこう。

個々のムーブのミスをなくしていく

ルートが決まったらワークにとりかかろう。この仕事（ビジネス）で最初にすることは、ルート中の難しい個々のムーブを解明していくことである。

ムーブを解明できる実力は、そのムーブについての情報と必要な体力要素からなる。初めてトライするときは、そのムーブについてごく限られた情報しかない。ホールドは下から見上げただけだし、過去に似たようなルートを登ったかどうかぐらいのものである。このように限られた情報でムーブを探っていると、余計なエネルギーを使ってしまいがちだ。しかし、くり返し練習していくと、どの体力要素が有効で、どれが不必要なのか、あるいは逆効果であるかがわかってくる。無駄な動作がなくなり、ムーブに必要な筋肉以外は使わないようになる。そのようにしてだんだんとムーブが洗練されてくると、使うエネルギーも少なくなっていく。

レッドポイントを狙っているルートの難しいムーブを学ぶことは、**ムーブに特有なテクニックを新たに学ぶ**ことである。テクニックは疲れていないときにいちばんよく身につくので、難しいムーブのあるところから取り付き、それに集中することから始めよう。疲れてテクニックが鈍らないように、頻繁にハ

ングドッグして休むようにする。いちばんよいシークエンスを解明するためにも、必要最小限のムーブでつなげよう。

ムーブをつなげる

個々のムーブがわかったら、今度はそれらをつなげていかなければならない。もしうまくつながらなかったり、同じくらいよいシークエンスが2通りあってどちらかを選んだりする場合は、そのセクションのシークエンスを下にたどってみよう。まず問題箇所の上のセクションを見て、そこのホールドに対する手順を決める。それから問題箇所に入る前に、どのホールドがくればシークエンスがつながるのかをはっきりさせるのである。この上から下へつなげていくプロセスを核心に行くまで続けよう。このようにしてつながった最終的なシークエンスは、その前のシークエンスの終わりであるだけでなく、次にくるシークエンスの手順をも示したものとなるのだ。おのおののセクションでその前になにがきて、あとになにが続くのかを考えることによって、最適なシークエンスが見つかるのである。

●疲労を分散させる

ハードなレッドポイントでは、特定の筋肉に疲労が蓄積してしまうことが問題となる。たとえば、クリンプ［カチ持ち］で登る長い垂壁のあとに同じ難しさの30フィート［約9m］の前傾壁があっても、ガバホールドならばおそらくなんの問題もないだろう。クリンプで使った筋肉の疲れは終了点では解消してしまい、前傾壁で使うロックオフの筋肉は、前半では比較的休んでいられるからである。しかし、同じように指を使う長い垂壁がさらに30フィート続くなら、特定の筋肉

に疲労が集中し（この場合はクリンプに使う筋肉）、そのために落ちてしまう可能性が出てくる。そこで疲労の蓄積を体のほかの部分に分散させることができれば、こうした問題を解消し、持っている筋力を最大限に引き出すことができるのである。

レッドポイントでは、最終的に完登をする前に、ルート全体の計画を立てられるという利点がある。そのため、ルート上部で要求される類いの筋力を温存しておくために、下部では意識的にスタイルや取り組み方を変えることができる。これは多少自然な動きに反するものとなる。しかしタクティクスの面からいうと、いちばんよくてやさしく感じるホールドのとり方がいつもいいとは限らない。ルートの上部で必要とされる筋力をセーブしておくことを考えると、ときにはいまひとつに感じる手の位置や持ち方でムーブをつなげることが、より戦略的なのである。

たとえば、ルート上部で難しいクリンプが必要になるならば、下部ではわざとオープンハンドで持つようにする。そのルート下部のホールドにオープンハンドは向かないかもしれないが、上部の核心で必要なクリンプの筋力を温存させることができるなら、それも価値のあることなのだ。

疲労を分散させる方法には、ほかに次のようなものがある。

- ● ポケットで指の本数を変えて使い分ける。
- ● 指にかかる負担を軽くするため、親指を添えて力を入れる。
- ● バケツホールドで手のひらの横側を使い、指を休ませる。
- ● 上部核心のロックオフでスタティックな

パワーを温存するため、下部のやさしいムーブはランジ気味に行く。

- ● 脚は疲れるが、ストレニュアスなステミングをして腕を回復させる。
- ● 腕は疲れるが、完全にぶら下がってしまって脚を回復させる。

次にくるムーブをただ漫然とこなしているだけでは、効果的なレッドポイントを狙っているとはいえない。通常は本能に従ったムーブがベストだが、レッドポイントを狙う場合は、おのおののムーブに対して、その先にあるルートのすべてのムーブを考えた上で取り付くべきなのだ。ルートの内容を考え、**ルート全体に最も合った登り方を戦略的に考えなければいけない。**

●クリップとチョークアップを計算に入れる

ワークしているルートのシークエンスがはっきりしてきたら、クリップやチョークアップするときの体勢を考えよう。

こうした戦略上のホールドを選ぶ場合、あまり早くクリップしようとしないほうがいい。腕の長さいっぱいでクリップすると、6フィート［約1.8m］も余計にロープがいる。これはクリップに失敗して落ちた場合、大きくフォールするし、カラビナにかけるのにロープを長くたぐらねばならず、ビレイヤーがロープを出すのが遅かったりすると大変である。少しぐらい高く登ってからでも、できるだけ安定できるホールドでクリップしよう。ただし、ここでも安定したホールドだからといって、最も楽な姿勢をとればいいとは限らない。その上部のムーブで必要となる筋肉が、できるだけ疲れないような姿勢を選ぶようにしよう。

●リード時のプレッシャーを計算に入れる

トップロープでワークしていた場合には、リード時にはもっとプレッシャーがかかることを計算に入れなければいけない。リード時の恐怖感が大きな問題になっていると思うなら、いくつかのセクションを準備的にリードしておこう。まず、そのセクションの始まるボルトやプロテクションのところまで上から降りよう。支点がしっかりして安全であることを確認してからセルフビレイをとり、ロープをほどいて引き抜き、再度結び直してリードしよう。

シークエンスをつなげる際の ミスをなくしていく

個々のムーブができるようになったら、ムーブをまとめてつなげていく番である。ハードルートになると、ムーブがつながったからといってすぐにレッドポイントできるわけではない。しかし、とりあえず下から取り付き、いちおうフォールせずにどこまで登れるのかやってみてもいいだろうか?

違う! そうじゃない! ルートのセクションを下からつなげていっても、レッドポイントに本当に必要なことはあまりわからないのだ。レッドポイント成功へのステップとはならないことに時間とエネルギーを浪費してはいけない。

では、下からつなげていくのが、なぜタクティクス的にはよくないのだろうか?

できるだけ早くレッドポイントできるようになるには、レッドポイントに必要最小限なものを身につけるべきである。つまり、余計な情報を得ても役に立たない、ということだ。レッドポイントに不必要なことを学ぶことに時間をかけていては、レッドポイントできるまでの時間が長引いてしまう。

モンキーフェイスでのレッドポイント失敗

すべてのムーブがだいたい同じくらいの難度のルートを考えてみよう。それが君の限界レベルだとすると、体がフレッシュな状態でスタートし、登るにつれて徐々に疲れていく。疲労はテクニックを使う能力を低下させるので(第3章を参照)、同じテクニックを使って登るにも、下部のムーブよりも上部のムーブをもっと練習する必要が出てくる。ほかの要因が同じなら、レッドポイントするためには、ルートの核心が上のほうにあればあるほど、もっとその箇所を練習することが必要となるのだ。

したがって、次のトライの計画を練るときに問題のポイントとなるのは、「次のトライで下からどれだけ到達点を上げられるか?」ということではなく、「**終了点までのシークエンスをどれだけ長くつなげられるか?**」ということなのである。初めのうちはルートの最後の3分の1しかつながらないかもしれない。

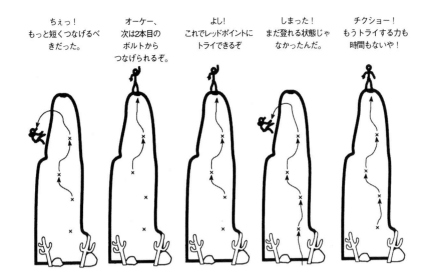

| ちぇっ!
もっと短くつなげるべ
きだった。 | オーケー、
次は2本目の
ボルトから
つなげられるぞ。 | よし!
これでレッドポイントに
トライできるぞ | しまった!
まだ登れる状態じゃ
なかったんだ。 | チクショー!
もうトライする力も
時間もないや! |

高望みしたつなげ方はルートのワークを遅らせる

しかし、練習のたびに出発点はどんどん下がっていくだろう。

こうして終了点までつながるシークエンスを徐々に伸ばしていけば、出だしのムーブは少なく、中間部はやや多く、最後のムーブをいちばん多く練習することになる。また、練習のたびに終了点まで行くことによって、**完登に似た感覚がくり返し味わえる**ので、心理的にも余裕が出る。

このプロセスのポイントは、徐々に上がっていく自分の能力を正確に予測して段階を踏み、最終的につなぐことのできる目標を選ぶことである。ワークしたときのシークエンスをもとに、注意深くつなげていくように計画しよう。次にどこからつなげることができるかを考えるときは慎重にいこう。高望みして落ちてしまっては時間とエネルギーの無駄である。たとえばルートをワークしているとき、ボルトの2本目か3本目あたりからなら上までいけそうだとしよう。勢いこんでボルトの2本目からスタートしたものの落ちてしまったら、次のトライは3本目のボルトからスタートすることになる。セクションをつなげられる自分の能力を過大評価すると、少しずつ長くつなげていく過程が一時的に後退し、結局はルートを学ぶプロセスが遅くなってしまうのである。

つなげる長さを慎重に選んでいけば、トライのたびにセクションを伸ばしていけるだろう。今の例でいうと、最初は3本目のボルトからつなげていれば、次のトライは2本目か、さらに下から始められただろう。このように、慎重なつなげ方はレッドポイントに向かって小さくステップを刻んでいくことになるが、たいていの場合、こうしたほうが早いのである。

また、トライをくり返すたびに、必要なムーブやテクニックの知識を、疲労の増加の度

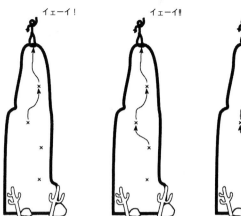
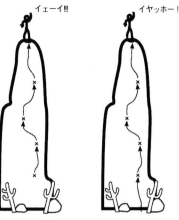

イェーイ！　　　イェーイ‼　　　イェーイ‼‼　　　イヤッホー！

慎重なつなげ方が最も早いレッドポイントへの道である。

合よりも一歩先んじて身につけていくのが理想的だ。このようにすれば、トライのたびにより疲れた状態でムーブを練習することになり、自然にムーブのテクニックにストレス耐性がついていく。

　もちろん、このような戦略も、取り付いているルートに合わせて変えなければいけない。たとえば核心が出だしにあるなら、ルートの上部よりも出だしをもっと練習するのが当然だろう。特定のムーブに必要な練習量は、**ルート中のどこにそのムーブがあるのか**、によって変わるのである。いつも5.12を登っているクライマーでも、パワーとテクニックを使い果たしてしまうストレニュアスなムーブをこなしたあとでは、5.8のムーブで落ちてしまうこともありうるのだ。

メンタルトレーニング

　レッドポイントでは、ワークとワークの間や、何日か通っている間に心の中でいろい ろと復習できるので、メンタルトレーニングを並行して行なうと練習の効果を高めることができる（第4章のメンタルトレーニングの項を参照）。

　ムーブやシークエンスを練習して固めるためにメンタルトレーニングを使うには、まず目を閉じて心の中で登り、実際に使っているホールドや正確なムーブに注意を集中しよう。人によっては個々のムーブにキーワードをつけて覚えるようにする（「ツイスト」「リーチ」「ランジ」「ホップ」など）。もし思い出せないセクションがあれば、そこは次のワークのときの優先課題にしよう。

　心の中でムーブをつなげるときには、躊躇するところがないようにする。もしビジュアライゼーション［P065および用語解説を参照］でそんなところがあると、実際のクライミングでも躊躇しやすくなってしまうからだ。なぜそこで躊躇するのか原因をはっきりさせて、躊躇がなくなるまでそのセクションをくり返

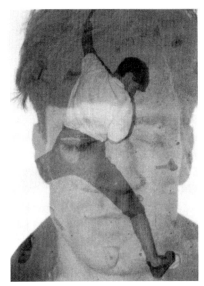
メンタルトレーニングはムーブを固めるのに役立つ

し練習しよう。

　シークエンスが完全にできたなら、今度は違った方法でやってみるとさらに効果が上がる。たとえば、初めはハイスピードで登り、次はスローモーションで登ってみる。それから、クライマーの視点から、つまりいつも実際に登っているときのように登るのと、ギャラリーの視点から、つまり自分が登っているのを外から見ているように登るのと、両方行なう。これらすべてのメンタルリハーサルが躊躇せずにできるようになったら、すべてのムーブが完璧に心に刻まれるだろう。

　このようにしてルートを知り尽くせば、君の体は流れるように動き始める。次のホールドに手が届く前に、そのホールドがわかっている。手が届いたときには、もう次の足が動き始めている。クライミングはもはや個々のムーブの単なるつながりではない。一体不可分の完成された運動の管弦楽（オーケストレーション）となるのである。

オンサイトのタクティクス

　レッドポイントに成功するには、安定したレストポジションからくり返しルートを読み直せる点に利点があった。これに対してオンサイトは一発勝負であり、この点でレッドポイントとはまったく違ったゲームとなっている。その結果、オンサイトを狙ってタクティクスを考えるときには、**注意力**（アテンション）が決定的な要因となる。クライマーが限られた時間内にどのように注意力を使うかが、オンサイト中に筋力とテクニックをどれだけ発揮できるかを決めるのである。

　オンサイトで要求されるさまざまな課題に対処するには、大変柔軟な注意力がいる。クライマーは個々のムーブの運動感覚に対して、最大限、意識を集中しなければならないが、同時に緊張を緩めてよいところがルートのどの箇所にありそうかという見通しも持っていなければならない。

　そのためオンサイトに強いクライマーは、**注意の焦点の変え方やそのタイミング**（フォーカス）をよく知っているのである。100％の注意力を必要としないムーブでは、クライマーは次のムーブを考え、ルートに対する取り組みをつねに確かめるために注意力を拡大（ズームアウト）する。一方、全能力と集中力を必要とするセクションでは注意力が集中（ズームイン）され、目前のムーブ以外のことは頭になくなるのである。

ズームアウト

　オンサイトのタクティクスは、クライマーがルートに取り付く前から始まっている。ルートを見上げて基本的な特徴の見当をつけ、以下のような個別の点を検討してい

くことができる。

- ルートの長さはどのくらいか。
- ルートをいくつかのセクションに区切る
  レストポイントはあるか。
- 各セクションのペースはどのくらいが
  適当か。
- どこでクリップするのがよいか。
- ルート中に危険なところはないか。
- はっきりと必要だとわかるシークエンス
  はあるか。

オンサイトクライマーたちは、パンプした
ときにはほとんど本能的に疲労を複数の筋
肉群に分散している（前出の「レッドポイン
トのタクティクス」の項を参照）。多くのクラ
イマーは、パンプして、つかんだエッジにク
リップできなくなってから、別の持ち方をし

ズームアウトした視野で、クライマーは先のことを考える

ようとする。しかし、そのときにはすでに筋
肉内の乳酸は、ルート中で回復できるレベ
ルを超えてしまっている。

したがって、オンサイトに対するタクティク
スを立てるには、疲労が襲ってくる前に**そ
の状態を予測する必要**がある。今こなして
いるムーブから注意を拡大（ズームアウト）すれば、つねに
先のクライミングに目を向けていられる。も
し、その先のムーブで難しいクリップが必
要なようなら、今の手をオープンハンドにし
てみるか、指の負担を減らすために親指を
添えてみよう。もし厳しいポケットが続くルー
トなら、ポケットの引きつけに**いちばんいい
指が疲れない**ように、使う指を替えながら
登っていこう。

ズームイン

クライマーは視野を拡大したままではオ
ンサイトを果たすことはできない。最大の筋
動員を可能にし、テクニックを最大限に引
き出すためには最大の注意力が必要だか
らだ。したがって、オンサイトで核心部を突
破するには、ほかのことはすべて忘れてムー
ブに集中（ズームイン）する能力が要求されるのである。
オンサイトでギリギリのクライミングをしてい
るその瞬間、クライマーの意識は一点に凝
縮され、そのとき展開している動き以外はな
にもない。

このようなレベルの集中に達するには、
注意を向けているほかの要因から意識を移
す必要があり、それが難しい。100％集中し
ているとき、クライマーはロープを忘れ、プ
ロテクションも忘れ、落ちることも、次にくる
ムーブのことも意識にない。たとえ一瞬にせ
よ、このようにほかの要因を忘れてしまうこ
とで、最初のうちはパニックを起こすだろう。
しかし、このような瞬間に感じる切迫感は、

多くの場合、知覚の問題である。

　ある程度クライミングを経験していれば、ルート上でパンプしても大丈夫なのがわかる。ある程度のパンプなら落ちてしまうということはない。しかしビギナーにとっては、同じレベルのパンプでも体にはパニックの信号となってしまう。違うのは知覚なのだ。ビギナーのような慌てた反応から、エキスパートの落ち着いた対応へ知覚的変換をなすには、限界レベルのオンサイトで感じる恐怖感や不安定感に慣れることが必要だ。

　クライミングをコントロールするのは難しいことではないが、オンサイト課題の核心を突破するには、コントロールしきれなくなった状態を受け入れることが必要となる。限界レベルのクライミングでは、コントロールの感覚は消えてしまう。ベストクライマーたちはいつもコントロールを保っているように見えるかもしれないが、じつは彼らにしても限界レベルのクライミングでは、ほかの人が感じるような切迫感と同じものを感じているのである。では、なにが違うかというと、その**切迫感に対する反応が違う**のである。

　成功するか失敗するかも、失敗しそうなときのわずかな瞬間にどう対応するかにかかってくる。多くの場合、このような状態になったときにはすでに非常に難しいムーブに突入している。あと数フィートがんばればいいホールドが待っていて、そこでレストできるかもしれない。しかし、前腕はパンプしきっていて手が開いてしまい、血中の乳酸はコーディネーションを大幅に低下させてしまっている。これ以上はとても無理そうだ。君の実力がどの程度であれ、このような苛酷な状態こそ限界レベルのオンサイトの本質なのである。

　集中した状態を維持する方法の一つは、コンペなどによって起こる心の状態を作ることである。コンペでは、選手がルートを完登しようとしまいと、彼らが到達した高さに基づいて順位が決まる。そのため、完登できそうにないクライマーでさえも、あと1〜2フィート登れば順位が変わるため、落ちるまで全力でトライする。彼らの筋肉がダメになりそうなときやもう落ちそうなとき、あと1〜2フィートだけでもいいから登りたいという欲求が、目前のムーブへの集中力を支えるのである。

　ルートを完登する見込みがなさそうなときでもさらに先に進み続けることで、こうした考えが回復できるレストポイントまで切り抜けさせ、完登へと導くこともあるのだ。全体的な目標をわきに置き、今こなしているムーブに全神経を集中することで動員できる特別な注意力が、いつもは落ちるしかない核心を突破させるのである。

　これはパンプの感覚につきまとう弱気な考えを消してくれる。もしトライしているルートが君のオンサイト能力の範囲内のものならば、とてもできそうにないという考えは、それができなかったときの言い訳として君の目を覆ってしまう、ただの幻想にすぎないのだ。

　クライマーの視野は後ろにはなく、前にあるだけなので、クライマーの注意力はルートの終了に近づくにつれて絞られていくのが理想的だ。わずか数ムーブが残っているだけなら、視野を拡大しても最後のムーブに使うだけなので、オンサイトは凝縮した純粋な注意力のクレッシェンド［だんだん強く］で終わるのである。

オンサイトのためのトレーニング

　オンサイトクライミングでは、直感的な判

断を下し、素早く行動する思いきりのよさに慣れることが必要である。そのためオンサイトの技術は、膨大な量のオンサイトクライミングの経験からしか得られない。

トレーニングとして同じルートをくり返し登ることは、筋力をつけるには効果的だが、次のムーブがわかっていることに慣れてしまうため、オンサイト能力を低下させる。同じクライミングのくり返しは、コントロールされ、心理的に自動化されたクライミングのクセをつけてしまうのである。オンサイトの限界レベルで安定したムーブをこなせるようになるには、これとは反対のことが要求される。クライマーはホールドがほとんど保持できないときでも、平常心を維持する能力を身につけなければならないのである。

オンサイトクライミングの持つ不確実性に対して安定感を身につける一つの方法は、さまざまなタイプの岩場をできる限り多く経験することである。オンサイトクライミングの能力は、どのような岩の形状に対して、どのようなクライミングが必要なのかを学ぶことで上達する。もっと大事なことは、岩を読み、そこで求められるどんなテクニックでも使えるように、**トレーニングやクライミングの多様性を経験する**ことである。一つのエリアでばかり登り込んでいるクライマーは、そのエリアだけで要求されるテクニックを使うことに慣れてしまい、どうしてもテクニックの幅が狭くなってしまう。

スピードクライミングをすると、素早い判断を下して行動するのに慣れることができる。オンサイトでこれを行なう場合は、充分に安全で、君の限界レベルより充分に下のグレードを選ぼう。また、できればルートにかかったタイムをパートナーと比べてみよう。タイムを計る意義は、速さそのものを競

うことではなく、テンポよくスピーディーに登る力強さを身につけることにある。クライミングジムなどのボルダーで、パートナーとスティックトレーニング（第4章を参照）を行なうと、つねに「新しい」ムーブをこなす新鮮な刺激がある。

オンサイトに優れたクライマーは、これまでに述べてきた原則に従ってはいるが、それをルート上で意識的に考えているわけではない。その他もろもろのタクティクスが、無意識に彼らのムーブを導いているのである。

これまで述べてきた内容に従ってトレーニングをすると、非常に多くの合理的な思考プロセスで頭がいっぱいになり、かえってオンサイト能力を一時的に下げてしまうかもしれない。しかし、それはこの本の内容が間違っているからではない。これらのタクティクスが君のオンサイト能力を高めるには、意識せずにこれらをスムーズに使えるように充分な経験を積まなければならないのである。この経験を積む段階では、オンサイトレベル以下のグレードで膨大な量のオンサイトを行ない、そこでこれらのタクティクスを使いこなす練習をするのが最もよい方法である。

プログレッションピラミッド

日々のクライミングでは、量と質の問題がいつもついてまわる。限界レベルのルートに数本取り付くのがよいのか、それとも限界より下のレベルのルートをたくさん登るほうがよいのか、ということである。この問題には、最高のレッドポイントやフラッシングをやり遂げて新たなグレードに達したときに

よく直面する。「これが自分の新たなレベルで、このグレードのルートに取り付いていくべきなのだろうか？」とみんな自分に問いかける。

マックスは、1987年春にフランスへ行って大きな飛躍を遂げたことがある。出かける前の冬には筋力トレーニングを行ない、指や柔軟性を鍛えておいて、レッドポイントグレードを13bから13dに上げたのである。このような進歩で、マックスはこれが自分の新しいレベルに違いないと考え、このグレードのルートにのみ集中すべきだと決めた。「調子よくいってるんだから、もう少し13cや13dにトライしてみよう」と彼は計画したのだった。

しかし、この計画はさらなる成功ではなく、スランプや体調不良になり、最終的には故障を招き、回復まで数カ月費やすことを余儀なくされた。彼の取り組みは、調子のよい進歩から2カ月間の停滞に向かわざるを得なかったのである。

前年から振り返ってみると、マックスは大きな進歩を遂げ、その進歩はフランスでの充実したクライミングで始まったようにみえたが、じつはフランスに行く7カ月前には始まっていたのだ。フランスに行く前のシーズン、彼はまだ5.13aを登っていなかったが、そのときは12dから13aの間のさまざまなルートを登っていて幅広い土台ができてい

た。あとから振り返ってみてマックスは、上のグレードへ一気に飛躍できたのは、下のグレードで築き上げた幅広い経験と筋力の土台があったからだとわかったのである。

マックスがはまりこんだパターンは、すべてのグレードのクライマーに見られる。これまでになしたルート数をグレード別に分けてみて、そのグラフが安定したピラミッドになるときに、最も速やかに上達できることが経験的にもわかっている。これは各グレードでやったルートの本数が、ピラミッドの頂点から降りていくにつれ、前のグレードの本数のだいたい倍になるという意味である。最高グレードが12bのクライマーは、ピラミッドの形が下の図のようになるだろう。

君のピラミッドがこれよりも広く平たいものならば、君はすべてのグレードをしっかりと登り込んでいる。これはハードルートを積み重ねたよい土台であり、さらに困難なクライミングに挑戦し、ピラミッドを高くすることでより早く進歩できるだろう。広く平たいピラミッドは、より高いピークを生み出す可能性を持っている。

逆に、君のピラミッドがこれよりも高く細いものなら、土台を広げていかないと、最高グレードを押し上げるのに苦労するだろう。このプログレッション［漸増的］ピラミッドが高く薄くなると、その積み重ねはケガやスランプやささいな失敗で簡単に崩れてしま

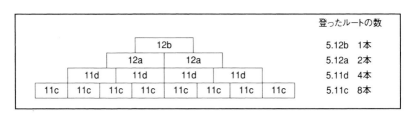

								登ったルートの数	
			12b					5.12b	1本
		12a		12a				5.12a	2本
	11d		11d		11d		11d	5.11d	4本
11c	11c	11c	11c	11c	11c	11c	11c	5.11c	8本

最高グレード5.12bのクライマーに理想的なプログレッションピラミッド

うだろう。

　新しいグレードへ挑むことは、じつに強力なモチベーションになる。だから時には下のグレードを2本しかやっていなくても、高みをめざすことは価値のあることになる。しかし、自分の実力や経験よりも高すぎる目標をめざすことは、逆にモチベーションを阻害してしまう。

　レッドポイントであれオンサイトであれ、君がやった最難ルートは、それまでにやった他のルートの経験から成り立っている。新たなルートでの成果は、過去のクライミングと不可分なものである。5.11dに初めて成功したからといって11dのクライマー

になれるわけではなく、ましてや12aにトライできる準備ができたわけでもない。それは、11dの難度を構成している要素をすべて持つルートというものはないからである。あるグレードで幅広い経験の土台を築き上げなければ、よりハードなルートにトライしても、成功よりも挫折に終わる必然性があるのだ。

　プログレッションピラミッドの考えは、クライミングの上達のなかで起こる、多くの一見予想外に思える出来事について説明できる。例を挙げると、新たなグレードへのエキサイティングな成功のあとには必ずといっていいほど、ピラミッドの上でとばしてしまったグレードの隙間を埋め、土台を固め直す冴えない局面が続く。プログレッションピラミッドの考えは、上達に近道なし、ということを意味するが、これは君のピラミッドを高くするためになにをすればいいかの手がかりにもなる。

　このプログレッションピラミッドは、すべてのクライミングに対する指導原則になるわけではない。君の個人的な限界レベルから全然低いところでなら、この原則に反していても大丈夫である。しかし、クライミングでプラトーや後退、故障などに陥り、行き詰まりを感じたら、このピラミッドを考えてみよう。このシンプルなモデルが、君が次になにをしたらいいのか方向性を示してくれるだろう。

コンペティション
タクティクス

　日々のクライミングでは、成功するかしないかはわからず、成功のための肉体と精神両面での多大な努力も、君が好んで情熱

196

を傾けているだけである。特に、成功や失敗に対する報奨と罰は、まったく個人的な問題である。ここには限られた外的プレッシャーしかない。

これに対しコンペでは、実力以下の結果しか上げられなかったときになにかを失う可能性を大きくし、うまくできたときは報奨の可能性を上げることで、クライミングの持つ賭けの要素を強めたものである。その結果、コンペの体験では、**うまく登らなければならないという緊張感からくる厳しい自己抑制とつねに闘う**ことで、危険なフリーソロかランナウトをしているような感覚になる。

このようなプレッシャーが意識されるのも、私たちの知覚と選択の問題にすぎないのだが、これがコンペの持つ根本的な仕組みなのである。コンペのルートに対するプレッシャーは幻想である。それらは私たちの心の中にあるにすぎない。その強力な影響下で、まったく動揺せずにいられる強靭な心臓を持ち合わせた人はわずかである。

脅迫感との闘い

コンペはクライミングをリスクのあるスポーツにしているが、そこでは自尊心（エゴ）がリスクの対象となる。多くのクライマーはコンペが好きではない。しかし、コンペがクライミングの精神に反するという理由でコンペを避ける人は、コンペの持つ課題の本質を理解していない。

クライマーはコンペにおいて、互いに闘っているのではない。ほかのクライマーの存在は、参加者の心の中に緊張感を生み出すためだけに必要なものなのだ。心理学の章でみたように、脅迫感はパフォーマンスを低下させる最も強力な要因の一つである。

コンペに要求される自尊心（エゴ）に対する脅迫感によって、ただでさえ強力なクライミングの心理的要素が、目もくらむほどのレベルに拡大される。クライマーの本当の闘いは、彼が脅迫感を受け止め、パフォーマンスが損なわれそうになることと闘うときに、クライマー自身の内部で起こるのである。

このようにクライマーが、自分自身に真正面から立ち向かうようになれるタクティクスは数多くある。しかし、それらのタクティクス自体がコンペの本質ではないことを理解してほしい。それらはコンペの本質的な課題に直接立ち向かうために、さまざまな幻想を克服する手段にすぎないのである。

ウォーミングアップ

いつもは岩場できちんとウォームアップするクライマーが、いざコンペに挑むときにはよく忘れたり、なおざりにしたりする。ウォームアップは単に筋力を発揮しやすいように体温を上げるだけのものではない。ウォームアップは、休養日の間に使われなかった多くのクライミング動作の神経パターンを、体に再び思い出させるためのものである。

だから15分か20分で体は温まってくるように感じるかもしれないが、本当のウォームアップにはもっと時間がかかる。ルートの途中で気づいたら、体が生煮えの料理のようだった——肉体的にはウォームアップされているが、動きがなめらかになっていない状態——ということのないように、コーディネーションやテクニックを体の芯から呼び覚ますよう、ウォームアップに時間をかけよう。筋肉の伸張性収縮<ruby>エキセントリック</ruby>が最も筋動員を高めるので、最大筋力発揮のためのウォームアップとして、**登るだけでなくクライムダウンも一緒に行なおう。**

パフォーマンスに
特殊な目標を選ぶ

みなコンペにはさまざまな動機で参加する。自分の実力を一流選手と競わせたい人もいれば、ライバルを負かしたい人もおり、また、ただ勝ちたいだけの人もいる。誰もが意識的にか無意識のうちにか、目標を選び設定してコンペに参加している。

目標は私たちの注意を集中させるものである。モチベーションによって、目標は私たちが意識すべきことと、無視してよいこととをはっきりさせてくれる。そのため、目標に関係のない要因については意識しなくなる。

私たちの注意を向ける範囲も決定するので、目標は注意深く選ぶことが重要である。しかし、すべての目標が私たちの注意を促すわけではない。目標によっては、それ自身の実現を抑制してしまうこともある。目標に対する強烈な注意によって登れたときに初めて、目標はクライミングに効果があったといえる。それらは、君のパフォーマンスに特殊なものとなった場合にのみ役立つのである。

多くの者がコンペでうまくやる最善の方法は、客観的な基準に沿って目標を選ぶことだと思っている。「上位に入りたい」「上位3人に入りたい」「クォーターとセミファイナルでフラッシングしたい」「とにかく勝つ！」など。つまり、自分の順位、ランクに敏感でいることが、コンペの場合に重要だと考えられているのだ。君が自転車レースに出場して、最後の1マイルで前に3人いるとしよう。君の狙いはこのトップ3に入ることになり、この目標は君がなにをすべきか、直接の対象を明らかにしてくれる。君が狙いどおりの順位に入れば、この目標はそれまでの苦しみを埋めてくれるだろう。

しかしクライミングにおいては、このような目標では焦点を絞ることはできない。オンサイトルールのコンペでは、君の前やあとに登ったクライマーがどこまで登ったのかわからない。もし予選でフラッシングしなければならないとしても、ルートセッターが誰もフラッシュできないようにしていたとしても、知りようがない。このような目標は、君のクライミングパフォーマンスに対して特殊なものになっていないのだ。

特殊化されていないクライミングの目標では、それに向かってなにをすべきか焦点を示してくれない。クライミングの最中にも

なにも指し示してくれない。特殊化されていない目標は、パフォーマンスに関係のない要因に神経を集中させてしまい、注意を払うべきことから心をそらしてしまうのである。

他方、パフォーマンスに特殊化された目標は、クライミング中に必要とされる要求に精神を集中させることで、実力を引き出すことができる。人によってクライミングに必要なものはさまざまで、成功を保証する唯一の目標や心構えというものはない。しかし特殊化された目標は、目前に現われた自分の弱点と闘うのを助けてくれるだろう。

たとえば「呼吸のリズムを保つ」という目標なら、つねにリラックスできて、コンペ状況であがってしまう要因から気をそらせてくれるだろう。「引きつけのときにひねりを忘れないように」や「アウトサイドエッジを使おう」といったような技術的な目標なら、忘れてしまいがちなテクニックを使えるようにしてくれるだろう。このように目標を自覚することによって、ふつうなら自然には出てこない技術の選択ができるようになる。

もし君が、さまざまなタイプのクライミングで共通する弱点を自覚しているなら、あるいはプレッシャーがあるといつも現われる弱点に気づいているなら、それらを最小限に抑えるパフォーマンス独自の目標を設定できる。第6章でみた目標設定のガイドラインに沿って、君の目標の効果を最大限に高めよう。

目標は心の負担にならないようにしよう。パフォーマンスに特殊化された目標は、自然には出てこない一つか二つのものに焦点をあてるのに役立つものだ。だから狙いとするものを3つ以上に広げると、コンペなどの実践向きではなくなるので気をつけよう。

そっくりな条件でのトレーニング

東西冷戦がピークのころ、国際大会に参加したソ連の体操選手たちは、西側の観客からいつもブーイングで迎えられ、それに影響されてしまっていた。これに対して彼らのコーチがどんな対応をしたかというと、公式の抗議文を出したり、選手を励ましたりするのではなく、大会が近づくとトレーニング場にニセの観客を入れて、選手の練習中に罵声を浴びせるというものだった。選手たちは、罵声やブーイングを浴びながらもエクササイズを完全にこなせるようになると、実際の大会で野次に困ることはなくなった。そして彼らは世界最高の体操選手になったのである。

コンペで体験するようなそっくりな環境下でのトレーニングは、強調してもしすぎることはない。人間の心と体は、最も頻繁に経験した条件に適応するものだからである。たとえば、10分ごとにルートを5本登るコンペがあったとしよう。もし君がいつも1本登るたびに長いレストをとっているなら、コンペを控えたトレーニングとして、同じ内容をシミュレーションし、準備しているとはいえないだろう。

最悪の事態に備える

多くのスポーツ選手は、考えうる最悪の事態に備えるために、その事態を強調したトレーニングを行なっている。バレーボールでは、大会を控えてより高く跳べるようにネットを高くしたり、床を低くしたりして練習する。クライマーには、コンペ会場の息苦しい状態に備えて、炎天下にトレーニングする人がいる。

トレーニングで最悪の事態を想定してお

くと、コンペにつきものの多くの要因をコントロールしきれなくなっても、それを受け入れることができる。コンペで不測の事態が起こっても、もはや心を乱し、気を散らすことはない。

　負けず嫌いなクライマーは、コンペでのライバルの最高のパフォーマンスを「彼はラッキーだったんだ」といって評価しないことが

ある。しかし、運といっても、それを口にする者が期待するような、思いがけない幸運を受けることはめったにない。運は入念な準備と偶然の交点にあるといえるだろう。もしそうなら、誰もが着実に準備を行ない、チャンスをつかむ状況に進んで身を置くことで、運を見いだすことができるだろう。努力なくして奇跡はないのである。

用語解説

　本書では数多くの専門用語が用いられている。これは、本書が本格的な理論書の性格を持ち、クライミングというスポーツの本質に迫ろうとするものであるため避けられないものだ。そこで、やや一般的でない用語とその訳語について少々補足的な説明をしておきたいと思う。

　タイトルにもなっている**パフォーマンス**Performanceという言葉は、さまざまな分野で広い意味で使われている。演技、行為、運動の成果、などの意味がある。工学や心理学でも使われるが、ある働きによる成果・出来をもって、性質・能力の水準や学習の度合いを表わすものである。「クライミングパフォーマンス」といった場合には、クライミングの競技力、あるいは総合的実力、という意味になる。

　高いパフォーマンスを実現するためには、すぐれた体力と**スキル**Skillが必要である。このスキルはほとんどの場合、**テクニック**Techniqueと同じ意味に使われている。しかし、テクニックがあるスポーツや運動の部分で用いられる技術を表わすのに対し、スキルはその技術を行なう能力をも表わしている。つまりスキルは、フォームや正確さ、巧みさといった要素を含んでいる（中村隆一／齋藤宏『基礎運動学第4版』医歯薬出版）。

　そして、スキルとともに知覚の過程、神経系の働きなどを合わせて、「目的を遂行するためにすべての筋肉や器官が協調して働く能力」（『ウイダー トレーニング用語辞典』森永製菓）が**コーディネーション**Coordinationである。筋肉の動きだけをみると、コーディネーションには、一つの筋肉内の神経と筋の協力作用を表わす筋内協調と、異なった筋肉の間の協力作用を表わす筋間協調の別がある（E・バイヤー編『スポーツ科学辞典』大修館書店）。W・ギュリッヒ／A・クービンの『フリー・クライミング上達法』（池上玲／福永輝雄訳、山と渓谷社）では「協調作用」と訳されていた。その他の訳語としては、「協応性」「調整力」などがある。本書では「第9章 筋力」で出てくるIntermuscular coordinationを「筋肉間協調」と訳したが、「第2章 コーディネーション」では音をそのままカタカナで表記した。コーディネーションとは、ある動作を行なうために、どの筋肉を、どのような順序で動かし、どれくらいの力を、どのようなタイミングで発揮するかを決定・制御する能力である。つまり、コーディネーションは筋肉間の協調といった生理学的な対象だ

けでなく、先にも述べたように、知覚の過程や神経系の働き、さらには
意思の働きなども含んでいる。したがって運動生理学や運動学だけでな
く、神経生理学や心理学の対象にもなるため、原語を生かした「コーディ
ネーション」という訳語にした(この点は、綿引勝美『コオーディネーショ
ンのトレーニング』新体育社、を参考にした)。

　一方、主に神経生理学や大脳生理学の分野で使われている用語
がエングラム Engram である。これは「大脳皮質に刻まれた精神的印
象の痕跡、記憶痕跡」(『スポーツ科学辞典』)といわれる。言い換え
ると、練習や学習によって身につけられ、記憶された行動のパターン、
あるいは運動のプログラムのことである。その働きについては本文の説
明のとおりだ。

　次にトレーニング用語について、いくつかみてみたい。

　まず、テクニックトレーニングについて。「第4章 テクニックトレーニ
ング」のなかで、固有受容器を対象としたトレーニングとして「目隠し
クライミング」が紹介されているが、これは本書のオリジナリティの一
つに挙げられる。**固有受容性感覚** Proprioceptive awareness とは、
固有受容器から伝えられる感覚のことである。人間には視覚や聴覚と
いったいわゆる五感のほかに、身体内部の感覚や動きの感覚がある。
音や光などは耳や目といった外受容器がとらえるわけだが、身体内部
の感覚は粘膜などの内受容器がとらえる。そして、身体の空間での位
置、姿勢、運動の感覚をとらえるのが固有受容器なのである(『基礎
運動学』)。本文にある「筋紡錘」は固有受容器の一つである。「固有
受容性感覚」と訳出したが、このような用語はあまりみかけない。また、
「固有受容性トレーニング」というのもトレーニング用語としては日本
では一般的ではないが、運動の遂行に重要な役割を果たし、通常で
はあまり意識されない身体感覚を意識したトレーニングとして注目し
たい。

　次に筋力トレーニング(ストレングス)について。ウエイトトレーニングの用語は専
門書を参照してもらいたいが、**フォーストネガティブ** Forced negative
はウエイトトレーニングの用語にあるものの、その一種だという**リアク
ティブトレーニング** Reactive training という用語はあまり見かけない。
フォーストネガティブは、本文にあるように、パートナーの補助によって、

運動のネガティブな局面（伸張性収縮、エキセントリックともいう）で、限界を超えて強制的（フォースト）にエクササイズをくり返すことである。リアクティブトレーニングとは、旧ソ連・東欧圏で**反動法**Reactive methodと呼ばれるトレーニング方法を用いたものである。その内容は英米圏で**プライオメトリックス**Plyometricsと呼ばれるものとほぼ同様のものである（村木征人『スポーツ・トレーニング理論』ブックハウス・エイチディ）。プライオメトリックスとは、筋肉や腱を引き伸ばしてから素早く収縮させ、筋肉や腱が「バネのような弾性エネルギーが発生するという特質を使ったトレーニング方法」（『トレーニング用語辞典』）である。具体的なエクササイズとしては、台の上から飛び降りてすぐにジャンプしたり、メディシンボールと呼ばれる、適当な重さのボールを受け取って即座に投げ返したりする。さまざまな種目、動作に効果的といわれているが、本書で紹介されているW・ギュリッヒのトレーニング方法は、極めて負荷が高くて一般的ではなく、上級者向けのトレーニングとしても充分な注意が必要だろう。

　ところで、トレーニング全般にいえることだが、トレーニングにはいくつかの原則があり、この原則に従ってこそ適切な質や量のトレーニングを行ない、効果を上げていくことができる。トレーニングの原則は「第8章 身体（フィジカル）トレーニングの原則」でいくつか示されているが、なかでも**特異性**Specificityに注意したい。トレーニングの特異性とは、「課された刺激（負荷）に対する特異的な適応」（『トレーニング用語辞典』）のことである。本書の表現を使うと、トレーニングの効果が「筋肉を使うときの姿勢、スピード、スタイルに限定され」てしまうことである。たとえば懸垂を行なっても、その姿勢によっては、垂壁には強くなるが、前傾壁には弱くなる（あるいはその逆）、ということがありうる。また、スピードが違えば、スタティックムーブには強くなるが、ダイナミックムーブには弱くなる（あるいはその逆）ということがありうる。同じ懸垂でも効果に違いが出てしまう。したがって、トレーニング種目を決める際は、トレーニングを**特異的なもの**にするために、スポーツ種目特有の動きや要求される体力要素を考慮しなければならない。しかし今のところ、クライミング特有の動きや要求される体力要素といったことについては、クライマー個々人の主観的な感覚以外ではほとんど明らかになっていない。これは今

後の課題であろう。

　最後に心理トレーニングについて。近年、日本でも**メンタルトレーニング**Mental trainingがスポーツの現場に普及している。以前は、メンタルトレーニングといえばイメージトレーニングのことと思われていたが、現在ではメンタルトレーニングにもさまざまなものがある。イメージトレーニングとは「運動を心の中でイメージして行なう練習」（『トレーニング用語辞典』）のことである。ちなみにこれは和製英語である。同じようなものに**ビジュアライゼーション**Visualizationがあるが、これは視覚化といわれ、正しいイメージが心の中で描けるように「ビデオや連続写真を用いて一連の技術を具体的に見ながら行なうもの」（同）である。イメージトレーニングやビジュアライゼーションは、人がある運動を心の中で想起しただけで、筋肉内に微弱な電気的信号が起こり、意図しなくても同様の運動が生じる現象に基づいている。この現象は、報告した生理学者の名前をつけて**カーペンター効果**Carpenter effectと呼ばれている。

● 新装版追記——乳酸について

　従来、乳酸はエネルギー源としてよりも、筋活動を低下させる要因として理解されてきたが、近年その認識が変わりつつある。

　まず、乳酸は無酸素的な運動で多く産生されると考えられてきたが、有酸素的な運動でも産生されている。次に、糖（グリコーゲン）を分解してエネルギーを生み出す代謝反応の最終産物（老廃物）とされてきたが、代謝過程での中間物質の一つであり、その段階でエネルギー源として使われている。そして、疲労との関係では、血中乳酸濃度の高低と疲労という現象は必ずしも一致しないことがわかってきた。

　以上のことから、乳酸を「老廃物」「疲労物質」と呼ぶのは正しくないようである（八田秀雄『乳酸サイエンス』市村出版 2017）。

森尾直康

訳者あとがき

「5.13を登ってみたい」

「もっとボルダリングができるようになりたい」

「苦手なムーブを克服したい」

　だれもがうまくなりたいと思っている。

　しかし、うまくなるには、どうすればいいのだろう。なにをすればいいのだろう。そもそも、うまくなるとはどういうことなのだろう。

　みんな、試行錯誤してきた。うまくなるための理論や方法は、そのなかから作られていく。しかし、歴史の浅いクライミングは、そうした理論や方法の積み重ねに乏しい。うまくなりたいと思っているのはクライマーばかりではない。野球、テニス、ゴルフ……種目を問わず、プロとアマとを問わず、みんなうまくなりたいと思っている。それらのスポーツは、歴史のなかで理論や方法が築きあげられてきた。ならば、クライマーとしては、他のスポーツの理論や方法を学んでクライミングに適用・応用すべきだろう。その成果が、ここにある。

　1993年秋にアメリカで出版された本書 "Performance Rock Climbing" は、運動生理学、バイオメカニクス、スポーツ心理学などスポーツ諸科学の幅広い知見に基づいて、クライミングに必要な技術・筋力・心理を分析している。そこからクライミングのためのトレーニング理論と方法論を導き出しているが、それにとどまらず、クライミングという運動の構造を解明し、その本質までも明らかにしている——クライミングは技術主体、コーディネーション主体のスポーツであることを。

　本書の著者は、デイル・ゴダードとウド・ノイマンの二人である。ゴダードは、アメリカのトップクライマーの一人で、アメリカ人による初の5.14である「スカーフェイス」(スミスロック)の第4登を成し遂げ、その後も数本の5.14ルートを拓いている。クライミング理論ばかりでなく、クライミングの安全性や倫理の問題などに関しても発言が多い。ウド・ノイマンはドイツ出身で、競技カヌーの元チャンピオン。ドイツのスポーツ高等学校でスポーツトレーニングとスポーツ科学の学位をとっている。世界クラスのスポーツ選手のコーチを務めるかたわら、自身もクライミングをしている。

　本書はクライミングの理論書であり、たんなる技術解説書ではない。具体的・個別的なことのあまり書かれていない、いわば「技術論書」である。具体的・個別的なことは、クライマーが、それぞれの必要と目標に合わせて、自分自身で作っていかなければならないのである。といっても、本書の対象は上級者だけではない。うまくなるための理論と方法は、5.9を登りはじめたばかりの人にも、5.13にトライしている人にとっても変わりはない。うまくなるために知的・身体的努力をいとわない人が本書の対象者である。人と比べてうまくなるのではない、自分がうまくなりたい人のための本なのである。

　クライミングに関することなら、あらゆることが語り尽くされている感のある本書ではあるが、ふれられていないこともいくつかある。その一つに倫理の問題があると思う。一例を示すと、第18章に出てくるレッドポイントのタクティクスにおいてである。取付からではなく、終了点のほうからつなげることのできる長さを延ばしていく、というタクティクスは、理論的には正しいのであ

ろうが、実際に行なうにあたってはどうだろうか。人によっては、岩場でのマナーとして、これを導入することは問題ない、とは言いきれないケースもあるのではないだろうか。本書で紹介・推奨されているからといって、必ずしも正当性を主張できるものではない。私たち日本人クライマーが、日本の岩場での問題としてとらえるべきだろう。以上、訳者の蛇足ながら、読者の注意を促したい。

本書の訳出・出版にあたっては、次の方々にお世話になった。お名前を挙げて感謝の意を表わしたい。

鹿屋体育大学スポーツトレーニング教育研究センター助教授の山本正嘉氏は、本書訳出の意義を高く評価され、原稿全編にわたって目をとおしてくださり、貴重なご意見をいただいた。秦野中高年勤労福祉センター主任トレーナーの関本登志昭氏は、氏の主催する研究会において最新のストレッチングとリハビリテーションテクニックをご教授いただくなかで、訳者の疑問に懇切丁寧にお答えくださった。石鍋礼君は、手書き原稿を入力する際に校正を手伝っていただいた。そして、山と渓谷社山岳図書編集部の池田常道氏と北山真氏は、本書出版の機会を与えてくださり、なかなか仕事の進まぬ訳者をあたたかく見守ってくださった。このほか、訳者の活動を理解し、支えてくださった方々にもお礼を申し上げる。

本書の部分訳を休刊前の『岩と雪』編集部に持ち込んでから5年が過ぎてしまった。プロの翻訳家ではなく、体育学校の出身でもない訳者には、これだけの時間が必要だったのだろう。生業をこなし、自分のクライミングを行なうかたわら翻訳作業を続けることは、予想以上に困難で、精神的な持続力のいることだった。日々、小石を積み上げるような作業のなかで、クライミングのあり方と、自分にとってのクライミングをくり返し考え直すことしばしばであった。

しかし、実人生における5年間は決して短いものではない。この間、訳者の内面外面に変化があり、さまざまな出来事があった。わけても翻訳作業中の1995年夏、北海道の沢で、翌96年春、富士山で友人たちが亡くなったことは忘れがたい。そこで、私事にわたって恐縮であるが、この『パフォーマンス ロッククライミング』の日本語版を、彼ら若き山仲間の霊に捧げたい。彼らも、本書の翻訳完成をともに喜んでくれたであろうからである。

1999年4月

新装版あとがき

再版にあたり、全編にわたって加筆・補足を行なった。不備のあった文章は訳出し直し、その全文をあらためた。いくつか省略していた強調のゴシック体（原文ではイタリック体）の箇所も復活した。本書は原著の出版より四半世紀が過ぎ、この間にスポーツ諸科学の新たな知見が提出され、いくつかの記述に修正の必要が生じている。しかし、それら最新の知見について解説することは訳者の手に余る。今回は認識が大きく変わった乳酸についてのみ追記した。ご容赦いただきたい。用語解説と訳者あとがきは、当時のクライマーたちの関心事や問題意識が反映されたものと考え、そのままにした。

以上、遺漏のないように努めたつもりであるが、いまだ不備欠点がないとは言えない。それらは今後各位のご教示をいただき、機会があれば改善していきたい。なお、再版以前も以後も、日本語文体上の責任の一切は訳者にある。

この20年でクライミングとこれを取り巻く状況のなにが変わり、なにが変わらないだろうか。変わったものはクライミングの認知度、普及度だろう。全国的なクライミングジムの開設、メディアへの登場頻度など目覚ましいものがある。なんといっても、本2020年は延期となったが、オリンピックでの競技種目に採用されたということは、初版時に比べて隔世の感がある。

では変わらないものはなにか。それはクライミングの本質である。すなわちクライミングは技術主体、コーディネーション主体のスポーツである、ということ。スポーツであるか否かはここでは置くとして、クライミングは技術によってパワーをコントロールし、コーディネーションによって正確で多様な動作を遂行するスポーツである。これは基本原則である。これを無視してはクライミングの上達は難しい。クライミングで、トレーニングで、コンディショニングで行き詰まったときに立ち返るべきはなにか。それはクライミングの本質の再認識である。

そしてもう一つ変わらないものは、クライマーたちの情熱だろう。それはモチベーションの源泉であり、内なる可能性を実現させる原動力である。今も昔もクライマーたちはその情熱ゆえジムに通い、岩場に通い、ライフスタイルを見直すことさえいとわない。ときに人生を変えるほどに。

クライマーたちが人生のさまざまな節目にあたり、自身のクライミングとその本質を見つめ直し、情熱をいかに持ち続けうるのか。本書がこうした転機を乗り越えるための一助になれば幸いである。本書はそれに足るだけの内容を持っている。いちトレーニング書にとどまらない、さまざまな気づきをもたらす示唆にあふれている。

今回、再版の機会を与えてくださった山と渓谷社山岳図書出版部の大畑貴美子氏に感謝します。旧態依然たる作業環境しか持たぬ訳者にあわせてご対応くださり、校正作業を助けていただいた。そして本書の「復刊」を呼びかけ、尽力してくれた石鍋礼君に感謝します。今回も校正作業を手伝ってもらい、有用な参考意見をいただいた。

最後に自身の著作でもないのにこの場をかりて私的な謝辞を述べることをお許しいただきたい。私を山の世界に導いてくれた故A・Nに感謝します。君との出会いがなければクライミングとの出会いはなく、本書との出会いもなかっただろう。

2020年9月　森尾直康

森尾直康

もりお・なおやす

1960年東京生まれ。
立正大学Ⅱ部文学部史学科卒。
業界紙記者、
私立高校非常勤講師をへて
現在、鍼灸師。

新装版 パフォーマンス ロッククライミング

2020年9月30日　初版第1刷発行

著者　　　デイル・ゴダード
　　　　　ウド・ノイマン
訳者　　　森尾直康
発行人　　川崎深雪
発行所　　株式会社　山と溪谷社
　　　　　〒101-0051
　　　　　東京都千代田区神田神保町1丁目105番地
　　　　　https://www.yamakei.co.jp/
印刷・製本　図書印刷株式会社

　● 乱丁・落丁のお問合せ先
　山と溪谷社自動応答サービス　TEL：03-6837-5018
　受付時間／10:00-12:00、13:00-17:30（土日、祝日を除く）
　● 内容に関するお問合せ先
　山と溪谷社　TEL：03-6744-1900（代表）
　● 書店・取次様からのお問合せ先
　山と溪谷社受注センター　TEL：03-6744-1919
　　　　　　　　　　　　　FAX：03-6744-1927

装丁デザイン　尾崎行欧、安井 彩、本多亜実（尾崎行欧デザイン事務所）
DTP　　　　　株式会社　千秋社
校正　　　　　與那嶺桂子

＊定価はカバーに表示してあります

PERFORMANCE

**PERFORMANCE
ROCK CLIMBING**

*Dale Goddard
Udo Neumann*

FORMANCE